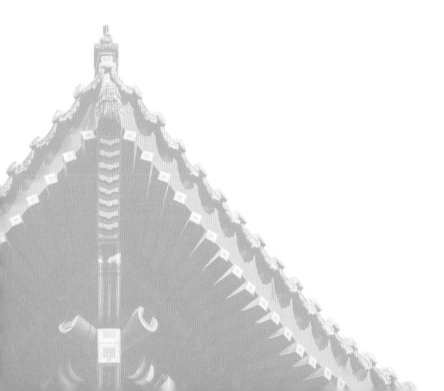

燕归来

北京大学
中青年海归学者们
的故事

北京大学党委宣传部 编

郭俊玲 罗玲 主编

北京大学出版社
PEKING UNIVERSITY PRESS

图书在版编目（CIP）数据

燕归来：北京大学中青年海归学者们的故事 / 北京大学党委宣传部编；郭俊玲，罗玲主编 . — 北京：北京大学出版社，2024.5
ISBN 978-7-301-34556-6

Ⅰ . ①燕… Ⅱ . ①北… ②郭… ③罗… Ⅲ . ①北京大学 – 教育工作者 – 先进事迹 Ⅳ . ① K825.46

中国国家版本馆 CIP 数据核字 (2023) 第 203413 号

书　　　名	燕归来：北京大学中青年海归学者们的故事
	YANGUILAI：BEIJINGDAXUE ZHONGQINGNIAN HAIGUI XUEZHEMEN DE GUSHI
著作责任者	北京大学党委宣传部　编　　郭俊玲　罗玲　主编
责任编辑	于海冰
标准书号	ISBN 978-7-301-34556-6
出版发行	北京大学出版社
地　　　址	北京市海淀区成府路 205 号　100871
网　　　址	http://www.pup.cn　　新浪微博：@ 北京大学出版社　　@ 阅读培文
电子邮箱	编辑部 pkupw@pup.cn　总编室 zpup@pup.cn
电　　　话	邮购部 010–62752015　发行部 010–62750672　编辑部 010–62750883
印　刷　者	天津联城印刷有限公司
经　销　者	新华书店
	880 毫米 ×1230 毫米　16 开本　28 印张　260 千字
	2024 年 5 月第 1 版　2024 年 5 月第 1 次印刷
定　　　价	128.00 元（精装）

日月如梭，弹指一挥间，算起来我进入北大已有 70 年了。从一名 19 岁的大二学生到"90 后"，在北大学习、在北大工作，北大的每一点变化都深印在脑海中。我对北大深厚的历史底蕴与"常为新"之精神，感受颇深。这部名为"燕归来"的书对北大的面貌和精神有鲜活的展现。

"燕归来"编选了一批学在祖国、教在燕园的中青年学者的故事。他们带着求知的愿望走出国门，锤炼专业能力，最终回到中华大地，播撒学术的种子，"把论文写在祖国的大地上"，在北大这片热土为国家培养下一代栋梁之材。这部书的编选正值祖国迎来新征程之际，我相信它能够激励更多青年，也启迪正走在学术道路上的学子，使他们成长为服务国家发展的重要人才。

说起来，我也是"燕归来"的一分子。1957 年 1 月，经由导师推荐，我参加了我国第一个赴苏学习团，奔赴苏联科学院计算中心，学习计算方法和程序设计。

这期间最令我难忘的是毛主席的接见。1957 年 11 月 17 日，毛主席率团访苏，抽出宝贵的时间到莫斯科大学接见留学生。那时在莫斯科的中国留学生大约有三千人，莫斯科大学礼堂坐不下，把剧场小礼堂都挤满了。我们早早就去占位置，大概坐在第七八排。就是在这次接见中，毛主席发表了著名的《希望寄托在你们身上》的演讲。他在演讲中说："世界是你们的，也是我们的，但是归根结底是你们的。你们青年人朝气蓬勃，正在兴旺时期，好像早晨八九点钟的太阳。希望寄托在你们身上。"听了毛主席的讲话，我们非常振奋。在以后的几十年中，这几句话不断激励着我为实现民族复兴、国家富强而奋斗。

1958年4月，我根据国家需要转入莫斯科大学，师从苏联著名计算科学家米哈伊尔·罗蒙诺维奇·舒拉勃拉学习程序设计自动化。在计算中心和莫斯科大学的学习使我收获很大，我不仅见到了当时的先进技术、先进设备，学到了程序设计的方法和技术，研究了程序设计自动化的原理和方法，而且对做科研的感悟更深刻了。在导师的指导下，我研发了分析程序，并写出了"分析程序"论文，发表在《莫斯科大学自动化文集》上。我在计算中心工作的苏联同事们看到后建议我申请副博士学位，但当时，我的想法很简单：按规定申请学位需要通过资格考试，就要再花一年到一年半的时间。这次派我来学习没有拿学位的任务，况且国内亟需这方面的人才，我必须尽快回国，报效祖国。

1959年，我从莫斯科大学回到北京大学数学力学系工作，被分配做导师徐献瑜教授的助教，辅导毕业班的程序设计自动化课程，开始了我的教师生涯。

毕业班的同学和我年龄相仿，因而很容易沟通，亦师亦友，加上还有进修教师，是一个很好的集体。我和陈堃銶负责他们的毕业设计，选题就是做一个编译程序。那时北大甚至国内都鲜有此类工作，我们可算是大胆。但有国外学习的经历，我们又有敢于创新的勇气。我还把从苏联带回的绘图工具拿出来，大家都抢着用。总算没有白带，让它有了用武之地。在一个教室中，同学分成几组，我是"总设计师"。问题分组讨论、方案集体论证，如此往复，有争论、有赞叹，热闹非凡，也收获颇丰。方案定下来，分组画出框图（即流程图）。经过大家努力，我们设计出了厚厚的一册编译程序框图，还给它小心地系上了红丝带。这班同学中也有不少人后来成为研究编译系统的专家。

在那个特殊的年代，我们从国外带回的宝贵知识为国家发展注入了新鲜的血液，培养了重大领域所需要的一批紧缺人才。今天，我国已经在很多科研领域有所突破，但也仍有一些亟待攻坚的"卡脖子"工程。当前，我国发展又面临复杂的国际环境，世界正处于百年未有之大变局。世界之变、时代之变，使我们面临新的风险挑战，也面临新的发展机遇。全面建设社会主义现代化国家，高质量发展是首要任务。教育、科技、人才是全面建设社会主义现代化国家的基础性、战略性支撑，要加快建设高质量的教育体系，北京大学责无旁贷，北大学子也更有机会和条件成长为祖国需要的优秀人才。北大多方面地重视人才，我相信北大的学术传统仍将赓续不断。

大学者，大师也，北京大学一直不乏大师。在北大，学人们从这里出发，又回到这里，"燕归来"的故事一遍又一遍上演，在推陈出新中继承着北大"常为新"的精髓。有一流的师资才能创建一流学科，吸引一流学子，培育一流人才，做出一流成果。大师者，德也。有德之才，才是有用之才。他们不仅有高深的学术造诣，更有高尚的品德。他们身上体现出北大爱国、进步、民主、科学的传统精神和勤奋、严谨、求实、创新的学风，"以人格魅力引导学生心灵，以学术造诣开启学生的智慧之门"，在他们身上处处体现出以德育人的精神。大师与后学们不断探索、薪火相传，他们的精神与学术相融相合，造就了北大的风范，并将永远传承！

杨芙清

2024 年 1 月

目　录

两次选择，都是北大

陈鹏

陈鹏，1979 年 6 月生，北京大学化学与分子工程学院教授、化学生物学系主任，北大—清华生命科学联合中心高级研究员，北京大学交叉学位分会主席。2002 年本科毕业于北京大学化学与分子工程学院，同时获得北大中国经济研究中心的经济学双学士学位。同年赴美国芝加哥大学攻读化学博士学位。2007 年博士毕业后在美国 Scripps 研究所和诺华制药圣迭戈研发中心从事博士后研究。2009 年回北大工作。目前的科学研究集中在活细胞化学反应与蛋白质化学生物学等领域。

1998 年 9 月，陈鹏走进了北大校园。他来自甘肃省兰州市西北师大附中，手里拿着化学与分子工程学院的录取通知书。在这之前，虽然他从未踏足燕园，却已经与北大"相逢"。1998 年 5 月，北大百年校庆时，身在兰州的陈鹏被保送北大，将要继续学习最热爱的化学专业，他感到自己已是一个"准北大人"了。他深刻理解北大与五四运动、与国家命运的关联。电视节目里对化学领域的科学家徐光宪先生、唐有祺先生的介绍，更令他感到"群星璀璨"。从那时起，陈鹏便坚定了做科研的决心；他的命运，也和"北大""化学"紧密地联结在一起。

芝加哥的中国人

很多年过去了，陈鹏仍旧总是和人提起 2003 年那个激动人心的下午。当时他刚来美国一年多，正在芝加哥大学攻读博士学位。

时值当地时间 10 月 15 日午后，秋天正是大芝加哥地区赏枫的好时节。不过这个下午，有一群芝大的学者和学生们并未出门欣赏芝加哥难得的金秋佳景，而是聚集在室内——芝加哥大学中国学生学者联合会（Chinese Students and Scholars Association，CSSA）专门租借了一个可以容纳上百人的阶梯教室，室内挂上五星红旗，众人正在等待迎接一场他们期待已久的盛事。

随着前方的屏幕画面中出现一个模糊的人影，现场集体爆发出一阵欢呼和掌声。那个身影正是出舱的中国航天员杨利伟，画面显示，"神舟五号"返回舱在内蒙古四子王旗成功着陆！在场的上百人有的欢呼、有的欢笑，不少人激动地拥抱在一起。陈鹏也在人群之中。

陈鹏说："那时候我感到一种由衷的自豪。大家都聚集在一起看现场直播，就好像在一起过一个盛大的节日一样，感觉非常震撼。我们成功了，其他国家的人纷纷过来对我们表示祝贺，那时候，你与祖国就是一体的。用一句话来讲，虽然读大学的时候就想着出国，但真正到国外之后，才发现你更爱国。你会不由自主地希望捍卫和提升祖国的形象。在国外，我觉得自己像外交官一样，帮助周围的外国人去了解中国，并努力澄清他们对中国的误解。"

如今他是北京大学化学分子与工程学院的一名教授，不仅回到燕园，而且已经培养出不少领域内的新一代学者，许多学生以他为榜样。年轻时，他是他们那个年代最自信进取的人之一，现在他仍旧要带领团队做出开创性的研究。博士后即将出站时，导师曾经劝他留美工作，但他还是选择了回中国。他会告诉你，他去过那么多地方，没有一个地方比得上中国。中国是他的祖国。

陈鹏与他的舞台

北大化学学院的老师们都认同老院长赵新生"一颗心脏两个翅膀"的提法。一颗心脏，指核心化学；两个翅膀，指材料化学和生命化学。他们也都认可，科研工作最重要的问题之一，是如何开拓全新的研究领域和方向。20世纪下半叶，生命科学蓬勃发展，化学在此契机下与之交叉，在国际上风起云涌。因此，当时的化学学院院长赵新生老师开始考虑筹建化学生物学系。而那时在国内，大家还分不清楚化学生物学和生物化学的区别。他要做的事情，就是在北大把化学生物学系办起来。赵新生以敏锐的嗅觉意识到，化学生物学一定是一个很重要的学科发展方向。他怀着"一定要做成"的信念，队伍薄弱，那就"搭台子让后来人唱戏"；从零开始，那就奔走游说各方、力争更好的平台和资源。2001 年 6 月，北京大学正式批准化学生物学系成立。

而近年来化学生物学系的快速发展，无疑是北大化学学院最成功、最亮眼的增长点之一。目前，化学生物学系在生物大分子修饰、小分子探针和生物正交反应等领域，都活跃在国际前沿，同时还在不断拓展化学生物学的边界，寻找新的生长点。2010 年前后，随着数位优秀青年学者的加入，化学生物学系终于迎来了快速提升期。在这个舞台上，正进行着有声有色的表演。陈鹏是其中的成员之一。

化生系成立 20 年来的爬坡与丰收，是北大从传统高校华丽转身为在国际前沿科技领域具有强劲实力的研究型大学这一过程的缩影。这 20 年，也见证了陈鹏从博士到 PI（项目负责人）的成长历程。2002 年，陈鹏从北大毕业，在美国芝加哥大学开启5 年的博士生涯；2009 年，他回归北大。在他看来，芝大在很多方面和北大气质相近。芝大给阴天居多的芝加哥涂抹上一种智识的亮色，正如燕园当中蓬勃的智力空气；两所大学都重视原创思想、学术氛围浓厚。

初到芝加哥时，陈鹏是化学系新生，还没选导师。他选了不少感兴趣的课程，其中一门是何川教授开设的生物无机化学。就是从这门与生物相关的课程出发，他一发而不可收，走上了学科

陈鹏个人照

交叉研究的道路。何川后来也成为陈鹏博士期间的导师。

　　许多后来成为北大化生系中坚的青年学者，比如陈兴、王初、邹鹏等，都受到过何川教授的感召和影响。提起导师，陈鹏说："何老师是一个特别有激情的人，特别能够感染人，我一上他的课就被吸引了。课上他讲一些化学生物学方面的知识。我的生物基础不太多，但我还是喜欢找他聊天。我跟何老师说，我没有生物方面的知识基础，能学吗？"何川的回答给陈鹏留下很深的印象——"我初到美国时也没有生物基础，只要你想学、足够勤奋、足够聪明，你都能够学会。"听到这句话的陈鹏两眼发亮。后来，他就是从最基础、最简单的生物学知识开始，逐渐积累和成长的。

站在 2022 年的时间节点上，北大化生系已经在生物正交反应等领域达到了与国际前沿齐头并进的水准。这一年的诺贝尔化学奖青睐点击化学和生物正交反应领域的基础突破。而早在 2014 年，陈鹏教授的团队就另辟蹊径，在这一重要而竞争激烈的领域内提出了独特的新方向。与已有的基于化学键形成的生物正交反应不同，他们在国际上率先提出并发展了基于化学键断裂的"生物正交剪切反应"。通过生物正交反应打断化学键，并研发出"别具一格"的蛋白质激活技术，用于在活细胞内解析蛋白质的功能机制、释放蛋白质药物，描绘蛋白质组的时空变化。这些都极大地拓宽了生物正交化学的内涵和应用范围。

从 2022 年出发，以陈鹏为代表的北大化生系师生在生物正交化学领域的原理突破与应用上，将持续推进原始创新。他们已经为自己提出了新的挑战：如何从齐头并进走向引领？这将是一个更为艰巨的过程。

做从零到一的研究

陈鹏把自己之前的研究划分为几个阶段：2009 年到 2013 年，主攻生物正交连接反应；2014 年到 2020 年前后，从成键反应做到断键反应；2020 年之后，开始着力将这些新工具新方法应用于肿瘤免疫领域的基础研究。2009 年，陈鹏实验室建立了在活细胞中开发和应用生物正交反应的平台。在此后的 5 年时间当中，他们在蛋白质化学生物学和生物正交反应方面水准与世界前沿齐头并进。与此同时，他们开始思考如何在北大这片土地上做出最原创的研究。于是，在其他研究团队还在继续关注成键反应的时候，他们开始转向，提出并开发了断键反应。

"举个例子，当你做成键的时候，就像为一个没有颜色的车接上或红或绿的部件，让它可以被识别，但是车子仍然没有开动，或者说不受控制。那么断键反应相当于给车加了开关，需要的时候可以实时打开开关，这样就可以控制车，从而便于对生物大分子的功能进行研究，对生命过程加以调控。"2016年，陈鹏的团队在 *Nature Chemical Biology* 杂志发表了题为 "Development and Application of Bond Cleavage Reactions in Bioorthogonal Chemistry" 的文章，展望了这一萌芽中的新方向的发展框架；此后，这一领域迅速地蓬勃发展起来，短短5年时间，已是硕果累累。2021年，他们团队又在 *ACS Central Science* 杂志发表了题为 "Unleashing the Power of Bond Cleavage Chemistry in Living Systems" 的文章，对这些成果和发展态势进行了全面的梳理和总结。此外，作为第一位来自亚洲的科学家，陈鹏于2017年获颁国际生物无机化学会早期职业奖，评奖委员会认为他的研究工作 "shows creative and interesting approaches to important problems"。他还于2019年荣获首届科学探索奖，奖项肯定了他在活细胞化学反应工具开发和蛋白质生物正交激活等方面的成绩，支持他在新一代蛋白质检测和测序技术等问题上的探索。

近两年，实验室的重点开始转移到探索化学生物学驱动的临床问题研究方面，力求将基础研究的成果服务于人民健康需求。"我希望探索如何把我们发展的工具应用于人类疾病的基础研究和诊疗应用上"，在医学领域的大范围内，陈鹏团队把目光聚焦在化学与免疫治疗交叉融合这一尚待开发的新方向上。大约在 2010 年前后，免疫治疗领域迎来一项重大突破，即免疫疗法对肿瘤的治疗，但这些疗法目前适用的人群依然很有限，远没有达到大家的期盼。"我们认为这个领域有很多基本的问题还没有答案。所有免疫治疗的核心问题都是要把免疫细胞调动起来，让它有效地杀伤癌细胞。而很多病人的免疫细胞没法调动起来，其中一个原因是找不到靶子，还有一个原因是被敌方的'火力'压制、没法攻击。其中的机制非常复杂，病人的情况因人而异。那么化学的机会就在于，针对这种个体的因人而异，个性化地研究和调控免疫肿瘤微环境。可以这么讲，我们希望把组合化学的概念与生物正交剪切反应相结合，应用于免疫治疗的基础研究和疗法创新。"

做从零到一的研究是陈鹏始终的追求。"我们一直不满足于现在，一直想如何获得新的突破和创新。每次团队获得突破的时候，其实我们可以顺着做下去，但是我们就想能不能在推进这个方向的同时，继续开创新的方向，从而有机会获得更大的、革命性的突破。"

兴趣是最好的老师

当被问到在化学领域的多年求索中，最大的支撑是什么，陈鹏果断地回答"兴趣"。"在初中的时候，我就喜欢化学。化学是一门实验科学，也是动手的科学。化学中颜色的变化、物质的转化都非常有趣，从我接触化学的第一天开始，就无法抗拒它的魅力，投入了很多学习的时间，并参加了化学竞赛。到今天，让我这么孜孜不倦努力的首先依然是兴趣。"

正是在这股强烈兴趣的驱动下，陈鹏选择了化学竞赛的道路，并以甘肃省第一名的成绩参加了全国化学竞赛，最终被保送到北大。对化学的兴趣指引着他走向一个又一个飞跃。从兰州来到北京、从中学来到大学是一次，从北大走向世界是另一次。在北大的学习进一步坚定了陈鹏投身科研的想法。当时，师兄师姐都在准备外语考试，继续深造也是化学专业学生的主流选择。为了有机会到外面看一看最尖端的科技，开阔自己的视野，陈鹏很早就开始准备本科之后出国。毕业之后，他如愿来到美国芝加哥大学攻读化学博士学位，2007 年博士毕业后，又在美国 Scripps 研究所和诺华制药圣迭戈研发中心从事博士后研究。2009 年 7 月，陈鹏回国，任北京大学"百人计划"研究员。招学生时，好奇心也是他最看重的因素之一。"面试时我会跟学生们交流，看看哪些学生是一讲科学的东西就感兴趣，我想找像我当年一样两眼发亮的学生。"

兴趣背后泉涌的，还有追求卓越的激情和精耕细节的耐心。陈鹏说，自己的"好胜心"可能从小时候就有了。"我在中学的时候碰到了非常好的启蒙老师。当时我们中学是一所全省重点学校，竞争挺激烈的，但我第一学期就考了第一名。从那之后，每次我掉到后面几名，我的班主任老师就鼓励我，让我觉得好像不得第一名都对不起自己、辜负老师的期待。所以我一直都有一种追求卓越的心气。"

许多在一般人看来是很难做到的事，在陈鹏的工作和生活中已经习以为常。每周他只把周六的时间留给自己，待在家中。平常他 8 点前就来到实验室，直到晚上 9 点之后才离开，每天工作 10—13 小时，比学生来得早、走得晚。晚饭后六七点的时间，被他利用起来约学生聊科研进展，之后再工作一两个小时，9 点回家。周日开组会，上午是大组会，下午开小组会，和每组学生一

陈鹏在工作中

对一交流，对学生提出的问题，当时就思考并给出解释。"我觉得自己是一个很有激情的人，如果你对你这个领域的文献或者自己的工作都不感兴趣、没有激情，我不相信能做好。所以说我首先要身先士卒，尽量让自己具有感染力，激发大家的斗志和心气。我觉得老师的感染力是特别重要的，有激情的人也愿意和有激情的人一起工作。"

谈话时，陈鹏习惯于一边说一边在本子上写写画画，整理自己的思路。遇到重点的地方，他会用笔在这个词下面画一道横线，有时候会圈出来。陈鹏的办公室里有一个柜子，里面装满了他记录各种事务的笔记本。当别人问起来的时候，陈鹏用一只手揽住一大沓本册，介绍说："这些都是我记各种工作的笔记本。"他翻开不同的本子，里面密密麻麻写满了各种内容：有的用来做和学生开组会的记录，一人一页纸、还为每人预留了一页年度计划；有的用来记录和长期合作者开组会的情况；还有的记录日程和其他讨论内容。在这样的时刻，他不常有激动表情的脸上涌现出了一种你能想象的最真挚的热情，而诚挚的笑容中又含着一种淡淡的谦卑认真的神色。他为什么要去别的地方，过别的生活，做别的事情呢？中国是他的出生之地，化学是他始终的兴趣，而他的事业是在北大开启的。

（采写：来星凡、陈泽阳、杨泽毅、肖吉雅；
2017 年 5 月首载于北大新闻网，有增改）

燕园内外的科学情缘

孟杰，1966 年 1 月生，北京大学物理学院教授，美国物理学会会士，欧洲科学院外籍院士。1991 年获北京大学理论物理专业博士学位，先后为中国科学院理论物理研究所和德国洛森朵夫研究中心博士后、慕尼黑工业大学洪堡学者、日本理化学研究所科技厅奖励研究员。1997 年至今任北京大学教授，其间，先后任日本东北大学、大阪大学、慕尼黑工业大学、德国重离子物理研究中心、南非斯塔灵布希大学、英国爱丁堡大学、京都大学等访问教授，北京航空航天大学物理科学与核能工程学院院长（2009—2012 年）。在原子核的手征对称性、晕现象、赝自旋对称性和协变密度泛函理论等方面有原创性贡献。发表论文 500 余篇，引用 23000 多次，H 因子 78（谷歌学术）。国家杰出青年科学基金获得者（2000 年），获中国高校自然科学一等奖两次（2000 年和 2013 年）、中国物理学会吴有训物理奖（2007 年）、伊朗花剌子模国际奖（Khwarizmi International Award，2008 年）、华人物理学会亚洲成就奖（2009 年）、德国金科奖（GENCO，2010 年）、德国洪堡研究奖（Humboldt Research Award，2022 年）等荣誉。

对真理的追求自小根植在心，对故土的深情日夜萦绕于怀。从燕园走出国门，又再度选择回到燕园，北京大学物理学院教授孟杰始终对这一片哺育自己、成就自己的土地满怀热爱。在此播种，在此耕耘，在此收获，他用满腔热情点燃更多人的科学兴趣，用不懈的探索与创新开辟更广阔的天地。

求学时代的科学之缘

20 世纪 70 年代末 80 年代初，国家亟须人才，在老师的鼓励下，年仅 11 岁的孟杰开始自学课程，想跳级进入大学学习。他日夜苦读，花了一两个月的时间就把一个学期的课程自学完了。后来虽然因政策变动，跳级升学未能如愿，但孟杰自学的决心却更加坚定了。初二时，他自学完了初中数学和物理，初中毕业前，已自学完高中数学，高中时，又自学了高等数学。在高中阶段，《华罗庚传》这本书对孟杰影响很大，"我喜欢数学，非常崇拜华罗庚，他能在国家、个人非常困难的时候，把数学学好，非常了不起。"1982 年，孟杰凭借优异的高考成绩，本可填报任何一所名校，却由于眼睛高度近视差点与大学失之交臂，最终机缘巧合被录取到西南师范大学（现在的西南大学）学习。

在西南师范大学求学期间，孟杰依然保持着超前学习的习惯。为提高自己的外语水平，他到外语系旁听，充分利用外语系优越的视听学习资源锻炼自己的能力，在全校英语竞赛中获得第二名的好成绩。他在物理系学习本年级课程的同时，也兼听高年级的课程，大三时就学完了大学阶段的专业课。于是，系主任便鼓励他开始做研究，阅读学术文献，了解最新、最重要、最前沿的研究领域，寻找感兴趣而且能够上手的课题。大三结束，系主任推荐孟杰参加了量子力学奠基人之一尼尔斯·玻尔诞辰100周年纪念会暨全国量子力学研讨会，由此孟杰认识了自己未来的博士生导师——北京大学曾谨言教授。当曾谨言教授发现这个很有研究潜质的学生只是一个大三学生时，便鼓励他到北京大学继续学习。

20世纪80年代，以研究生身份参加国际学术会议是非常罕见的。硕士学习期间，孟杰提交的研究论文被第三届亚太物理学会议收录，并被邀请作口头报告。当时，这在整个西南师范大学也尚属首例。由于优异的成绩和过硬的科学素质，硕士毕业后，孟杰被录取为北京大学理论物理学专业的博士研究生，他与北大的情缘也从此正式开始。

北京大学走出的核物理学家

1988年，年仅22岁的孟杰开始了在北京大学的求学生涯。在北大学习期间，孟杰大部分时间都沉浸在图书馆和实验室中。北大有着宽松的学术环境，汇聚了全中国最优秀的人才，孟杰说："尽管20世纪80到90年代，中国学术界与国际的交流不像现在这么多，但只要国外学者来中国，一般都会来北大，因此在北大能受到中国最好的培养和锻炼。"

据孟杰回忆，北大当时计算资源很匮乏，多个研究生共用一台个人计算机，也没有互联网，大家主要通过图书馆的期刊获取最新研究动态。"当时我们每天都在实验室工作，在图书馆调研。现在的物理楼四楼就是非常重要的科学研究平台，我们都在那里看最新的期刊。由于多个人共用一台微机，因此必须仔细编写代码，避免计算结果出错，否则会影响下次计算机的使用申请。正因如此，大家也都养成了认真、细致、严谨的科学态度。"此外，导师曾谨言教授严谨的治学态度也深深影响了孟杰。读博期间，孟杰潜心科研，收获颇多，虽然当时博士研究生没有发表文章的要求，但孟杰博士论文的部分成果毕业前已经在国外刊物上发表。

1991 年博士毕业后，孟杰到中国科学院理论物理研究所进行博士后研究工作。1993 年，结束博士后研究工作后，孟杰选择去德国 Rossendorf 研究中心核与强子研究所做研究。在 Rossendorf 研究中心访问期间，他与 Stefan Frauendorf 合作预言了原子核的手征对称性。这是核物理领域的一个非常重要的发现，"就像人的左手和右手，无论怎样平移、转动，都无法重叠，原子核也具有这种手性"，孟杰说。这个科学预言，后来在 2001 年被实验证实。

1994 年，孟杰作为德国洪堡学者在慕尼黑工业大学做研究，他的研究课题是核物理领域的热点问题——不稳定原子核。经过两年多的探索，孟杰与 Peter Ring 合作，实现了对不稳定原子核中的新现象——中子晕的微观自洽描述，这一研究成果于 1996 年在美国《物理评论快报》（*Physics Review Letters*）上发表，引起了较大反响。因此，有很多国家的研究所都邀请他作访问研究。由于当时日本理化研究所在不稳定原子核的实验研究方面处于领先地位，孟杰遂申请并得到日本科技厅资助，以日本科技厅奖励

孟杰个人照

研究员的身份开始了在日本的工作。其间，恰逢中国核物理代表团访日，在国内同行的建议下，孟杰回国到母校工作。

理论创新与科研育人并重

1997 年，孟杰作为杰出人才被北京大学聘为教授，年仅 31 岁的他，一方面积极组建团队，展开研究，一方面培养研究生，教书育人。

在理论创新方面，孟杰带领团队在 2006 年发表了原子核手征对称性具有多种表现形式的论文，并于 2008 年、2009 年和 2010 年继续发表相关论文，深化这方面的研究。在 2012 年，美国科学家带着验证他们预言的实验结果访问北京大学，进行合作研究，对实验结果进行认真分析，最终证明了孟杰团队提出的原子核手征对称性具有多种表现形式。2016 年，孟杰带领山东大学、北京大学、清华大学、北京航空航天大学以及中国科学院理论物理研究所相关人员组成的研究团队，联合国际同行，发现了原子核手征对称性和空间反射对称性联立自发破缺过程的证据，并获"中国高校 2016 年度十大科技进展"。针对原子核这样一个复杂的量子多体系统，孟杰团队经过多年探索和研究，发现原子核协变密度泛函理论是描述原子核最好的方法之一，并系统发展了原子核协变密度泛函理论，用于原子核各种现象的描述和新物理的探索。鉴于该领域的快速发展和国际影响，世界科学出版社《核物理国际评述》系列丛书聘请孟杰为主编，出版了丛书第十卷《核结构的相对论密度泛函》。

孟杰说："科研与教学都很重要。作为一个从事科学研究的人，必须不断地去探索未知的世界，在这探索过程中，会加深对很多问题的理解，深化对一些前沿问题的把握，自然也会把这些问题向后来者进行更好的传授。这样就会有更多的人对科学感兴趣，吸引更多的人加入，这二者是相辅相成的。"孟杰非常重视科研育人，可谓是桃李满天下。到 2018 年，他已培养指导了四十多名博士和二十多名博士后，其中大都活跃在国内外著名大学和研究院所，在各自的领域取得了丰硕的成果，为物理学的发展做出了杰出贡献。

孟杰在《与优秀的人一起同行是一种难得的幸福》一文中

北京大学 120 周年校庆时孟杰（二排右五）与部分新老团队成员

深情讲述了自己在北京大学工作的经历："回首往事，我非常珍惜在北京大学工作的这些年，我也非常珍惜与学生们共同度过的岁月。"孟杰印象最深的是自己初到北大时共事的老师和研究生，他们在当时艰苦的条件下，以办公室为家，为改善工作条件和研究氛围等做出了各种努力。孟杰说，北大的研究生们辛勤工作，在与世界各国的交流、访问、合作中取得了优异成绩。他坚信，无论横向与国际上同龄的研究生比较，还是纵向与当今国际上活跃科学家的研究生阶段比较，北京大学的研究生都是世界一流的。"能够与他们同行，实在是一种难得的幸福！"

科学精神的继续传承

孟杰说："科学是人类探索和了解自然所有知识的集成，科学研究就要不断扩大和延展知识的范畴，要达成这一点，就要了解人类知识的最前沿。"

回国后，国外的朋友曾担心孟杰的学术研究会受到影响。毕竟在 1997 年，中国的科研条件在各方面与世界先进国家相比还有差距。但孟杰没有犹豫，因为他心中有一个传承科学精神的梦想。孟杰说："我有一个基本假设，中国人约占世界人口的四分之一，中国人的聪明程度算作世界智力的平均数也不为过，因此世界诺贝尔奖的获得者也应该有四分之一是中国人。如果没达到这个数量，就证明中国有很多天才被埋没。他们或者没有找到可以获得诺贝尔奖的教练，或者没有经受过可以获得诺贝尔奖的训练。"带着这样的想法，1997 年开始策划，1999 年付诸实践，孟杰组办了第一期国际物理学暑期学校，邀请国外著名学者来华讲学。该暑期学校最初由中日两国共同出资，资助全国优秀的研究生到北大学习。从 1999 年开始，历经 2001 年、2004 年、2006 年、2009 年，一直到 2011 年，暑期学校的人数从 70 多人增加到 120 多人，资金支持也从日本扩大到德国、法国和欧盟，学员中也先后成长出了一大批优秀人才。"我们要特别感谢这些国际友人，这纯粹是为了共同的科学事业"，孟杰说，"在当时，北大经费匮乏，没有足够的资金支付国外教授来北大讲学的旅费。因此，只能是国外的一些研究所先邀请这些国际教授访问，再由这些研究所资助他们到北大讲学，由此解决了经费匮乏问题。在这个意义上，我们确实要向人类共同的科学事业致敬"。

科学的事业是人类共同的事业，科学的传承是人类共同的传承。秉承这种理念，孟杰积极支持兄弟院校的核物理研究和发展。应北京航空航天大学邀请，孟杰协助组建了物理科学与核能工程学院并兼任院长，通过人才引进，建立了一支具有国际影响的核物理和强子物理研究团队。此外，孟杰还兼任国内外许多高校研究所的客座教授，先后访问过二十多个国家和地区，与美、德、法、日、韩、南非等建立了长期和稳定的研究合作。孟杰说："应该多到世界各地去走走看看，现在的科学研究需要全球合作，集中各方面优势。在美国、欧洲、日本、韩国、南非等地，我们建立了比较长期的合作，这有利于共同推进研究工作，也使我们的研究顺利进行。"

走出国门、再入国门，告别燕园、再踏燕园，孟杰全心投入科学求索中，光阴流转，初心未改。从海外归国，为祖国发展而奋斗，这不仅是孟杰一个人的选择，也是许多北大人在面对人生答卷时给出的共同答案。寸寸归心凝聚在一起，成为漫漫岁月中不熄的灯火，指引着游子的归途，烛照着前行的道路。

（采写：刁超群，编辑：吴星潼；2017 年 6 月首载于北大新闻网，有增改）

※　首页图为学者本人提供。

"把最好的研究成果在中国做出来！"

刘若川

刘若川，1980 年 5 月生，现任北京大学博雅特聘教授、数学科学学院副院长。1999—2004 年在北京大学数学科学学院获得学士、硕士学位，2008 年在美国麻省理工学院获博士学位。2012 年回到北大，入职北京大学数学科学学院、北京国际数学研究中心，2017 年获国家杰出青年科学基金资助，2019 年荣获首届"科学探索奖"，2020 年荣获第十六届中国青年科技奖，2023 年入选首期"新基石研究员"项目；同年，获得第十九届陈省身数学奖。主要研究领域为算术几何与代数数论，在 p 进霍奇理论、p 进自守形式等方向取得了一系列重要成果。其中，他独立完成的"p 进霍奇理论及其应用"项目荣获 2020 年度国家自然科学奖二等奖。

数学是北大的王牌学科。千禧年前后，在这个本就传奇的院系发生了另一个奇迹：一批数学天才成群而来。经过十数载积淀，当年的天之骄子已开始在国际数学舞台上崭露头角，被称为"黄金一代"。如今，"黄金一代"中的多名代表性成员由海外学成归来，并肩负起培养新一代中国数学人才的责任。刘若川是"黄金一代"成员之一，2012年，他从美国学成归来，加入北京国际数学研究中心，耕耘算术几何与代数数论。

数学的世界很大，这片风景在每个人眼中各有不同。刘若川始终沉潜其间，他试图把自己所见的数学之美呈现给世人。

爱上数学是一件非常自然的事情

刘若川从小学四年级起接触数学奥林匹克竞赛。他与数学从一开始就有很深的缘分：起初出于兴趣，后来出于成就感，再后来，学数学已经是一种美的享受。"从开始学奥数到参加校队、省队、国家队，一路走来，我渐渐发现自己时常可以解答同龄人无法解决的问题，慢慢地就觉察到自己在数学领域比较擅长。我是在自学课本以外知识的过程中发现了数学世界超乎寻常的美的。"兴趣在学习中不断培养，又因为擅长而不断加强，就这样，他和数学的缘分越结越深。由学习、到思考、再到超越自己的上一个思考，不知不觉中，数学之美几乎是很自然地就浮现出来，让他拜服。

数学思考之外，荣誉自然而然地跟随而来。1999 年，刘若川摘得第四十届国际数学奥林匹克竞赛金牌，于同年保送北大数学科学学院深造，并在 5 年时间内就完成了本硕的全部课程。硕士一毕业，他奔赴美国，到麻省理工学院攻读博士学位。

其他人很难做到的事，刘若川做到了；其他学校很难做到的事，北大做到了，学校破格允许刘若川提前两年毕业，让他可以有更多时间去做一些自己感兴趣的事情。对刘若川而言，他发现自己"以数学为业能够做下去，不是一时的头脑发热，而是兴趣使然，还能做得不错。讲不出某种特殊的原因，走上学术道路就像呼吸一样自然"。

空旷荒野上独一无二的风景

在世界顶尖学府麻省理工学院，刘若川继续前行。他的研究也迎来累累硕果：

2015 年，独立于菲尔兹奖获得者 Scholze，刘若川与 Kedlaya 发展了类完美空间的部分主要理论，奠定了几何相对 p 进霍奇理论的基础理论。他们工作的独立性得到了 Scholze 与国际同行的广泛认可，研究成果于 2015 年以单行本发表在法国著名的 Asterisque 系列。

2017 年，刘若川与朱歆文合作，利用刘若川与 Kedlaya 合作发展的 p 进分析技术，对 p 进光滑刚性簇上的任意局部系统建立了 Simpson 函子，突破了 Faltings 工作中的 small 条件，并建立了黎曼希尔伯特函子，研究结果发表在 2017 年的 *Inventiones Mathematicae* 上，该杂志是国际数学界最权威的期刊之一，与

Annals of Mathematics、*ActaMathematica*、*Journal of the American Mathematical Society* 被认为是世界四大顶尖数学期刊。国际同行高度评价这一工作，并将其称为"Liu-Zhu's theory"。刘若川对自己的研究方向也非常有信心，"这个领域正处于大发展的阶段，有很大的发展空间，至少有 5 至 10 年的黄金时期"。

2018 年，刘若川、朱歆文又与合作者刁晗生、蓝凯文进一步将 2017 年的结果推广到对数（logarithmic）情形，建立了 Deligne 构造的复代数簇上的黎曼希尔伯特对应的 p 进版本。特别地，对任意志村簇上自然的局部系统证明了 p 进黎曼希尔伯特对应与 Deligne 的黎曼希尔伯特对应是相容的。

刘若川在相关领域耕耘多年，他独立完成的"p 进霍奇理论及其应用"项目荣获 2020 年度国家自然科学奖二等奖。近年来，刘若川又逐渐将研究领域拓展到 p 进自守形式以及代数拓扑等相关问题，取得了丰硕的成果。2022 年 7 月 13 日，他联合复旦大学上海数学中心王国祯教授在国际顶尖数学期刊 *Inventiones Mathematicae* 在线发表了题为"Topological Cyclic Homology of Local Fields"的研究论文，合作对拓扑循环同调进行研究，提出了一个计算拓扑循环同调的新方法——下降谱序列方法。这也是刘若川本年度在数学四大期刊发表的第 2 篇研究论文。"拓宽研究面的好处是，看待一个问题可以发散出多角度。有时不同方向的研究还可能汇聚到一起，激发出全新的灵感和成果。"法国国家科学研究中心、法国高等研究院的 Christophe Breuil 教授这样评价：在 p 进制霍奇理论研究领域，刘若川是最好的世界级专家之一。

近期，刘若川在算术几何领域的研究中又取得重要进展，研究结果"Logarithmic Riemann-Hilbert Correspondences for Rigid Varieties"在国际顶尖数学期刊 *Journal of American Mathematical*

刘若川个人照

Society (JAMS) 在线发表。审稿人评价这篇论文"绝对是一篇惊人的论文"，"结果优美，方法和技术强而有力"，"将成为领域内的经典论文"。论文结果迅速被国际同行应用，在最近 Pila-Shankar-Tsimerman 关于任意志村簇的 Andre-Oort 猜想的突破性工作中起到了关键性作用。

　　十数载光阴倏然远去，那个因日夜思索终于解开一道难题而欣喜激动的小男孩，已然成长为一名成熟稳重的优秀学者。时光荏苒，初心未变，刘若川说："做研究的美妙之处在于可以发现别人未见的东西、解决别人解决不了的问题，如同在一片空旷的荒野上，创造出独一无二的景色。"

教学相长，人中难得九方皋

从儿时对数学萌生兴趣，到接受北大数学科学学院的系统培养，再到海外求学、不断探索，一路走来，帮助和影响过刘若川的人有很多，其中之一是北京国际数学研究中心主任田刚院士。田刚是刘若川的硕士生导师，他治学严谨、研究深入，这些都直接影响到刘若川。提起恩师，刘若川满怀感激："田老师不仅在做学问方面给我非常大的帮助，也十分关心我个人的成长。无论工作多忙，科研任务多重，他都定期和我们召开师门例会，了解我们的学习、生活状态，给我们很多思想上、生活中的引领和启迪。我尤其要感谢田老师在我选读博士院校时期对我的帮助，老师给我很多建议并积极将我推荐给海外的优秀学者。可以说，我硕士毕业后能够进入麻省理工继续深造，田老师功不可没。"

对刘若川而言，另一个无法替代的人是他在麻省理工的导师Kedlaya。正是在 Kedlaya 的帮助下，他将自己的研究方向定为p 进制霍奇理论。"每个人选择自己的研究方向都是由多种因素决定的。我自己本身对算术几何和代数数论方面感兴趣，而刚好Kedlaya 的研究方向让我很有认同感，这也是我接触 p 进制霍奇理论的开始。"

2012 年，刘若川回到北大任教。回国前后的刘若川常常被问起选择的原因。他的回答是，"要把最好的研究成果在中国做出来"。在刘若川看来，好的科研场域得益于好的理念、风气，这少不了多元的、优秀的科学家的共同建设，"好的科学家达到一

刘若川在坐落于镜春园的北京国际数学研究中心

定'密度'，会迸发出意想不到的火花"。让他欣喜的是，近年来，北京大学数学科学学院和北京国际数学研究中心的人才队伍正在不断壮大。"国内的科研环境越来越好。近些年来国家对基础学科建设十分重视，支持力度很大，学校也给我们青年学者很多政策方面的照顾和帮助，为学术工作者搭建了一个非常好的平台。在这里，我可以不考虑其他，一心一意做学问。"刘若川还说:"教学生,传授知识,特别是教我们中国自己的学生,这在工作之余带给我一种额外的满足感,我更高兴。"

从发现数学之美到传递这份美,在教师的身份上,刘若川产生了新体会。在他眼中,教学既带来压力,也让人幸福。北大数院集中了全国的优秀学生。而优秀的学生通常都犀利、较真儿,有时学生在课堂上会指出老师的错误,或者挑战老师的观点。刘若川回忆道,曾有一位在大一就挑战研究生课程的学生,不光能跟上他课堂的进度,甚至能指出他推导的失误。虽然被当面质疑有时不是那么令人愉悦的体验,但刘若川一直鼓励学生发表不同意见,因为这不仅培养学生的思辨精神与独立性,对教师也是很好的鞭策。

刘若川希望学生们不仅能在学习过程中接收知识,更具有"输出"能力,能够发现问题、解决问题并且对他人清晰解释问题,将自己的学习成果与他人和世界连接起来。他鼓励学生自主选择,同时也努力引导他们往精深处前进。2012年至今,他始终在探索、打磨、精进教学。他会花时间观察学生、和他们谈话,弄清楚学生的学业基础、思维方式和个人兴趣,在此基础上加以引导。他也常常反省自己,对学生的教育是否恰当,育人效果是否理想?以理想状态为目标,刘若川时时牢记,教学不仅是教书,更重要的是育人。"教育需要的是慢功夫,要踏实,不能浮躁",在他看来,当一位教师着眼于学生的长远成长,而不是眼前的几次卷面成绩时,他总能找到好的教学方法。

在2021年的北大新生开学典礼上,刘若川对同学们如是说:"大学守卫着人类社会的理性,传承着人类文明的精华,更在奋力拓展人类认知的边界。你们今天来到北大,必定满怀对知识的渴望。而历经时间的涤荡,我们也终将被生活的洪流推向远方。

但我希望，不论何时何地，你们将始终对理性抱有坚定的信仰，对纯粹地、不计功利地追求新知识保持真诚的敬意。"

"把最好的研究成果在中国做出来"，是刘若川带领团队探索钻研的科研道路上始终不变的信念与动力源泉。随着更多年轻学者的回归和成熟，我国数学家将在数论与算术几何领域完成更多引领性成果，取得更大话语权。在这座园子里，属于他的风景，宽广阔大。

（文字：赵加仑，编辑：杨迪、来星凡；2017年7月首载于北大新闻网，有增改）

「燕子」

「燕园的

沈 艳

沈艳，1975 年 12 月生，北京大学汇丰商学院、北京大学国家发展研究院教授。1992 年考入北京大学国际经济系，1997 年获得经济学学士学位。1998 年赴美国南加州大学经济系深造，2003 年获博士学位，同年进入北京大学中国经济研究中心工作。主要研究领域为数字金融、金融大数据分析和计量经济学。

是"命定"的夙愿，也是中国知识分子精神传统的感召，沈艳从江苏的农村中学来到北大，又远渡重洋求学归来，在燕园筑下巢穴。在北京大学国家发展研究院里，她是重视数据素养的严谨的经济学家；在人人网上，她是乐于与学生交心谈天的师长。"燕园的燕子"盘旋在北大的湖光塔影中，用振翅飞扬的矫健身姿引领着更多有志于国家发展事业的中国青年。

归来

为什么选择北大？沈艳老师用了"命定"这个词。

1987 年的暑假，还在上初中的沈艳，随着要从人大毕业的父亲到北京游玩。那个时候的沈艳在未名湖边坐坐看看，想象着自己是这个园子里的人。"我要上北大"——这个想法在农村的学生中算得上奢侈，周边的人也并不信以为真，但这样的念想却已在她心里扎根。

而今她笑称，如果那时候有人告诉她，今后她不仅会在这里上学，还会在这里教书，那可"太吓人了"。

沈艳本科毕业后去南加州大学攻读经济学博士学位。在国外的第三年，她忽然对中国传统文化产生了前所未有的兴趣，"突然很想读古文"，就想方设法找书来读，那时她深切感受到《我的中国心》里的那句歌词——我的祖先早已把我的一切，烙上中

沈艳（中）与学生

国印。

在沈艳看来，自己从小在农村长大，从省重点高中考入了北大，"国家培养不容易"。她觉得，美国已经汇集了世界各地优秀的人，多她一个不多，没有她也不少。但是，中国不一样，北大不一样。北大一向都是跟国家和民族的命运紧密相连的，一个从北大走出的人，总能被这种使命所感召，"不是说回国以后个人能够做什么，但总归会比在国外能做的事情更多"。

北京大学中国经济研究中心（现更名为北大国家发展研究院）

对沈艳而言是个特别的地方。提起燕园中的这方小院，温婉的沈艳会表现出难得的兴奋。她讲述了林毅夫老师、周其仁老师等学者的故事，"这个地方的老师有一种中国知识分子的精神传承，他们讲'苟利国家生死以'这些话，都是自己去实践的。和林老师、周老师等学者一起工作，就会发现他们在生活上非常简单，将自己的利益往后推，但是做事情又总是特别投入。这个地方是个很理想的地方，这里的人是'士'，园子里的人多少都是希望为这个国家带来变化的人"。

"数据的素养"

1992 年，沈艳以江苏省文科前几名的成绩选择了北大经济学，她认为经济学本身充满魅力，国际经济专业也是当年最热门的专业之一。邓小平南方谈话后，经济更是中国发展进程中的关键力量。本科期间，她不懂学术到底是什么，只是想出国看看外面的世界，又因为只有博士学位才有奖学金，于是申请去了南加州大学读博。在南加州大学，沈艳上的第一门课是统计学，由朱家祥老师讲授，"他把计量和统计讲得很优美"，而后沈艳又遇到了萧政教授，两位老师让她对计量学产生了感情。

今天，中国进入了大数据时代，诸多决策都是由量化决定的，因此数据分析和处理的能力便尤为重要。计量这一学科涉及数据分析，逐渐成为"显学"。沈艳认为，数据分析能力应该是个人的基本素养，"如果说不能识字叫文盲，那么现在不少人因为不懂数据分析是数据盲"。不少人对数据的真实性、来源、从现象到结论的逻辑链条等都不详加探究，就很快跳到结论和吵得沸沸扬扬的现象背后，究其根源往往跟数据素养不足有关。沈艳用一个例子来说明她的观点："数字金融是当下热点，但我对数字一直保持审慎的态度。比如当我听到一个报告称英国的监管沙盒的效果很好，那我就首先会问这个报告是谁做的？得知是 FAC（Financial Advisory and Consulting）做的。我会再问监管沙盒是谁做的？结果也是它做的。那么自己做这个项目，又自己评估，不大可能得出不好的结论。看一篇报告的时候，对报告结论的可信度，就要考虑这一点。"

沈艳将这种思维也带入对社会热点的思考中。此前，北京某知名小学推送了一篇以苏轼为主题的研究报告，"人人有课题，个个会研究"的口号被一些媒体公众号竞相转载。但沈艳看完文章和学生的"小课题"后，"我的忧虑早就超过了欣喜"，她写下《静待花开，谨防研究大跃进——有感于某小学研究报告》一文，从另一角度看待这一事件。

谈及"批判性思维"，她指出，任何现象都有很多面，每面都有不同的道理，但教育很多时候只会告诉你什么对、什么错，社会舆论也经常一边倒。"我不是说哪面不对，而是想告诉大家还有另一面，就像数据画一条回归直线，不能只看到回归直线下的部分，我想告诉你还有回归直线上的部分。"一个学者首先要有独立的精神，很多时候思维是线性的，或者支持或者反对，没有其他可能，但现实生活非常丰富，还有其他面。沈艳希望指出另一面呈现给公众，"我希望去实现一种平衡"。

"爱护"

早些年，人人网是校园社交的主要媒介，沈艳在人人网上发表过多篇谈感情、谈压力、谈挫折之类的文章，用自身的校园生

沈艳在授课

活经历加上为人师长后的生活体悟，坦诚地跟学生讲这些微小但深刻的道理。当被问及为何她身为教授却愿意花时间和精力与学生在网络上交流，她说："教育应该是老师帮助学生把最好的、最有才华的一面充分展示出来。"

北大汇集了相当多优秀的学子，他们是父母的骄傲、是所有人的骄傲，但在北大亲历本科时光的沈艳知道，北大人的内心是有恐惧感的。"当承担所有人的高期待的时候，可能就会把自己压崩了，内心的彷徨迷茫不敢跟人说，只能把最好的一面展示给别人。"沈艳也曾经历过这样的压力和痛苦，所以她愿意以亲身经历告诉学生，"这些压力、迷茫其实我们都共同经历着"。1997 年，沈艳本科毕业，但当年没有成功申请到奖学金出国读博，一度十分压抑，似乎无法面对未来，"但走过以后就觉得没有什么了不得的，我希望帮助没有经验的同学，告诉他们世界很广阔，有问题可以一起来解决"。

沈艳也不认同以"精致的利己主义者"给北大学子贴标签。"就像罗素所说，'工业化大生产制造了标准化的产品，标准化的产品导致了标准化的人'，我们的学生从小到大被培养成了标准化的人来到北大，现在突然要求他独一无二，可他从小没有因为独一无二而被尊重过，这之间存在断层。他会不知道自己是谁，不知道在社会上如何定位。"对沈艳而言，教育应该帮助学生认识"我是谁"。

一味地用"精致的利己主义者"去责备同学是不公平的，因为家庭、社会从小教授学生"个人超越"，为了取得好成绩只需要提高自己的能力。但很少有人教育孩子如何帮助别人、关怀别人，很少有人告诉他们"帮助别人"从长远来看对自己、对他人都是有好处的，并且最后得到帮助的其实是自己。

沈艳在学生时代，觉得北大最大的优点就是自由，这里有千姿百态的老师，有兼容并包的精神，大家对这里是发自内心地热爱。而今作为老师，她希望尽量通过自己的言传身教，给学生一个好榜样，让教育更加有意义。

沈艳在网络上的昵称叫"燕园的燕子"，她说："我的小名叫小燕子，北大又叫燕园，我就属于这里。"

（采写：王艺遥；2017 年 12 月首载于北大新闻网）

※　首页图为学者本人提供。

学问无遗力，工夫为生民

易莉

易莉，1980 年 4 月生，北京大学心理与认知科学学院研究员、北京大学麦戈文脑研究所研究员、博士生导师。2003 年毕业于北京大学心理学系，获学士学位。2007 年获美国杜克大学心理与神经科学系发展心理学硕士学位，2009 年获该系博士学位。2009 年 6 月加入中山大学心理学系，先后担任讲师及副教授。2015 年 2月入职北京大学心理学系（现心理与认知科学学院），2021 年加入北京大学麦戈文脑科学研究所。主要从事孤独症谱系障碍儿童的研究，目前研究方向集中于孤独症儿童的社会认知障碍、早期干预和治疗。

翻开美国 *Science* 杂志，你会发现，"引发孤独症的原因是什么"一直被列为 125 个重大（前沿）科学难题之一。孤独症——这个难解的词语，对于北京大学心理与认知科学学院的易莉老师来说，是她每天都在研究和思考的领域，也是她一直以来所直面的现实。

在美国，每 68 个儿童中就有 1 个患有孤独症；在中国，孤独症发病率也早已高于 1%。这个数字远高于癌症（1/1500）、糖尿病（1/500）的发病率。不断攀升的孤独症发病率，使得这一精神疾病开始进入人们视野。而易莉已经在孤独症领域努力了近十年。她怀抱着对科研的热忱，在孤独症儿童的面孔加工、信任与欺骗行为以及其他认知障碍等方向都取得不小成就。

"从科研中获得快乐"

易莉从小学习成绩优异，然而进入北京大学学习还是给她不小的挑战："在北大四年，收获最大的就是感受到周围同学们都非常优秀。这会导致一种心理落差。比你聪明的人比你还努力，在这种环境下，你不得不 push（推动）自己变得很强。这是在同侪压力下的'被动进步'。这对于那个年龄段的孩子来说是很重要的。"周围的学习环境所造成的良性竞争行为，给易莉带来很大的影响。高中时晚上 10 点就睡觉的她，在大学常常学习到 12

点之后。她笑称："考上北大的人或多或少都有一点强迫症，自己对自己的要求很高。"

除了良好的学习环境，北大给易莉留下深刻印象的，还有当年学识渊博的一群老师。在她的记忆中，王垒老师的课就像单口相声一样有趣；张智勇老师的讲解细腻深入；还有钱铭怡、吴艳红、苏彦捷、甘怡群、耿海燕老师的课也都给她心理学生涯打下了坚实的专业基础。而当年的本科论文导师周晓林老师带领的实验室充满了一种铆足了劲儿做科研的氛围。

在老师的引导和对自我的严格要求下，易莉努力提高自身的学识，又选择奔赴大洋彼岸，在美国杜克大学继续她的学习。在这里，她发现了自己的兴趣所在。"我并不是一开始就决定做科研的，本科时其实挺迷茫的，也不知道科研究竟是什么。在美国读研究生的第三年，我的导师说我适合做科研，他说我是那种能从科研中获得快乐的人，这非常重要，比其他任何方面都重要。从那个时候开始我才下定决心要走科研的路。"村上春树是易莉最喜欢的作家之一。她借用村上春树对小说家"为什么写小说"的论述来表达自己对科研的感受："科研其实是一个付出和产出比不高的行业，如果你没有从中获得快乐，就很难坚持下去。如果不快乐，做研究的意义从一开始就不存在了。"

回归与安定感

2009 年，获得博士学位的易莉回到祖国，成为中山大学心理学系教师中的一员。"在国内有一种特别踏实的感觉。"这是易莉选择回国的一大理由。在美国的六年，易莉体会到某种漂泊感。这不仅来自文化上的一些隔阂，也来自内心的不安，国外再好也

易莉个人照

是别人的祖国。在踏上祖国土地的时候，内心才感到无比踏实。

回国后，易莉与中山大学附属第三医院建立了合作关系，进行对孤独症儿童的各方面能力的研究。事实上，这是她在美国时就一直想做的研究，但由于条件限制，直到回国后才真正开始进行。

毕业多年以后，易莉回到北大参观，发现母校已经发生了今非昔比的变化，自己还深深爱着这里浓厚的学术氛围。2015 年，她申请回到北京大学任职。再次步入燕园，她对这个园子有了更多新的感受。"从我毕业到现在，北大心理学系的变化非常大，跟世界顶尖大学的心理学系差距越来越小了。"这里不仅有资深的学术泰斗，更培养和引进了一批世界水平的顶尖学者。这里有无可比拟的浓厚科研氛围，跟各位老师的讨论总是能产生很多的思想碰撞，对自己的科研有诸多启发。在这样的学术环境中，易莉不仅开设了本科生课程"孤独症儿童专题研究"、研究生课程"儿童心理病理学"，担任 2016 级本科生班主任，还带领着 5 个博士生、1 个硕士生开展多方面针对孤独症儿童的研究。从 2012 年就跟随她学习的学生李天碧说："易老师平时和学生关系非常好，但是在学术研究上对我们要求很严，给人一种'严师出高徒'的感受。对于我来说，她的鼓励会比拿奖学金之类的事更能让我对学术有热情。"

回到母校，易莉还发现了学生时代所忽略的燕园美景。朗润园、燕南园、未名湖……四季景色各不相同，美不胜收。谈到校园景色，她笑着说："我希望带着孩子每年都在同一个地方拍个照，我觉得这非常好。"

"我想做有用的学术"

易莉目前主要开展两方面的工作：一是利用机器人教导孤独症儿童的研究；二是针对婴儿的孤独症筛查。前者的意义在于，由于孤独症孩子排斥与人的交往，利用机器人可以实现真人难以实现的教导目的。而后者的意义在于，能够更好地进行孤独症的诊断和治疗。由于年龄小的孩子差异很小，孤独症基本在三岁以后才能诊断出来，这是当代孤独症诊断和治疗的一大难题。但同时，针对更小年龄的孩子的干预是更加有效的。如果能实现对婴儿的孤独症筛查，将对孤独症治疗产生重大影响。

谈到自己所做的研究时，易莉的神情变得格外认真。最初从

易莉在北大静园

事基础科研的她，在与孤独症儿童的家长接触中，开始思考很多现实问题。

近年来，我国孤独症发病率不断上升，患者已超 1000 万（数据来自《中国孤独症教育康复行业发展状况报告》）。在长期的跟踪研究中，易莉对孤独症家庭的艰难处境有很深的感触："如果家里有一个孤独症孩子，整个家庭基本崩溃了。父母至少有一方必须辞职，陪着这个孩子不停地做训练和干预。而且这种干预是终身的，因为孤独症现在还不能治愈。这对家庭是非常大的一个负担。有很多家庭因为这些压力离异了，母亲单独照顾孩子，又无法出去工作，生活特别困难。"

"很多孤独症孩子的家长会问：'那你这个研究对我有什么用呢？'其实这个问题真的很难回答。我不能告诉他：其实没什么用，就是我们要发文章，需要你这个数据，这样想真的太自私了。他们非常需要帮助。甚至是你写一篇科普文章，告诉他们什么是真正科学的干预方法，什么是纯忽悠人的，对他们都很有用。我希望我的研究能真正帮助到他们。"

现在，当孤独症儿童的家长再问起"你的研究对我有什么用"时，易莉会认真地说明，她现在做的机器人以及其他研究可以怎样帮助他们。"在孤独症界，人们会觉得，所有的东西最后都应该指向干预。我的领域注定了我会比较注重临床的问题。如果你真的能做出什么改变世界的成果，比发什么文章都要重要。"说到改变世界，易莉没有停顿和迟疑。

采访结束后，易莉又与一位 12 岁孩子的父亲进行访谈。这位家长由于无法确定孩子是否患孤独症而找到易莉，而她需要对孩子的所有情况进行了解和评估。窗外是阴沉的天色，易莉打开厚厚的访谈材料，与两鬓微白的孩子父亲隔桌而坐。她温和而认真的神情成为最后定格于笔者心中的画面。

（采写：杨李佳；2017 年 12 月首载于北大新闻网）

理论与应用之间的「搭桥」者

董彬

董彬，1981 年 7 月生，北京国际数学研究中心长聘教授、国际机器学习研究中心研究员、国家生物医学成像科学中心研究员，长沙计算与数字经济研究院副院长。2003 年本科毕业于北京大学数学科学学院、2005 年在新加坡国立大学数学系获得硕士学位、2009 年在美国加州大学洛杉矶分校数学系获得博士学位。博士毕业后曾在美国加州大学圣迭戈分校数学系任访问助理教授、2011—2014 年在美国亚利桑那大学数学系任助理教授，2014 年底入职北京大学。主要研究领域为科学计算、机器学习及其在计算成像和数据分析中的应用。现任期刊 *Inverse Problems and Imaging*、*CSIAM Transactions on Applied Mathematics*、*Journal of Computational Mathematics*、*Journal of Machine Learning* 编委。2014 年获得求是杰出青年学者奖，2022 年受邀在世界数学家大会（ICM）做 45 分钟报告。

阔别 11 年，再回北大，故事从学子的初等函数开始，以师者的小波函数延续。董彬，远行的鸿雁归来，带回了育人之思，带回了数研妙想，带回了鸿鹄之志。数学之路漫漫其修远兮，他将上下而求索。

曾忆读书时

1999 年，董彬通过高考来到北大，度过四年本科生涯，2003 年本科毕业；2014 年，他通过人才计划从美国回北大任教。阔别 11 年，再度回到北大，故事开始延续。

董彬高中的时候在数学方面就展现出非凡的天赋。在高中同学看来，他会选择数学一点都不意外。董彬回忆道："高中的时候，我总会以自己的方式去解一些数学题，虽然过程不是很标准，但结果正确——他们就会感觉我比较适合学数学，但我没有想到以后会从事数学方面的研究。"

"大学时期的学习虽然紧张，但是生活还是挺惬意的。当时数院一部分同学住 28 楼，我和另一部分同学住 45 楼，就在西南门边上"，那个时候北大的西南门更靠近南门，"一出去就是南门前那条路，附近有好多小胡同，四环还没完全开始建，有时候会去小胡同逛逛，打打牙祭"。

董彬喜欢打篮球，在大学的时候一直是院篮球队的主力，大

三、大四时是数院篮球队队长，大四时更带领数院篮球队获得北大杯冠军，期间董彬也参加了一系列校内的甲级联赛。

篮球赛季的时候，董彬常常一整天待在篮球场，中午打比赛，下午再接着练球。"印象中打得最漂亮的一场比赛是大二那年，在甲级联赛中对抗法院体育特长生队，他们五个人里有四个是校篮球队的主力，但我们还是打赢了。"

赴美学成归

董彬本科阶段学的是基础数学方向，但当时便已经表现出对分析类课程的偏好。将小波框架作为研究的方向，则是他在攻读新加坡国立大学数学硕士学位时慢慢确定的，"当年教微积分的彭立中老师在课上提了一句，说小波框架很有意思，当时正好对函数展开特别感兴趣，所以就记下了老师的话，没想到以后真的就研究起小波了。"

2003 年本科毕业后，董彬赴新加坡攻读硕士学位；2005 年，到美国攻读博士；此后又在美国读完博士后并成功找到教职。"我刚出国的那个时候，国内和国外的差距不小，国外在学术领域更前沿，能够学到更多东西，也适合沉下心来做科研。"董彬说，就当时工作和生活的硬件条件而言，美国是一个更好的选择。但是，"待得时间长了就会发现，其实没有任何一个地方能完胜其他地方"。

随着国内外差距的慢慢变小，尤其是国内在硬性条件如科研经费、平台支撑等方面的大幅提高，董彬根据自己生活和事业的综合规划，毅然选择回国。2014 年，董彬回到北京国际数学研究中心。回国之前，数学中心就推荐他参选"求是杰出青年学者

董彬用数学公式为北大 120 周年校庆献礼

奖"，该奖是专门为引进优秀青年教师设立的。董彬由于在应用数学研究方面的突出能力而获得这一奖项。

　　"北大的机会和平台都很好，可以组建自己的科研队伍，还有机会参与到大规模跨学科交叉的项目中，做很多以前可能没有条件去做的事情，很多科研课题在经费和行政上都得到了数学中心和北大整个平台的支撑，我们这些年轻学者有了更多的机会和发展空间。"

教书更育人

回到北大之后，董彬发现数院在课程设置方面很多基础数学课都没有变，"不过之前好多必修课现在都变成了选修"，在他看来，选修课的增多可以增强课程的灵活度，也能更好满足学生的选课需要，"我直到大四才有选课的意识，现在学生的选择很多"。

"和十多年前相比，数院学生在专业方面要强很多"，他在指导本科生科研的时候发现，本科生科研的起步年级不断降低，越来越多的低年级学生加入了本研队伍，"不少大一学生都超前学习，甚至会组队学习研究生的课程，自发组织只由学生参加的讨论班"。

学生尽早接触科研，便可以知道学理论的意义所在。在董彬看来，数学是非常有用的一个学科："我自己讲课的时候会从很直观的应用角度来讲，为什么这些东西有用，为什么需要证明这一理论，突出理论和现实的相关性，而不是照本宣科。"

除了日常授课，董彬也花很多时间在学生科研能力的培养上。在他看来，本科生做科研，首先要读经典论文，加深对基础的理解，同时找到对应的实际问题；之后要体会学习和科研的区别，"学习是比较系统地学知识，科研则以问题为牵引，这一问题或者以前没有解决方案，或者解决方案不够完善，为了超越现有的解决方案，可能需要发现新知识、创造新的工具，甚至搭建新的理论体系"。

在培养博士生方面，他更看重因材施教，了解学生的兴趣点并给他们一些指导，"引导他们找到自己真正感兴趣的研究方向"。

受硕士导师的影响，董彬十分注重"育人教书"，时常与学生交流科研、生活、思想等方面的内容。"育人和科研表面上关系不大，但实际上有点哲学意味，比如你做事的方式态度、与合作者之间的关系都是很重要的。"

"现在的学生经常会过度纠结科研、升学、出国等问题，或者权衡理想与现实，但很多过程是顺其自然的，我们那时候就是单纯地学习、考试，时常也会去计算中心 8 号机房打游戏。"董彬有不少同学现在在大学做教职，也有在商界做出一番成就的。

学术路求索

硕士阶段确定研究方向的董彬十分看重兴趣对研究的作用，"兴趣跟能力实际上是相关的，能力很重要，如果一件事你做起来感觉比所有人都容易，那么就会从中产生兴趣"。读研究生的时候，他学习数学分析相关问题特别是小波理论游刃有余，并且产生了浓厚的兴趣，"自学了很多课程，两年写了三篇文章，也算比较高产"。

在加州大学洛杉矶分校（UCLA），董彬攻读数学博士并开始接触实际应用，他的许多项目会与校医院放射科和急诊科医生合作，"那个时候我实际上偏离了理论，做的研究大多是解决实际问题的"。

读博的第三年，董彬才发表第一篇文章。"当时真的会担心博士无法毕业，不过导师说虽然目前没有工作成果，但一直都在积累。后来我慢慢意识到在原始积累的过程中，你可能同时沿着两三条线做研究，只不过暂时都没有'冒出泡来'，如果不继续坚持，而是在这个时候放弃，挺可惜的。"之后通过不断的坚持

2009 年在 UCLA 的合影，从左到右为：导师（Stan Osher）、同门师兄和师弟、董彬

和积累，在博士第三年的下半年，董彬陆续完成了好几篇文章，并仅用四年的时间就拿到了博士学位。

提前一年博士毕业，董彬选择在加州大学圣迭戈分校（UCSD）攻读博士后，并继续跟校医院放射科合作，处理计算机辅助诊断和放射治疗的建模优化问题。同时，他还要兼顾教学任务和科研项目，虽然繁忙，但是成长也很快。

博士后阶段的第二年，董彬将研究中心转移到理论工作。"当时我们发现，小波框架方法和偏微分方程方法在实际应用中有很多相似的地方"，为了验证两者之间的相关性，董彬做了一系列的工作，并在博士后期间完成了奠基性工作，同合作者一起建立了小波框架（Wavelet Frames）和变分模型（Variational Models）及偏微分方程（PDEs）的深层联系。

这一系列工作的意义在于：1. 赋予 PDE 方法稀疏逼近的解释，这是对 PDE 方法一个新的诠释；2. 严格证明了离散化后的小波框架模型和迭代算法与对应的变分模型和 PDE 模型的一致性，完善了这方面的理论工作；3. 为小波框架方法赋予了几何解释，使我们可以设计出几何意义更强的自适应小波框架算法。另一方面，小波框架模型和迭代算法也对应了一些全新的变分和 PDE 模型，从而进一步推动了图像问题中 PDE 方法的发展。

一系列理论工作完成之后，董彬慢慢形成了自己对科研的理念：理论工作一定要对应用，尤其是实际问题有所指导，最好能够通过理论研究看到一些以前看不到的东西；如果光做应用，可能很难做得非常深刻，所以要理论和应用两手抓。

跨学科科研

做学术，要有一定的理论深度，也要有应用的广度，特别是要能真正解决实际问题。

在协调理论和应用方面，董彬的工作重点在不断迭代，一段时间做应用，一段时间做理论。"但是在做应用的时候，我也会时时想着理论方面还有哪些缺陷；做理论的时候，我做的是那些从应用中提炼出来的理论，最后还要再返回去解决实际问题。"

回国之后，董彬对应用数学的理念逐渐发生转变，意识到解决实际问题变得越来越重要，他现在的科研重点不断向应用靠拢。"第一，你做这个东西要有用；第二，要能够把解决问题的具体方法看得再深一点；最后，希望能够凝练出一些理论问题，最终这些理论研究也要能再回归到实际应用中来指导实践。"

基于此，董彬将自己的研究方向分为理论、算法和应用三个方面，并将三方面串联起来相互支撑。同时，他研究的一个特点就是"搭桥"，包括桥接小波框架理论、变分法和 PDE，以及桥接稀疏逼近、微分方程和机器学习。

应用层面，董彬主要做生物医学影像分析，并借助正在建设的北京大学多模态跨尺度生物医学成像大设施这一平台进行相关的应用研究；在算法层面，他将下一阶段的研究重点放在机器学习和深度学习上，他认为："应用数学、统计学、机器学习等，都应该在数据科学的背景下，更好地实现有机融合，这样才能更好地解决实际问题，也能够进一步地推动这些学科本身的发展。"

2016 年 9 月，董彬和数学中心的文再文老师一起带领学生组织讨论班讲授深度学习，"开了一个学期的课，非常受学生欢迎"，他也借此机会了解了深度学习，并开始尝试借助深度学习的工具与应用数学工具的融合去解决现存的一些问题。在之后几年间，董彬团队在早先理论工作的启发下，建立了数值微分方程和深层网络构架的联系，逐渐发展出了一种机理与数据融合的算法设计模式，并应用于计算成像和科学计算中的许多问题，包括生物医学影像重建与分析算法、临床辅助决策算法、PDE 正反问题计算等。

"我们正在以多学科融合的思想开展多个新课题的研究，我相信通过这些研究，我们不仅能够加深对已有方法的理解，也能为一些实际问题提供更加有效的、融合了多种方法优点的新的计算方法。"

（文字：张守玉；2018 年 1 月首载于北大官微）

学科交叉，尽展才华

葛颢

葛颢，1981 年 10 月生，北京国际数学研究中心博雅特聘教授、北京大学生物医学前沿创新中心特聘研究员。2004 年毕业于北京大学数学科学学院，获学士学位，2008 年毕业于北京大学数学科学学院，获博士学位。博士毕业后任教于复旦大学数学科学学院，2010—2011 年于哈佛大学化学与生物化学系做访问学者，2011 年 10 月入职北大。主要研究领域为随机过程和统计学与物理、化学、生物的交叉。在国际重要学术期刊发表论文六十余篇。2009 年获得中国数学会"钟家庆数学奖"，2016 年获得国家自然科学基金优秀青年基金项目，2016 年入选国家级人才计划青年项目，2022 年获得国家自然科学基金杰出青年基金项目。

2008 年，北大新闻中心策划"青春的榜样"系列报道，当时葛颢就是被重点报道的优秀研究生之一。2018 年，北大新闻中心正进行"燕归来"系列报道，葛颢成为北大学子走出校门归来任教的代表。从"青春的榜样"优秀研究生到"燕归来"杰出青年学者，十年流转，是葛颢求学科研路上一段重要的旅程，也是北大教学科研薪火相传的最佳体现。

求学——青春的榜样

求学期间的葛颢，成绩一直很突出，哪怕是在群星闪耀的北大数学科学学院，也称得上优秀。

他曾获北京大学 2000—2001 学年和 2001—2002 学年的五四奖学金、2002—2003 学年细越奖学金、2004—2005 学年华为奖学金、2005—2006 学年中国航天一等奖学金、2006—2007 学年北京大学创新奖和廖凯原奖学金，还多次获得北京大学三好学生、学习优秀奖等奖励。在他博士毕业时，他已经手握多篇已发表论文。

优秀是源于热爱。从小就酷爱数学，"很聪明、很有天赋"的葛颢，在高考时义无反顾地报考了北大数学科学学院，并且最终如愿以偿。

谈到在北大求学期间的收获，葛颢说："北大对教学一直都很重视，当时我们数学学院刚刚拿到全国优秀教学成果特等奖。老师上课上得好、教学体系也很完整，让我接受了非常系统的训练。"在葛颢看来，他的科研之路从不是踽踽独行，而是充满了老师的关爱和栽培。和老师的友好接触，也在葛颢的心中初步勾勒出了北大的形象。

在葛颢勾勒的北大图景中，老师是浓墨重彩的一笔，同学亦是。数学科学学院同学相互之间的激励、竞争无须多言，其他专业尤其是文科的同学也让葛颢印象深刻："刚进校的时候，会觉得牛人很多，不光是学业上，各方面的人才都特别多。"

当时他加入了学校团委，接触了很多文科的同学，被他们写的文章"惊到了"，觉得他们的文笔、才能、对历史文化的理解和见解，都非常厉害。"在北大这个地方，能认识很多很有才能的人。"

葛颢认为，北大深厚的人文底蕴、宽松的环境、百花齐放的学术氛围，对年轻人的成长很有帮助。虽为理科生，葛颢于文字上却也独有心得，他在主页上写的博客文章逻辑清晰，表达准确，而又不乏文采，与人们对理科生的普遍印象很不一样。这也是北大作为一所综合性大学，为各专业同学提供全面发展的学习环境的一个侧影。

科研——交叉学科之路

近年来，生物化学学科屡屡取得科学认知上的重要突破，经过多年的发展，生物化学得到越来越多数据的同时，也向研究者们提出了两项新的要求：一是要能够更定量研究，二是要能够整合数据。这两项需求的解决，无一不指向着较深的数学知识储备。

葛颢发言中

现代实验手段能够看到比较微观的东西，但很多微观的东西是随机的，对这些实验数据的分析，就需要用到随机过程的知识。同时，探寻亚宏观层面的规律也离不开物理学思维的帮助。

这种数学物理和生物化学的交叉学科研究，目前尚处于萌芽阶段，葛颢的研究就主要集中在这一领域，尤其是在单细胞和单分子的随机过程方面，他做出了突出的成绩。

在北大的求学经历对葛颢研究方向的选择有着隐秘却坚定的推动。在回忆起读研究生选择交叉学科作为研究方向时，葛颢说："说起来其实当时我的经历是有点特殊的，原来并没有考虑得那么仔细。"

攻读硕士的第二年，钱敏先生成为他的导师，钱敏先生在数学物理领域贡献很大，但还是更偏向数学，他其实对交叉学科一直都很有兴趣，因此希望有个学生可以真正地做一些交叉学科的研究工作。而葛颢恰好对其他学科有兴趣，高中还曾获得过省物理竞赛一等奖。

"我经常开玩笑说，如果我给自己的数学打 90 分的话，那么数学水平超过 90 分的人很多很多；但是如果我还有另外一门学科也可以达到 80 分左右水平的话，那么能同时具备两者的人可能就不是那么多了，这也是我自己认为的某种从事交叉学科研究的优势所在吧。"

谈及刚开始进入交叉学科领域时遇到的困难，葛颢说，最主要的困难就是其他学科的思维方式和数学学科是不一样的，读它们的论文、书籍时会遇到巨大的困难。

幸好，"我们当时选对了一些书，这些书里面有一些数学，然后生物、化学又相对不是很深，所以入门相对就比较容易了一点"。

在葛颢读研究生期间，恰好华盛顿大学的钱纮教授来到北大上了一期暑期班，他是国际上为数不多的又懂实验、又懂数学，而且能够用数学的语言描述很多物理化学规律的人，为葛颢的学习提供了诸多帮助。十年之后，他们共同出版了一本这方面入门的中文教材，希望可以帮助有志于从事这一学科的同学们少走一些弯路。

通过阅读钱纮老师的科研论文，葛颢找到了一个科研问题，并独立解决了它。这篇论文于 2007 年下半年被美国化学学会的《物理化学杂志》所接收。

渐渐地，他感觉到自己已经走上科研之路了，在 2008 年上半年又陆续写了几篇与生物化学模型有关的文章。博士研究生毕业的时候，他已经累计完成了 10 篇论文。到了复旦大学数学科学学院工作，真正开始了自己的科研事业。

2008 年岁末，经过长时间的阅读和思考，他发现了一个值得研究而且和博士论文非常相关的问题。他写了长篇论文，于 2009 年在专业学术杂志上发表。之后，他又与钱纮老师一起再度发文阐释这篇论文中数学结果背后的物理意义，这也是葛颢迄今被引用最多的成果之一。

2012 年初，钱敏先生、钱纮老师、张雪娟老师和葛颢一起，把以前的部分工作总结成了两篇综述，发表在了 *PHYS REP* 上，这也算是他对读博期间到 2011 年秋之间所做工作的总结。

从读博士开始，葛颢就一直特别想到哈佛大学谢晓亮教授的实验室去做访问。当然不仅因为谢晓亮教授是华人，或者因为他是哈佛大学教授，更是因为他在理论和实验方面的工作，是全世界不多的用到了随机过程知识的学者之一，而这恰恰和葛颢的研究方向密切相关。于是葛颢给谢老师发去了邮件，表达了自己想去做访问学者的意愿，钱纮老师也特意为他进行了推荐。2010 年下半年，葛颢动身前往哈佛大学，开始访问之路。

"在谢老师实验室访问结束时，我差不多已经博士毕业好几年了，从我开始进入这一领域也六七年了，我才敢说我对生物物理、物理化学的理论部分，算是比较清楚了。"

归来——"这是珍贵的机会"

在哈佛大学访问期间，谢晓亮问过葛颢，愿不愿意找个教职留在美国。

"我当时没有犹豫。就和现在很多的同事一样，对中国还是有不一样的感情，没有很想待在国外，所以就回来了。"

2011 年 5 月葛颢在哈佛大学

正好那段时间谢老师在北大筹备建立生物动态光学成像中心（现更名为北京大学生物医学前沿创新中心），于是就邀请葛颢回到北大来，而且可以由田刚院士担任主任的北京国际数学研究中心和生物动态光学成像中心共同聘任。

曾经让葛颢纠结的，是要不要从复旦回到北大：老家在江苏，在复旦离家人更近，生活上也更适应；复旦大学的领导同事对他很好，很支持他的交叉学科研究。

葛颢最终还是选择了北大。当时，北大正在进行大刀阔斧的改革，新体制下年轻教师的待遇有了不小的提高；北大组建生物动态光学成像中心，有着世界上第一流的实验室，在葛颢所从事的交叉学科研究领域，这是很难得的平台，为葛颢的研究提供了非常珍贵的机会。

此外，在北大求学八年，他在这里有很多老朋友，对工作环境也非常熟悉，可以无缝衔接。葛颢还特别提到，无论是在复旦，还是在北大，他从来没有感觉到对于国内博士和海外博士被区别对待。

教学——作为师兄的老师

作为北大走出的学生，又回北大任教，葛颢在教学中有两个特点非常突出：一是老师兼师兄的双重身份，二是教学风格受北大前辈老师的影响很大。

对比现在的本科生和十几年前的本科生，葛颢觉得，其实没有什么不一样。"我跟组里的本科生聊天的时候，觉得跟十几年、二十几年前相比，虽然现在住得更好了，学校环境更好了，但是没有什么本质的区别。"

正是这种"没什么本质区别"的感受，使得葛颢对学生们的课程，以及他们在北大生活、学习的环境颇为了解，这样在教学过程中，跟学生们沟通起来就更容易亲近。而更多的了解，也会给学生提出更有针对性的指导意见。

很多前辈老师对葛颢教学的影响很大。

"前辈老师们不只是教给我们知识，更多的是言传身教。"他们对于学生的关怀，对学生学术道路的设计、将来的规划，对葛颢都有影响。"我在慢慢地学习，慢慢吸取前辈老师的经验，很多事情也在沿用他们的一些做法。"

比如钱敏老师，他给学生的每个科研问题，都是经过反复考量的，他的手上可能同时有很多科研问题，具体要分给哪个学生、难度如何、这个问题将来的发展前途如何，他都会进行考虑。葛颢现在带学生也是如此。他希望能给学生一个有前途、有意思，又不是那么容易的问题，这样使他们在博士学习期间真正完成一个相对还不错的工作，为今后的科研事业打下良好的基础。

陈大岳老师也是葛颢的导师之一，他当时带博士生，让每个人在读博士期间都至少有一次机会出国参加学术会议或其他科研活动。而现在只要不影响正常的科研学习，葛颢也会给自己的学生尽量提供这样的机会。但是葛颢不会刻意地去让学生走自己走过的路，"因为我这条路上有一些巧合的事情，不是很适合推而广之"，但是他会尽可能为不同特质的学生提供具有针对性的建议，希望他们都可以发挥自己的特长。

百廿北大，薪火相传。薪火如何相传？从葛颢求学到教学的经历中，可窥一斑而知全豹。

（文字：李涛；2018 年 3 月首载于北大官微）

他写了一首歌，陪伴了北大人十年

彭錞

彭錞，1985 年 12 月生，北京大学法学院长聘副教授。2008 年毕业于北京大学，获北京大学法学、经济学
双学士学位，2015 年毕业于牛津大学，获法学硕士、博士学位，2015—2017 年在北京大学法学院进行博士
后研究，2017 年 3 月起正式任教于北京大学法学院。主要研究领域为宪法、行政法、土地法、信息法。

2017 年 7 月 5 日，北京大学毕业典礼上，当熟悉的《青春大概》前奏乐缓缓响起，即将告别燕园的学子们开始轻轻地跟着和。

这首歌，由北大学子徐鸣涧作曲、彭錞作词，传唱恰好十年。

本科毕业那年，作词人、原唱者彭錞带着这首原创歌曲去参加北京大学校园十佳歌手比赛。如今，他回到母校，成为法学院的一名教师，再唱《青春大概》。

"谁不是凡人一个"

当被问到如何理解和对待从学生到老师的身份转换，彭錞这样回答："我做过最好的学生，也做过最差的学生。所以，我并不那么关心外在的优秀或成功，而更关注学生的成长和成熟。"

在北大念本科时，彭錞是一名成绩优异的学生，但初到西方，他成了班上"垫底"的"差生"。

"在牛津念硕士非常挣扎，倒不是因为语言，而是缺乏文化和知识背景，对于所学的法律总感到只知其一，不知其二，仿佛隔靴搔痒"，彭錞回忆道，"这一年是我学生时代挑战最大的一年"。

"但正是在那样的境遇下，我真正认识并接受了自己的平凡，抛却了浮躁的焦虑，同时也坚定起信念，去追求和享受进一步的

2016 年北京大学法学院新年晚会，彭錞演唱《青春大概》

欢喜。"

　　带着这样的理解，回到北大走上教师岗位的彭錞，会邀请同学们上台分享自己的小论文。尽管很多观点他未必赞同，他还是会认真回复同学们课下当面或通过邮件提出的每一个问题，因为他从来不认为有"笨"问题。

　　他说："在智识和生活中不卑不亢，是牛津岁月教会我的最重要的东西。我希望把达到这种状态的方法和路径和同学们分享。"

"彭錞老师所讲的课程里充满了思想和力量，他本人锋芒内敛，有一种温柔的力量。"选过彭錞老师宪法课的一位同学如是说。

"相信共你没有白活"

2008 年，彭錞曾作为毕业生代表，在北大法学院的毕业典礼上致辞。在那篇名为《承诺》的演讲中，他代表在场的同学，向师长和母校做了四个承诺：爱惜保重身体、认真活在当下、把握道德底线、坚守理想情怀。

九年后，2017 年的法学院毕业典礼上，作为教师代表的彭錞发表了题为《相信共你没有白活》的致辞，寄望即将远行的学子好好体味人生的宽度、长度和温度，"找到梦想、实现目标，但不会在匆匆行路时丢失了健康、良知和意义"。

数年已过，初心不改。除了钻研专业，彭錞对于学生的人格和生命成长也极为关注："教书当然重要，但不能偏废育人。大学除了是专业的训练场，还应该做生活的培养室。任何人在成长过程中都会遇到迷惑、失落、犹豫、寂寞等挑战，但要做到不白活，就必须听从苏格拉底的教诲，去过一种经过检视的生活。"

为此，他开辟了自己的个人公众号，讨论成长、爱情、艺术和人生等诸多话题。对于这两年流行起来的"佛系"文化，他在《今天我们怎样做青年》一文中指出这代表着一种意义危机，会使人随波逐流。

青年人不能沦陷于此，而应体会《约翰·克利斯朵夫》书中的名言："世界上只有一种真正的英雄主义，那就是在认识生活

2008 年，彭錞作为毕业生代表在法学院毕业典礼上致辞

的真相后依然热爱生活。"

"鲁迅先生讲过:'愿中国青年都摆脱冷气,只是向上走,不必听自暴自弃者流的话。'我也很喜欢加缪的一句话:'在隆冬,我终于知道,我身上安放了一个不可战胜的夏天。'这是常为新的母校给我的最好滋养。"

"青春大概都这样过"

大三那年,彭錞在新加坡做交换生。在那之前,他根本没有想过从事学术研究工作。"和许多同学一样,大学时代的我对未来非常迷茫。开句玩笑,我就是那个'成为自己最不想成为的人'的人。"

但在新加坡时,他被"最牛钉子户"的图片触动,开始思考此类社会事件的起因,并逐步走入专业研究领域,从此一步步走出迷惘、求索的青春,走上学术之路。

"我非常感谢家人的理解和老师的支持,让我有幸找到了自己真正的热爱。"他的研究领域是宪法、行政法和土地法。"我最感兴趣的是中国的法治如何从过去走到今天,又怎样能从细流汇成江海。"

"任何个人,在大时代当中都是渺小的。但把自己的人生事业融入时代的前进潮流中,个人就不会宠辱若惊,而能于细微处见精神,做一个有用的人,活有意义的一生。"

当被问到如何看待学者的职责和作用时,彭錞说:"我理想中的知识分子,应该同时具备冷眼和热心。冷眼是指同社会保持一定疏离,尽量中立、客观,不让利益和情感压倒良知与理智;热心是指要带着一份好奇、关切的态度去贴近社会的脉搏,感受时代的温度，以学术照亮人心。"

"一百二十多年来，北大给中国和世界贡献了无数这样的先贤师长，他们是真正的脊梁。我有幸回归母校，会以他们为榜样，努力做一个无愧于北大光荣传统的学者、老师。"

（文字：谢蝶；2018 年 3 月首载于北大官微）

精准编辑生命密码的基因『剪刀手』

魏文胜

魏文胜，1969 年 1 月生，北京大学生命科学学院教授，北京大学生物医学前沿创新中心及北大—清华生命科学联合中心研究员，北京大学基因组编辑研究中心主任；昌平实验室领衔科学家。1991 年本科毕业于北京大学生物化学专业，1999 年获美国密歇根州立大学遗传学博士学位，之后在斯坦福大学医学院从事博士后研究及担任 Research Associate，2007 年回到北京大学生命科学学院。课题组致力于发展基因编辑技术、新型基因治疗及疫苗技术以及高通量功能基因组学技术，并关注癌症、感染等重大疾病的分子机制研究，为发展高效治疗手段提供新的药物靶点和思路。创立了两家生物科技公司博雅辑因和圆因生物，分别专注于基因编辑技术的转化以及基于环形 RNA 平台技术开发新型疫苗并应用于重大疾病的治疗。

翻开顶尖学术期刊，不难发现生命科学领域的论文占有压倒性的比例，其中又有一个方向近几年异军突起，那就是基因组编辑技术。这项革命性的技术可以人为插入、去除、修改基因序列，精准地编辑生命信息，据此，有望发展出针对遗传性疾病等的全新治疗手段。存于生物体内的基因序列，居然可以被人为编辑，从某种意义上讲，这项技术扮演了"上帝"的角色。在北京大学，就有一位开发分子"剪刀"编辑生命密码的先行者，他就是北京大学生命科学学院的魏文胜教授。

为"颜值"选择北大

想考北大需要一个很高大上的理由吗？需要，也不需要。

当年准备高考时，北大招生组来到了江苏连云港市，在魏文胜所在的新海中学开展招生工作。招生组老师"哗"地展开一张彩色招生简章，里面两张照片顿时吸引了魏文胜的注意，那是晚霞映衬下的未名湖和博雅塔。当时从未去过北大的魏文胜心里不由一动："好漂亮，这才是我应该去的学校！"

原来"颜值"也可以是选择北大的一个理由！

怀着朦胧的憧憬和期待，他从激烈的高考中脱颖而出。填报志愿时，偏爱数学物理的魏文胜被人"劝"去学当时最热门的生物化学专业。他说："年纪小的时候，毛病都差不多，觉得自己应该去学最热门的。"报完北大生物系（现在的生命科学学院）的生化专业之后，他还特地去新华书店寻找相关方面的书籍，想弄清楚自己报的"生物化学"到底是什么。

对于自己的这段经历，魏文胜开玩笑说，自己是被那两张照片"忽悠"进的北大，然后又被人"忽悠"进了生物系。

挫折教育：逆风飞得更高

回忆30年前求学北大的往事，魏文胜教授坦言这是一笔宝贵财富，即便他曾苦恼纠结过。

初入北大，他就受到了"打击"。在激烈的智力竞争环境中，想要突出并不容易，这让当时多少有些年少轻狂的他感觉不适。正是这种现在看来不算打击的"打击"，逐步纠正了他对于自身的认知。

而北大也提供了与许多优秀同学交流的平台，不断提升他的眼界格局，最终把他带向一片更为广阔的天地。

魏文胜真正进入实验室进行系统科研是在大四做本科毕业论文时。他从小爱动脑筋，和纯粹记忆知识点的枯燥相比，科研带给了他不少乐趣。尽管如此，基础科研的辛苦显而易见，当时支撑他的逻辑很简单："这是所学专业，你得做好。"

本科毕业后，魏文胜远赴美国继续深造，先后在密歇根州立大学和斯坦福大学完成了博士和博士后的学习。2007年，魏文胜回到母校生命科学学院担任研究员。

其实在回国之前他也曾犹豫，"应该把握大方向大趋势，而非在意眼前得失"，经过丁明孝、朱玉贤两位老师的点拨，带着对母校求学时光的美好记忆，魏文胜最终选择了回国发展。

归来十年，亲历中国各领域蓬勃发展，基础科研投入不断加大，教育科技高速成长，回望当初抉择，魏文胜倍感欣慰。

然而回国发展并非一帆风顺，历史再一次轮回，初回北大工作的经历与初入北大学习的经历颇为相似。刚开始的研究并不顺利，魏文胜又一次经历了北大的"挫折教育"。无论之前在国外的科研成果如何，回国都是全新的开始。

他最初选择的研究方向与他在美国的研究"主业"完全不同，这个巨大的转弯一度把整个实验室带入了窘境。这次剑走偏锋既给魏文胜留下了深刻教训，也为之后实验室研究方向的正确把握积累了宝贵经验。

在科研的低谷期，魏文胜感受到了前辈师长的持续关怀，其中包括退而不休的郭振泉教授、早年的生物系主任顾孝诚先生等；因为学院当职领导只支持、"不过问"，所以不会背"包袱"。

这种在别的学校少见的北大式的"放养"，给了研究者充分的学术自由，也成就了魏文胜的科研"任性"，让他成功转型，打开了一片新天地。

在路上

除了开创新方向的艰难，具体的科研生活确是由实实在在的忙碌构成的。

与大多数 PI（主要研究者）一样，魏文胜不仅是学生的老师，也是规模可观的实验室的管理者。谈到科研的辛苦，他非常豁达。在他看来，辛苦不是问题，重要的是是否热爱，有没有从中获得成就感。

一直以来，前沿科研竞争都十分激烈，竞争者在哪儿也常不为人知，从想法到方案再到具体实验，过程和结果充满变数。看到自己的研究成果能够发挥效益，得到认可，忙碌的科研在他看来其实非常激动人心。

科研像是一条漫长的道路，魏文胜慢慢找到了"做自己喜欢的事情"的感觉。

有幸得到国家和学校优质平台的助力，魏文胜自身的能力得以充分发挥。

他的团队在基因组编辑技术方面已取得多项突破，他本人也先后获得谈家桢生命科学创新奖、北京市先进工作者、北京市留学人员创新创业特别贡献奖、北京大学产学研项目合作先进个人奖、北京大学生命科学学院未名杰出科研奖、勃林格殷格翰研究员奖、罗氏中国青年学者奖、拜耳学者奖、中国专利优秀奖等荣誉。

他所培养的学生也获得众多荣誉和肯定，包括多人次的北京市及北京大学优秀博士毕业生、北京大学学术十佳、北京大学年度人物、北京大学五四奖章、吴瑞奖、《麻省理工科技评论》中国"35 岁以下科技创新 35 人"先锋者奖、中国博士后创新人才支持计划等。

科学高峰是攀不完的，面对未来的科研之路，魏文胜依然保持着清醒头脑。他说，放眼世界，竞争依旧，困难依旧，机会也依旧。过去的成绩和失落已经不再重要，一次次的归零使魏文胜的科研团队不断积累、不断攀升。

他说自己"依然在爬坡阶段，依然有太多值得攀登的目标"，"还在路上"。

2010 年实验室出游前合影，后排右五为魏文胜

无用之用与科研工作者的品格

当初，是北大浪漫优美的未名湖吸引他踏入燕园；而后，北大校园内浓郁的人文气息就一直感染着他。

魏文胜推崇无用之用，在他看来，广泛的阅读、发散的兴趣爱好都极有益处。北大人崇尚自由、独立思考的精神在魏文胜身上留下了深刻的烙印，他秉持着这种品格，也希望将它传承给学生。

对于自己科研团队的管理，他称自己"既严格又不严格"。对于科学研究，他的态度无疑是较真的，与学生交流通常不会拐弯抹角、特别照顾对方的"面子"，因为他很清楚做科研时间成本的宝贵，但是他允许学生根据自身的作息和习惯自由安排日程。

"科研是做创造性的工作，需要火花"，他鼓励学生们工作要勤奋、认真投入，但是心情应该尽可能放轻松。因此在日常生活中，团队往往是"怎么开心怎么来"，他希望这是一个好玩、有

2017 年魏文胜回归北大十年实验室纪念合影，左一为魏文胜

趣、有凝聚力的集体。

谈及对学生的期待，他认为首先是好的人品，"人品不好，越聪明越令人担心"，其次才是专业训练的背景、思维、能力等。他直言做科研极具挑战，因为是要发明或发现人类历史上没有的东西，而科研训练可以培养独立性，激发批判和创造性思维，更能够锤炼心理承受能力，所以经过严格训练的博士毕业生，往往能适应来自不同行业的挑战。

从对未名湖一见钟情的执着少年，到回国十年成为独当一面的顶尖科研工作者，魏文胜总调侃自己取得一点成绩是因为"争强好胜的虚荣心"。其实，正是这种追求卓越的精神，激励着一代又一代的北大人奋发进取，引领未来。

（采写：刘文欣；2018 年 4 月首载于北大官微）

※　首页图为学者本人提供。

常为不置，
常行不休

李　晴

□晴，1979 年 1 月生，北京大学生命科学学院教授、北大—清华生命科学联合中心研究员。2001 年在北京
□学生命科学学院获得学士学位，2006 年获得博士学位。博士后时期在美国梅奥医学院癌症中心继续深造。
□要研究领域为染色质组装与表观遗传信息传递（Chromatin Assembly and Epigenetic Inheritance）机理。
□13 年获得国家自然科学基金优秀青年科学基金支持，2014 年获得拜耳学者奖，2017 年获得国家自然科
□基金杰出青年科学基金支持，同年获教育部青年科学奖，2018 年入选"北京高校卓越青年科学家"计划。

"小时候的梦想一直是去太空飞船上做生物学家，找到地外生命。"李晴这一代人，是在科学家故事的熏陶中成长的。童年时和很多人一样，爱因斯坦、居里夫人、钱学森等科学家的故事在李晴心里种下了一颗种子——成为科学家。中学时代，她喜欢《科幻世界》《飞碟探索》一类的科幻杂志，关乎文明本身的"生命科学"引起了她强烈的兴趣，于是她通过高考，一头闯进了北京大学生命科学学院。

做实验是很酷的一件事

1997 年初入燕园，李晴对于专业和科学研究的认识是比较粗浅的，但北大多样化的训练让她逐渐对生命科学有了更深层的理解，慢慢领悟到生命科学的美丽迷人。大三的时候，在好友的影响下，她加入了朱玉贤院士的实验室，开始了自己的科研生活。

谈到实验室的科研生活，李晴用"有趣""酷"和"有成就感"来表达："我泡在实验室的时间比较长。我觉得做实验就是一件好玩的事情，觉得穿上白大褂会让你有仪式感。通过辛苦实验获得有趣的结果，就会觉得这是挺酷的一件事。"她是个单纯的人，因为喜爱科研，就自然而然地沿着这条路走了下去。

李晴目前研究的是染色质复制和相伴的表观遗传信息的传递。一枚受精卵经过分裂和分化，将同一个基因组展示成众多形

李晴在实验室

态与功能迥异的细胞类型，表观遗传调控是这个过程的关键。染色质作为基因信息的解调器，几乎所有的表观遗传事件都与之相关。该过程的失调可能会引发多种疾病，如肿瘤、神经退行性病变和早衰等。因此，李晴希望她的研究最终会有助于解析人类重要疾病发生和发展的分子机理，为疾病的诊断治疗提供理论参考。

当然，李晴在科研的过程中感受到的除了乐趣，还有不确定感："科学研究是一个探索未知的过程，很多时候并不像你期待的那么顺利。我有时候会担心我们的思路是否严谨、全面，担心是否和别人撞车。有时也会怀疑自己做的事并没有那么重要。但当看到一个漂亮的结果的时候，那种心花怒放想要跟全世界显摆的心情会让你忘掉所有的忧虑。这可能就是尽管失败的时候比较多，但还有很多人愿意做科研的原因。"李晴的眼神黯淡了一下，随即又亮了起来。她回忆起自己科研中的一段戏剧性插曲——

某次，李晴参与的一个实验怎么也观察不到信号，大家准备放弃了；但她依旧独自留在实验室继续尝试着别人忽略的方法去观察信号。几经尝试之后，信号赫然出现在预期的位置。

在讲述这一段经历时，李晴眼中闪烁着光彩，自信而坚定。"当时已经很晚了，我打电话告诉导师说：'我看到信号了！'电话里他特别高兴。"正是这样的瞬间，不断鼓励着李晴在科研道路上坚定前行。

"岁月静好"，"酷"与朴素

美国梅奥医学院坐落在罗彻斯特，那是一个典型的美国中西部小城，美丽而安静。李晴在这里度过了她博士后时期的研究生活。她大部分时间都待在实验室，偶尔跟实验室的同学和老师去打打球，进行户外烧烤。在李晴的记忆中，梅奥的冬天是漫长而寒冷的，只适合安安静静地做实验、读文献，因此她印象更深刻的是短暂而有生机的夏天。

梅奥医学院的环境和国内的医院不同，大大小小、各具特色的建筑坐落在花园般的小城中心，充满了艺术气息。各种各样的音乐表演不定期地露天举行，李晴有时会在中午休息时买个汉堡安静地坐在一边，惬意地欣赏表演，在繁忙的研究生活中享受片刻的安逸。

梅奥是李晴研究生涯的一个节点，在此，她带着国内学习到的知识而来，尝试着接纳一些新的观点，找到一些新的视角。

"整个做科研的过程中，很多人，包括我的朋友、学生和同事，尤其是我的两位导师都对我有重要影响。"提到自己的博士生导师朱玉贤院士，李晴称自己从他身上学到了很多。"他看起来是一个很严厉的老师，对学生们要求很高。但他同时也很关心学生的成长。即便是现在，如果我没有做出一些很'酷'的成绩，我都不好意思去见他。"

朱玉贤院士的实验室里贴着这样一句话："当你进入实验室的时候，要像脱去外衣那样放下你的想象力，因为实验操作中不能有一丁点儿的想象，否则你对事物的观察就会受到影响；当你翻开书本的时候，你又必须尽可能展开你想象的翅膀，否则，你就不可能走在别人前面。"李晴对此印象颇深。

在梅奥，李晴的博士后导师 Zhiguo Zhang 教授的实验室气氛则相对活跃一些。"他有时会跟我们一起做实验，喜欢跟我们显摆他做得好。他对他的学生非常支持。有时我遇到困难向他请教，他总是倾囊相授。"Zhiguo Zhang 的办公室门口挂着一幅 Snoopy 漫画，上面写着一句话："We love the simple things in life."李晴对这句话的解读是，"最简单最朴素的道理才可能是最美的"。而科学研究就是她追求这种极简真理的方法。

"讲台之下"到"讲台之上"

2012 年选择再度回到北大，对李晴来说是相当自然的事情。"在这个园子里待了这么长时间，这里有很多杰出的学者和优秀的学生，选择回来也是圆心中的梦。"在燕园待久了，理想主义在潜移默化间渗入骨髓。李晴记得燕园一角有一块方匾，上面刻着马寅初老校长的一段话：所谓北大主义者，即牺牲主义也。服务于国家社会，不顾一己之私利，勇敢直前，以达其至高之鹄的。"在最近的这十多年间，我们国家生命科学发展很快，我能有幸参与其中并做一些有意义的事情，感觉很好。"

说起从学生到老师身份的转变，李晴回忆起当她还是一名学生时，教学楼报告厅里有很多老先生的照片或者塑像。作为学生的她每次走过，心中不由得升起尊敬和仰慕之情；当她回来做老师，再走过这些照片或者塑像时，都暗暗告诫自己要不断努力，不断突破，做得更好！

由于个人经历的原因，李晴非常支持本科生接触科研，她鼓励本科生申请到实验室进行科研实践，并尽自己所能给他们提供平台，给他们更大的空间。从她的实验室走出去的本科生大都立志科研，选择继续深造。她总是希望学生万物循理，要"知其所以然"，培养独立思考的能力，做真正的学问。

"为者常成，行者常至"

李晴的实验室吸引了很多学生加入，她愿意花时间指导学生，希望学生有所突破。她自己也始终保持着学生时代努力钻研的习惯。有时候直到深夜，学生还会看到她在实验室忙碌的身影。

曾跟着李晴做科研的本科生白罗兰说她耐心又严谨，而跟随李晴比较早的研究生徐至韵则认为她看起来很年轻，相处时有时会有一点害羞。"李老师让人感觉更像一个对自己工作特别骄傲的学姐"，徐至韵说，"我们都觉得她很萌"。

李晴的学生为她的实验室设计了一个 logo。logo 左侧是他们研究的模式生物，右侧简明地写着"Li LAB"，银底衬着深蓝色调，显得沉稳又厚重。李晴的处事风格也是如此简单，她的选择中没有太多的纠结与踌躇，只要明确自己内心喜欢的方向，就会

李晴（一排右二）和她实验室的学生们合影

坚定地走下去。

李晴寄语生科的同学："生命科学研究的主体是实验科学，要保持兴趣，要经得起失败，所以贵在坚持。我特别喜欢的一句话是'为者常成，行者常至'。"而对于非本专业的学生，李晴推荐悉达多·穆克吉的《众病之王：癌症传》和尼克·莱恩的《生命的跃升：40亿年演化史上的十大发明》这两本书，帮助他们走近和了解生命的意义。

正如她在采访邮件中写的那样："作为'归来的燕子'，我想我很幸运学生时代可以在美丽的燕园求学，又很幸运工作后有机会回到我喜欢的地方做着我喜欢的事情！"

（采写：徐思澄、朱家碧；2018年5月首载于北大官微）

※ 首页图为学者本人提供。

温柔而坚定，
自由而中立

沈俏蔚

俏蔚，1979 年 3 月生，北京大学光华管理学院教授。2001 年在北京大学经济学院获经济学学士学位，03 年获经济学硕士学位。2008 年获美国加州大学伯克利分校工商管理（市场营销方向）博士学位，同年任职于美国宾夕法尼亚大学沃顿商学院市场营销系。2015 年进入北京大学光华管理学院工作，现为市场销系教授、博士生导师。研究领域为营销模型，研究方向集中在企业和消费者决策、社交与新媒体、政策验与评估等。

营销是什么？是广告的创意，是推销法的心理战？或许这些答案都不够完整，北大光华管理学院沈俏蔚教授的答案是：科学的营销更需要数据模型分析来支撑决策。她喜欢贴近商业应用和营销前沿的研究，她更喜欢作为关注市场又保持客观公正的学者的那份自由。

拍脑袋想创意，不如用模型来量化

"给你最喜欢的产品方案投一票吧。"相信很多人都有过这样的经历——为未上市的产品打分或者提出建议。让消费者参与产品"共创"往往能够为公司选出最受欢迎的方案，再进行生产上市看似就会得到更好的销量。

但沈俏蔚思考得没这么简单：这个"最受欢迎"的方案上市后一定销量最佳吗？投票打分的人群和真正发生消费行为的人群重合吗？

这个想法来源于她生活中偶然的观察，经由思考，发展成了她的研究课题方向——"不同背景的投票人群将为企业提供怎样不同价值的信息"。

于是，沈俏蔚寻找到不同产品的上市前投票打分情况、参与投票者消费习惯与过往参与打分情况、实际销量等诸多数据，再依靠计量学、统计学等知识进行关联性分析，建立模型，来更接

沈俏蔚个人照

近本质地透视这一市场现象。

这正是用数据模型研究营销学的一个案例。

"贴近生活""应用"是沈俏蔚研究的关键词，新零售、团购网站、网络直播打赏、大数据营销等众多当下时兴的热点都被她当作研究对象加以探索思考。

时兴话题是表面性的、易变动的，不同于市场的快速变化，一项成熟的营销模型研究完成周期常常在两年以上。沈俏蔚表示："从时兴点入手，但做研究要从现象背后抽象出一个理论的框架来，你会发现它可能有更广泛的应用，值得更深入的讨论。"

"被理想主义打败了"

在营销学的细致划分中，大量运用统计学、计量学方法的模型方向是沈俏蔚的优势，这源于她良好的经济学基础。

在北大经济学院读本科时，她以第一名的成绩保送本系继续攻读研究生。三年后，对经济学中的微观应用更感兴趣的她申请到了加州大学伯克利分校商学院市场营销方向的博士项目，该项目要求学生的基础课程都与经济系博士生合并上课，这份扎实的学术训练延续了她的经济学底子。出色地完成博士学业后，沈俏蔚拿到了世界首屈一指的沃顿商学院的教职。

工作多年之后，沈俏蔚有一次作为访问学者重回到北大，走在未名湖畔时，仿佛湖水洗尽浮躁，让那时对未来有些迷茫的她感到前所未有的沉静。

"当时心里面的想法特别明晰，我知道，我想回来。"原来被纳入理性考虑范围的稳定性、薪酬、科研环境等，一下子被一种称为"理想主义"的东西打败。在这种信念之下，沈俏蔚说服了全家一同回国。

她笑言："来访问的时候正好北京雾霾最严重，天都是黑的，在这种情况下我都决定要回来了，那后面的事情，都不是太大的问题吧？"

"营销模型"方向在国内至今仍有待发展，国内研究在消费者心理方向已经相当成熟，而模型方向相对较弱。然而，对于沈俏蔚来说，"未成熟"这三个字具有极大的魅力，在美国一眼就能望穿未来的人生发展，她觉得"不好玩"。回国，与营销模型学科一同成长，研究快速变化的、充满未知活力的中国市场，这令她兴奋，正合她稳妥中寻求突破的心。

现状正如她所愿。营销模型领域在国内逐渐受到关注，其国际化也取得了更大的进展。沈俏蔚希望自己是身居其中的一份力量。

温柔而坚定的力量

"女神"是她在学生们心中的形象，她不仅气质温婉典雅，更是有丰厚的学识与独特的人格魅力。

"沈老师对于我们来说，像一种温柔背后的坚定依靠。"光华管理学院 2015 级博士研究生姜舒文是沈俏蔚指导的学生，当她回忆起自己博士一年级和沈老师讨论的情景时，她说，那时她运用模型以及理论的基础还比较弱，只能提出较为粗浅的想法，但沈老师每一次听得都极认真，基于她的想法加以肯定，再一步一步引导她进行更深入的思考。

不仅对自己的博士生如此，但凡是向她寻求学术指导的邮件，沈俏蔚都一一认真回复，对来自其他学校对营销学感兴趣的

邀请业界精英给学生分享实践中的营销应用，前排左四为沈俏蔚

本科生和研究生也一同对待。

同时，她也重视学生的自由探索。姜舒文做 Marketing Management（市场管理）课程的助教时，沈俏蔚尽量少让她做事情，"老师总是跟我讲做完必要的课前准备就去自习吧，她给予我充分的时间，去探索自己感兴趣的研究"。

学者是自由而中立的

营销一词似乎天然与追求利润相关联，热点更迭的市场上充斥着博人眼球的信息，然而作为一名研究营销学的学者，沈俏蔚坚定地认为，最重要的是永远保持中立客观的立场：独立的思考、真实而合适的数据、严谨的研究推导缺一不可。

即便是与一些企业合作研究，她也绝不会因为企业的利益掩饰或更改研究结果。"不是为了随便说出一些东西就变成一个头条"，她略加思索，"我想越是在变化非常快的市场中，越是需要一些声音是中立的、可信的"。发出学者自己的声音，正是"光华思想力"所在。

而她同时极享受学者身份带来的研究自由，可以天马行空地去寻找一些问题点。开始研究的过程可能是漫长而痛苦的，从理论架构、数据收集整理到建立模型，每一环节都有可能因为实际情况与想法不同而推倒重来。"但是当问题想通时就会特别享受，啊，把一个问题搞明白了。"说话时，她脸上洋溢出那种因学术带来的幸福感。

营销模型研究通常遵循经典经济学的"人是纯理性的"假设，但沈俏蔚观察自己，越来越感受到研究中理性与选择中感性的结合，在真正的选择面前，理性计算失去了效力，无论是选择成为客观中立的学者，还是选择回到北大，她坚定地跟随了心底的声音。

"北大是一个很容易让人有感情的地方，我非常愿意也很荣幸能留在这儿，为国内营销模型方向做出自己的一点贡献。"

（采写：王钰琳、王悦；2018 年 5 月首载于北大官微）

无标签学者，创造无极限

黄岩谊

岩谊，1975 年 11 月生，北京大学化学与分子工程学院教授，北京大学生物医学前沿创新中心（BIOPIC）
究员，北大—清华生命科学联合中心研究员。1997 年毕业于北京大学化学与分子工程学院，获学士学位，
02 年获北京大学理学博士学位。2002—2005 年在美国加州理工学院应用物理系、2005—2006 年在美国
坦福大学生物工程系从事博士后研究工作。2006 年进入北京大学工作。黄岩谊课题组致力于发展应用于
向生命科学和医学研究的新技术，课题组当前的研究兴趣集中在微量样品多组学技术、微流控技术及类器
培养技术三个方面。通过融合分析化学、生物工程、信息科学等多个学科的技术进步，来实现对复杂生物
系的定量和高通量测量。

　　罗塞塔石碑用古埃及象形文、古埃及世俗文和古希腊文记载了同样的一段话，一千多年后出土时，三种文字各有残缺，但考古学家通过三种语言的对照，解读出了这段话的内容。这正是多角度观察记录一件事物，综合得到对它更准确认识的实例。

　　通过数据的冗余来避免信息传递的错误，这种思维已经广泛应用到通信、数据存储等多个领域。而现在，北京大学化学与分子工程学院教授，北京大学生物医学前沿创新中心、北京未来基因诊断高精尖创新中心研究员黄岩谊及其团队把它运用到了DNA测序中。

　　走进黄岩谊的办公室，白板上和学生们讨论的想法还未擦去，书架上仪器模型混杂着科学、社科等各类书籍，穿着文化衫的他从一张站立式办公桌上的电脑上移开了视线。为了更高效集中，黄岩谊坚持站立办公，他请学生根据他的身高设计组装了这张不能升降的办公桌。"我特别了解自己的弱点，买来的升降桌能降下来，我就不会升上去了。"他说话十分坦率。

十年一剑：精准掌握生命密码

　　DNA的功能着实令人着迷：存储生命遗传信息。要想掌握这些生命密码，测序是必不可少的，目前的测序手段普遍采用化学反应测定碱基的顺序，但化学反应的不完美性导致测序存在一定的误差，这令科学界十分头疼。

黄岩谊和他的团队想到了多角度验证的方式，通过三个完全正交的维度对 DNA 序列进行观察，三次观察结果互相补充、验证，从而能够推导出正确的 DNA 序列。

想法有了，真正的挑战则在于细节落实：从合成化合物、表面的化学修饰到构建数学模型，实现算法，在分子量级的精细之物上做实验并非易事。并且，这是一个多学科交叉的课题，有时解决了一个小问题反而引发了另一个问题。这不仅需要多方面知识作为基础，更需要先前大量的测序与单细胞实验经验来支撑。研发的过程几次接近崩溃的边缘，实验室成员们甚至思考是否要终止课题。

大家在开诚布公的探讨、严谨理性的辩论后一致认为：不断地迭代优化，测序法会有所突破。他们对了。这项纠错编码测序法（ECC），在原理样机上实现了单端测序超过 200 碱基读长无错误，纠正了之前其他高通量测序法无法纠正的错误，成果发表在 Nature Biotechnology 上。

这距离课题开始已过去了七年。"实验科学普遍要经历曲折困惑的过程，我不会因为经历了就觉得多自豪。"黄岩谊倒是把这看作一种常态，"但是做科研不需要堂吉诃德式的偏执热血，而是需要基于科学的理性思考和判断，困难是持续的，失败成功是反复的。"BIOPIC 中心（北京大学生物医学前沿创新中心）主任、世界著名的生物物理化学家谢晓亮评价说："纠错编码测序法是一项非常有独创性的研究工作！"

在此研究之外，他的实验室目前主要从事单细胞定量分析的研究，从单细胞出发，对复杂生命现象的实现过程进行精确测量，以对生命过程获得更深刻的了解。举个简单的例子，被称为

黄岩谊本科期间

"万病之王"的癌症就往往从单个细胞开始病变，无论是早期诊断还是后期控制，单细胞的定量研究对治疗癌症的意义显然是基础性的。

无标签学者与 BIOPIC 中心的坐标系

如果你因此觉得他是生物学家，这绝不是标准答案。黄岩谊在北大化学与分子工程学院完成了本科和博士学业，在加州理工学院的博士后阶段则主要钻研光学方向，再到目前的生物工程领域，表面上专业名称有大变化，背后隐藏着研究问题驱动的连续性，对他来说，追着重要的问题走才是关键。

在北大读博士的时候，黄岩谊的专业是无机化学，然而他所研究的课题并不是传统的无机化学，他的导师黄春辉院士鼓励他迎难而上，突破无机化学的边界，补充其他学科的知识储备。

"不是专业决定了你的知识构成，知识都是学来的。"黄岩谊特别不赞成把他的研究理解成他之前各种专业知识相加的结果，这也是他对于交叉学科的看法：不是因为储备好了各方面知识，所以交叉成一个学科，而是研究了一个需要多方面知识支撑的问题，在过程中发现需要什么知识就去重新学习。

现在，BIOPIC 中心无疑为他提供了绝佳的环境。这个以技术为驱动的多学科交叉中心汇集了数学、物理、化学、生物工程、信息科学等众多学科背景的研究者。

2010 年，谢晓亮、苏晓东和黄岩谊共同发起成立生物动态光学成像中心（BIOPIC 中心，现为北京大学生物医学前沿创新中心），之后黄岩谊一直在这里做研究员。"你在这儿就不会老想着自己已经掌握的知识范围，而想着拓展到其他领域去。"他坦言，同时，中心多种背景的研究员又能为新的想法时刻提供专业的坐标系。

外界给黄岩谊定的最常见的标签是分析化学科研工作者，他给自己的定位是，做的研究在那儿摆着，标签是贴给别人看的，他手一挥，说："化学也好，生物也好，都可以。"

技术流加完美主义者：创造无极限

真正重要的技术发明必定从原理出发，也将服务于更多的基础科学发现，在黄岩谊的理解中，"认识世界"与"改造世界"本身并行不悖，结合起来会更有意义。

如何在技术上高通量地做单个细胞的全基因组扩增，如何通过微流控器件使得单细胞分析的结果更加定量，如何同时检测到基因表达的图景和细胞的表型并建立对应关系。这是黄岩谊实验室单细胞研究的三个主要方向。

不难发现，三个问题有个共同追求："更"，更高通量、更准确、更并行化。

相对于以发现为主导的科学研究，黄岩谊觉得自己更偏向于技术发明："我个人比较喜欢做技术上的革新，我不太在意是不是第一个发现它的人，而更在意如何把一个东西做得更完美。"

传统微流控技术的架构核心是芯片的制备和控制，高操作难度与高成本使它有着不低的门槛。黄岩谊有个大胆的思考：跳出微流控技术固有的形态，使之部分功能实现起来更简单一点。他的团队发展了一种在离心管中生成微流控液滴的方法，利用实验室常见的仪器就能将少量体积的液体分散成几十万乃至更多的极微小液滴。这一技术使得微流控技术能在更广范围的实验中被应用。

看过他画的科学图片的人都会惊叹，那些充满创造力和立体感的图片背后凝聚着他追求真理的执着与艺术创造的完美。科学的严谨与艺术的灵气在他身上完美的融合，并发生着奇妙的"化学反应"。

在 BIOPIC 的初创阶段，当时新楼尚在规划中，只能建一座二层小建筑作为临时过渡场所。黄岩谊坚持"不能因为是临时建筑就凑合，要保证功能和美观"。于是他突击阅读了建筑与实验室设计相关的书籍，亲自和承建方的设计者仔细深入地讨论。

由于部分实验仪器需要接地因而必须放置在一楼，若按照常规把出入口放在一楼，不易保证实验环境的洁净度。黄岩谊想到在楼外设置楼梯的办法，出入先上二楼，二楼入口外，为了避让树冠，还形成了一个美观的露台。

在实验室内部构造上他更"严格"了，通风、洁净度、温湿度、布局，甚至于实验室门的开合方式都对照国际高等级实验室标准。一座临时实验室建筑被如此"精心设计"过后，在当时国内已排在新颖前列。

星空那么大，每次踮脚摘一颗

2005 年，北大为筹备建立工学院引进人才，正在斯坦福大学做博士后的黄岩谊被推荐参加面试，对燕园的感情使他选择了回到北大任教。

"北大总是很让人感动。"他回忆起自己本科时组织的向盲人学校捐赠的活动，他们收集厚实的旧挂历，统一剪裁后送给盲童作为学习盲文用纸。得知活动的老师们专程回家拿来挂历，还有路过的同学把口袋里面所有的饭票都掏出来，主动捐钱。

北大的"脚踏实地的理想主义"让他格外怀念，每个人都有自己的追求和理想，但真正做起来，往往现实是必须考虑的因素。

但他还是有自己的窍门：现实与理想就像天平的两端，每次在心里做平衡的时候，一定要往理想那边稍微偏一点。每次一点，即使很缓慢，也会逐渐靠近理想的状态。

他总结过自己学术研究上的一个精神：死猪不怕开水烫。为了保全面子采取最保守、最安全的方式做事情，似乎就可以永远待在舒适区，但黄岩谊更喜欢不断地把自己逼到极限，逼到未知的领域去。"不要怕丢面儿，脸皮厚一点。错了别人给你指出来，你其实就赚了"。

作为老师，黄岩谊也非常鼓励他的学生抛掉老师与学生之间的"面子"包袱，有什么想法大胆说出来，学术灵感碰撞的周期才会缩短。

有趣的灵魂总聚集在一起

撕掉"科研者"这个标签，黄岩谊依旧有许多面向。他特别珍视科研之外的生活兴趣，"会让你了解到世界上除工作之外还有其他事情"。

光影世界便是一处盛放他兴趣的地方。他是北大青年摄影协会最早的一批成员之一。他有个有趣的比喻，把摄影比作益智小游戏，即在受限的视角中选择并构成自己的表达。

在他的镜头下，无论是燕园的塞万提斯雕像，还是沙特吉达古城的街头，都带有他思考的温度。摄影已经内化为他行走世界、记录生活的方式。

黄岩谊甚至曾考虑以摄影为职业，多方考虑后，他放弃了这个想法。现在，他以另一种方式接近了这个理想，和一群热爱摄影的人聚在一起，把这份热爱延续下去。来到北大任教后，黄岩谊担任了摄影协会的指导老师；当看到北大没有摄影相关的课程时，他立刻研究申请新课程的流程，在全校开设"摄影的科学与技术"的公选课。这门课上，来上课的人数往往是选课上限人数的两倍，许多学生因此成为他的粉丝。

他的实验室成员里也有不少人喜欢摄影，但这并不能形成共性的风格，他们最大的共性是"都很有个性"，有在科研上总产生非典型想法的奇才，也有热爱黑格尔的文艺青年。

阅读也是黄岩谊始终坚持的爱好，阎连科、莫言、方方等当

2023 年教师节黄岩谊（倒数第二排左四）和部分已经毕业的学生聚会

代作家和作品在他嘴里如同元素周期表一样熟悉，聊起来，你会忘记眼前是一个搞科学研究的人。

被打破的不仅仅是化学、生物、物理几个学科的边界，更是狭隘生活的边界。面对边界，黄岩谊始终在认真自由地探索、创造。

（采写：王钰琳、王悦；2018 年 6 月首载于北大官微）

※　首页图为学者本人提供。

学术与人生，拼的都是热爱

章永乐

永乐，1981 年 6 月生，北京大学法学院长聘副教授。2002 年毕业于北京大学法学院，获法学学士学位。北大毕业后赴美国加州大学洛杉矶分校（UCLA）攻读政治学博士学位，主攻政治理论与比较政治学，同时受西方古典学与历史学训练。2008 年进入北大法学院工作。主要研究领域为宪法史、国际法史与外交史、方政治 / 法律思想史、古希腊罗马历史编纂学。著有学术专著《旧邦新造：1911—1917》《万国竞争：康为与维也纳体系的衰变》《此疆尔界："门罗主义"与近代空间政治》《西途东归：朝向中国道路的思想突》，合著《大道之行：中国共产党与中国社会主义》《觉醒与超越：中国共产党与中国式现代化》等，编著 e Constitution of Ancient China、《大国协调及其反抗者》。在《中国社会科学》《中外法学》《学术月刊》《开时代》和 New Left Review 等国内外学术刊物上发表论文七十多篇。曾获得北京大学优秀德育奖、教学优秀奖。

翻开小人书第一页的章永乐，也翻开了他的人生。对读书一事天然的亲近与热爱，引导着他从雁荡山一路敲开北大的门，他也在北大寻找自己新的热爱。

从小人书到读书会

章永乐出生在浙江省雁荡山深处的一个山村。在 20 世纪八九十年代，"读书无用论"一度盛行，但章永乐的母亲却在三个孩子身上寄托了自己未曾实现的读书梦，在监督他们学习上花费了不少心思。

谈及努力学习的原因，章永乐说，一方面源于父母严格的管教；另一方面，自己对于读书也仿佛有着天生的热爱。

"小时候家里没什么书，只有三四本，但经常从亲戚家借小人书，比如《三国演义》《西游记》，看了很多。"借助这些有限的资源，章永乐在上学前就认识了很多字，小学的时候开始啃《东周列国志》这样的大部头，还半懂不懂地读过家里的《毛泽东选集》，这成了童年时政治学的启蒙。村里没有电，他在煤油灯下看书，早早地看成了近视眼。中学时，他还曾有过文学梦，"想当一名作家或者诗人，平时也喜欢写点小东西，发表过一些豆腐块"。

凭着对学习的兴趣和高效的学习方式，章永乐从小学到高中一直名列前茅，并在 1998 年顺利考入北京大学，进入法学院学习。告别家乡，走进燕园，无论是他研读的书单，还是一起交流的书友，都得到了大大的扩展。

在章永乐看来，他在北大读本科时，北大学子对理论研究的热情很高。"当时有这样的风气，理论做得好的老师、学者，大家都很尊敬。从某种意义上说，我也受到这种风气的激励。"当时北大曾有一个福柯读书小组，集中了那时北大最出色的一批青年教师和研究生，他受到影响，大二时和几位大四的师兄师姐一起，也成立了一个读书小组。成员们每周五集中读书讨论，大声朗读文本，逐字逐句推敲，自己提出问题并寻找答案。

"我们的想法很简单，就是从古希腊开始阅读西方思想史，把自己的知识基础夯实。一群青年，纯粹是因为对于知识与真理的爱而聚集在一起，彼此之间坦诚相见。这种生活方式让我非常满足。"章永乐表示，这种精读的自我训练让他受益终身，而通过读书结成友爱的学术共同体，是北大能够给年轻人带来的最宝贵的财富之一。

"不安分"的学生

入学后，章永乐曾尝试过不少发展方向，但他最终发现学术研究才是自己的真正兴趣所在。

"上大学的第一个学期，朱苏力老师给我们上法理学课程。他对'法治的本土资源'的法律社会学探究，对我有很大的感召力。那门课我学得很认真，朱老师也给了我全班最高分，这对我是极大的鼓励。大一下学期，我就决定不折腾别的了，以后就要做个学者。"

　　章永乐认为，法律的运作镶嵌在社会与政治的情境之中，研究法律，需要对社会的整体进行理解和阐释，而哲学与社会理论对法律研究的帮助非常大。因此，他在本科期间，除了法学院的课程，还修读了不少社会学系、哲学系的课程，"是实实在在的跨院系选课，不只是旁听而已"。

　　找到热爱的章永乐变得很"偏科"，但这让他能够集中精力于自己真正感兴趣的领域，进行深入研究。大学四年，他的考试成绩并不突出，但学术成绩却有目共睹。从大二起，他就在学院与学校的学术论文评比中多次获奖，在行政法领域的核心刊物《行政法论丛》上发表第一篇学术论文，他与王锡锌教授合作的另一篇论文，在其毕业后第二年发表于《中国社会科学》。

　　这些学术锻炼为他奠定了扎实的学术基础，也为他日后申请出国创造了机会。大三时，章永乐大胆地把自己的论文寄给美国杜克大学政治学系的史天健教授，史教授读后很感兴趣，于是邀请他加入自己领导的一个中国研究课题组。最后，当他申请美国政治学博士项目的时候，一共有三位美国教授给他写了推荐信。

　　"要得到学术前辈的认可，仅仅成绩好是不够的，还要表现出自己对学术的兴趣和一定的学术能力。"如今，回顾自己的大学岁月，章永乐依然认为自己的选择是对的。他也表示，正是北大崇尚自由的精神为他这样"不安分"的学生提供了个性发展的空间，这种宽松、包容的学术环境极其宝贵，让他获益良多。

◀　章永乐个人照

出国就是为了回来

2002 年底，章永乐前往加州大学洛杉矶分校政治学系攻读博士学位。"决定出国的时候，我就做好了读完回国的准备。这不只是我一个人的想法，而是当时一大批出国留学的北大学生的人生规划。"

据章永乐介绍，90 年代国内许多学科的学术水平和发达国家相比确实有较大差距，但北大学子出国的目的并不只是学历上的"镀金"，他们心中也装着一份家国情怀。"当时在北大，我和许多朋友都有这样一种抱负：我们做学问，是要把中国的学问做上去。出国去学别人的长处、补自己的短板，留学的最终目的，正是为了消灭'留学运动'。"

关于博士攻读的方向，章永乐也有自己的想法。他最初申请的是比较政治学，但到了 UCLA 之后，很快转向西方古典政治思想史方向，重点研究希腊与罗马部分。

"当然，研究中国政治是最容易拿到学位的，但很多人做成了这样一种研究：它的问题是别人规定的，很多研究概念、体系也是受到别人理论支配的，最终不过是拿中国的材料证明或者稍微修正一下既有的某个西方理论而已，成了给别人作注脚。"

他认为，当前不少研究只是借助新的理论"滤镜"来重构中国图景，而要认识到这些"滤镜"的存在，就需要深入理解西方学术思想传统的源流。"这不是说要抛弃这些滤镜，它们已经是我们现代生活的一部分。但需要的是理解它们的历史性与可能的限度。"

2006 年，章永乐在博士论文导师之一 Carlo Ginzburg 的洛杉矶寓所

找到自己的热爱是最重要的事

　　2008 年，负笈归来的章永乐回到母校，成为北大法学院的一名老师。

　　从入学北大到留学归来，见证了北大 20 年间的变化，章永乐颇有感触："回国后，感觉北大的一切都变得更忙碌了。老师变得很忙，学生也非常忙。"

章永乐说，他在北大读书的时候，学校的节奏还比较慢，宿舍的气氛更是"好得不得了"。他和另外三个舍友一起攒钱买了一台电脑，写文章、聊 QQ、玩游戏——虽然当时电脑的功能还不甚丰富，但他们视若珍宝。到了晚上，同宿舍六个男生天南海北地聊天，从对课堂内容的激烈辩论，一直聊到外星人的话题。毕业前，他们几乎每天都要吃"散伙饭"，连吃了几个月；直到现在，他和大学舍友也依然保持着联系。

"本科那几年过得挺快乐的，大家也都没什么功利心，和现在相比，同学之间的关系更紧密一些。"章永乐说，大学的整体气氛固然会受社会风气的影响，但他衷心希望北大的学生能够找到并坚持自己的热爱。

"虽然现在学生掌握的知识量比当初多了不少，但我经常觉得，他们的求知欲降低了，探索不同可能性的空间正在变得越来越狭窄。许多同学可能只是偶然地被拖到一场赛跑中，其他人跑得很快，所以他们非常紧张，一刻不停地跑，没有时间思考其他——但有些你并不热爱的赛跑，也许从一开始就不必参加。北大不是一个简单的职业培训中心，它是要你琢磨这辈子到底想要什么，然后去追求这个目标。有所热爱的人生才是值得过的。"

章永乐说，他也欣慰地看到，在北大的各个院系，都始终有一批学生有志于做学问，有钻研的动力，"他们一定会去听各个院系最有想法的老师的课，同时自学很多知识——就像当年的我一样。这是北大一种不变的传统"。

他也勉励有志于学术研究的同学，无论环境发生怎样的变化，都要守住初心，坚持前行。"做学术首先不是拼智商，能考上北大的同学智商都不会差；拼的首先是热爱与意志力。如果你自己热爱学术研究本身，那么在工作中每时每刻都在得到回报，许多东西就不去计较了。"

展望未来，章永乐表示，应该会沿着现在的道路继续走下去，将对西学的理解和对中国的研究融会贯通，做好"有明确中国问题意识的学问"。

（采写：杨宁；2018 年 6 月首载于北大官微）

北大情怀是他行动中最大的影响因子

张闫龙

闫龙，1980 年 4 月生，北京大学光华管理学院组织与战略管理系副教授。2002 年和 2005 年分别获得北
大学社会学学士、硕士学位；2012 年获得美国杜克大学社会学博士学位。研究领域主要包括组织理论、社
网络、企业社会责任、创新创业、制度扩散。在 *Academy of Management Journal, Organization Science, Academy*
Management Annals, Journal of Business Venturing, Social Networks 等国内外管理学和社会学期刊上发表数十篇学术
文。2021 年起担任 *Management and Organization Review (MOR)* 高级编辑。2016 年获得北京大学教学优秀奖，
育部英语授课品牌奖。2021 年获得北京市高校首届教学创新比赛一等奖，第十五届"厉以宁科研奖"。

张闯龙在演讲中　▶

"从社会学视角来看，很多时候人们对记忆的叙述，其实是自我在对过去进行有意识或无意识地重构。"

回顾自己的求学经历时，张闯龙选择了"巧合"二字为其作注。"我们以为人生的很多抉择是经过慎重思考的，其实不是。生活就是充满随机性的。"

21 世纪之初，随着学生就业选择市场化的特征不断凸显，学生的心态也面临着从理想主义到现实主义的过渡。1998 年从陕西省考入北大，张闯龙恰巧赶上了理想主义的末班车。没有过多思考就业前景，懵懵懂懂进入社会学系学习，他在北大的生活由两件事贯穿——在书窗前阅读原典，关注历史中提出的伟大问题；在田野里走南闯北，调查和研究中国基层真正的问题。硕士毕业后，张闯龙面临的选择接踵而至。

"我当年最重大的随机性，就是两通电话来的顺序不一样。"那是仅仅相隔两小时的两通来电——第一通是邀请他担任世界银行北京办公室的助理，第二通则是邀请他前往某省做一项社会大调查的督导员。

如果第二通电话先响起呢？在深度参与项目之后，张闯龙极有可能会进入体制内开始另一番事业。然而，先一步应下世行办公室助理邀请的张闯龙，决定跟随项目组老师前往华盛顿大学国际研究专业研读，随后又选择在杜克大学继续深造。

"北大人是喜欢和北大人待在一块儿的。大家都是性情相投

的人，这里的文化环境让人觉得亲切。"在张闫龙看来，北大人独特的精神气质在于眼光和品位："他们都有分辨的能力，什么是有价值的事，什么是没有价值的事，什么是高级玩家应该玩的事儿。"在变动的、随机的可能性中，这份独特的眼光，成就了他生活罅隙中乍现的灵感。

"我们需要辨识真正的问题"

得益于 20 世纪 80 年代费孝通、孙立平、王思斌、王汉生、杨善华等老师对中国社会演变、社会分层、乡镇企业发展等现实问题经世济民的关怀，北京大学社会学系形成了极为浓厚的学术传统。一方面，扎根于实际问题的探讨；另一方面，关注并思考社会重大问题——这种"脚踏实地，仰望星空"的本科训练深刻影响了社会学系一代代学子，张闫龙亦在其中。

在导师王汉生和大师兄周飞舟的带领下，张闫龙在硕士期间多次深入基层做经济组织的课题研究，近距离接触中国体制下的各地经济部门。他逐渐意识到，这是一个对当时社会运作深层现象进行洞察的绝佳机会，也正是在那时，他才真正理解了中国财政体制是什么样子，辨识了"真正的问题"与"虚假的问题"。

"换句话说，我需要找到自己真正关心的问题。"

这份理念，一直伴随着张闫龙来到了杜克大学。事实上，若想在一个完全不同的文化研究语境下立足，为了降低承受的风险，寻找一个学界主流关心的问题才是稳妥的做法。然而，张闫龙所关注的中国问题，在美国社会学界并不受重视——他们认为这是美国在此前的发展过程中都经历过的问题，是已经讨论过的问题。张闫龙却认为，中国的制度变迁给地方政府提供了不同的机遇，应该如何理解这些机遇等，这些重大的中国问题始终没有找到很好的答案。"是为了生活，做一个别人关心的问题，还是承担一定的风险，做自己喜欢的课题？"张闫龙选择了后者。

在学生眼里，张闫龙一直关注着与现实相关的宏大问题。"他始终跟从自己的内心，做觉得对他人有意义的事情。"社会学背景带来的那份经世济民的情怀，至今仍是他行动中的重大影响因子。

"把自己感动了，就行"

在光华管理学院新楼墙面上，一张"光华思想力"的蓝图格外抢眼。"光华思想力"这一平台的建立，旨在用扎根中国经济社会的政策研究和前沿商业实践研究反哺商学教育。张闫龙试图从中寻到自己的"意趣"。

在一次畅谈中，张闫龙与周黎安等老师一拍即合，"企业家口述史"的想法由此而生。改革开放四十年，是风云激荡的四十年，中国经济社会发生了巨大而深刻的变化，取得了举世瞩目的伟大成就，涌现出无数杰出的企业家和优秀的企业。这是中国真正的商业文明。

"改革开放这四十年，是谁推动了社会进步？在记录的历史中，底层民众是缺乏声音的，这是一个重大的缺失。从亲历者的角度去看企业和政府如何互动，企业和行业如何成型，如何给行业的治理提供了解决方案等，这就是我们要做的。"

记述企业家的口述历史，是商学案例研究的一种模式，更是为这个时代的商业立传。"历史大多数是由别人书写的，但真正的亲历者提供的才是一手材料，他们的信息和知识对于我们理解中国社会转型和发展一定是不可或缺的。"

宁夏葡萄酒产业是张闫龙开始的第一个口述史项目。"我父亲年轻时在贺兰山西边沙漠附近当兵,从小告诉我的就是,19 岁那年到那儿,他一下车,周围一片荒芜,眼泪都要掉下来了。"2016 年,一个偶然的契机,张闫龙随北大光华西安分院院长姜万军教授赴宁夏考察葡萄酒产业,他惊喜地看到,如今那里已经孕育出一批享誉国际的葡萄酒品牌。

为了探寻这片荒漠中的"紫色奇迹",张闫龙带着十几个人的团队,扛着机器,马不停蹄地前往宁夏贺兰山酒庄,开始了高强度的纪录片拍摄。"每天喝的不是水——是酒。"张闫龙笑侃起那段泡在酒庄里的日子。每天早晨六点起,一直工作到晚上十一点,"中间不用喝咖啡,都像打了鸡血似的兴奋"。如今纪录片已经制作完成,片子以俯瞰贺兰山山麓一座座宏阔的酒庄开头,仿佛那一个个拼搏开拓的故事即将拉开大幕,而改革开放这个大舞台上的一个个"小人物",在这里留下了永久的背影。

"在某一个时间点上回顾时,我们在自己的规定动作和自选动作之间做一个权衡,同时把自选动作做得自我感觉有价值、把自己感动了,就行了。"

张闫龙的"自选动作"仍在继续。贺兰山葡萄酒产业研究讲述的是中国的 GDP(国内生产总值)故事,而下一步,他将为我们讲述中国的 GNP(国民生产总值)故事。"GDP 从定义上就是讲一个区域是如何火起来的,当然这只是经济发展的一部分。还有一个概念叫 GNP,就是讲某个区域的人是怎么赚钱的。"沙县小吃是张闫龙选择研究的第一个 GNP 故事。在他看来,中国的某个县域经济成为中国某个细分领域的领头羊,是比较常见的现象。这种现象是如何产生的,应该如何解释,沙县小吃的研究将

张闫龙个人照

会带来答案。

张闫龙的下一个中国故事将如何讲述，我们期待着。

（采写：杨李佳、赖钰；2018 年 6 月首载于
北大官微）

※　首页图为学者本人提供。

科研的"苦"与"甜"

杨 竞

竞，1981 年 9 月生，北京大学生命科学学院博雅特聘教授、博士生导师。2003 年毕业于北京大学生命科学学院，获理学学士学位。2009 年毕业于美国得克萨斯大学西南医学中心，获生物医学博士学位。2015 年任北京大学生命科学学院博士生导师，兼任北大—清华生命科学联合中心研究员、IDG 麦戈文脑科学研究研究员。主要从事神经免疫调控研究，方向集中于各类生理或疾病条件下神经免疫互作机制及治疗应用。于 *Cell*、*Nature*、*Science* 等多个国际顶级学术期刊发表二十余篇论文。曾获求是杰出青年学者奖、中国神经科学重大进展等奖项。

　　人们也许知道，一个人如果长期抑郁，免疫系统就会出问题，感冒等疾病会接踵而至。但是，为何神经系统出现问题会导致免疫力下降呢？这实际上仍是生物学界的一个"未解之谜"。而该领域，正是北京大学生命科学学院博雅特聘教授、博士生导师杨竞如今的研究方向。

　　在燕园读书的经历，已然在杨竞心中种下了科研的种子，为后来多年的耕耘打下了基础。孜孜以求，照亮未知的领域，这是杨竞一直以来努力的方向，今天的他也收获了累累硕果。回首往昔，一路走来，年少的理想、北大的印记，都在时间的冲刷下愈发清晰。

忆往昔·求学燕园

　　1999 年，杨竞以优异的成绩考入北京大学生命科学专业。谈及当初选择生命科学专业的原因，杨竞认为更多是兴趣使然，并非一味追逐学科热度。

　　"小时候我爸妈经常带我去公园玩。我很喜欢观察公园里的花花草草，有时也抓抓虫子什么的。所以选择专业时我也没有什么犹豫，就坚定地报考了生科。"

　　然而，步入燕园的杨竞立刻感受到了来自同龄人的"下马威"。当时的生命科学学院汇聚着全中国理科最好的同学，其中不乏高中就进行过大量竞赛训练的同学，这让他感到学习压力非常大。"有时真的觉得挺挫败的。比如有些考试，可能我考试前一直在辛辛苦苦复习，但有的同学只考试当天早上看了下书，考的分数却比我还高。"

但是，这种压力与竞争并没有使杨竞气馁。他回忆，大一大二时的自己学习非常努力。那时，北大的硬件设施还没有现在那么先进，夏天时宿舍里没有空调，晚上断电后就没法吹风扇了，疲惫了一天的杨竞曾在夏日的夜晚辗转难眠；寒假期间，杨竞留校学习，在大澡堂洗澡后，顶着一路寒风回到寝室的他才发觉自己的发梢已冻结成冰；还有学校里各式各样的课外活动、刚刚兴起的聊天软件与单机游戏的诱惑……这些都没有动摇他求学的热情。

功夫不负有心人。在大二下学期，杨竞获得了由诺贝尔物理学奖获得者李政道夫妇设立的"䇹政基金"的资助，这份奖学金帮助他迈开了科研的第一步：大二暑假，他获得了加入生命科学学院赵进东院士实验室的机会。

"我进入科研领域比较早。这种对科研的提早认识，实际上对我未来选择从事科学研究有很积极的影响。很多同学在选择专业或是选择科研时，往往是'随大流'，被多数人的选择裹挟着走，他们可能并不了解科研究竟是什么样子的。这就导致很多人在读完研究生甚至博士之后才突然发现，原来我不适合做这个。但是我能从大二暑假就开始接触科研，真真正正地了解了科研的'苦'与'甜'，这种情况下做出的选择会更 solid（坚定）吧。"

在杨竞看来，"科研的苦是道不尽的苦"。

实际上，对于生命科学领域的科研工作者来说，需要在相对十分短暂的科研生命里，探究诸如人类的进化过程等跨越数十亿年的生命现象，这是极其有挑战性的工作。因此，在面对如此长

2003 年，杨竞在北大赵进东老师的实验室

时间中演化产生的诸多复杂的生命现象时，难免会有一种无力感。

不仅如此，科研工作往往会受到时代的局限。"100 年前，我们甚至连遗传物质就是 DNA 这个现在看来如此显然的事实都不知道。因此，现在看回当时的研究，会觉得那些研究比较粗浅。但是这能说明那些研究者不够聪明吗？我觉得不是。只能说是他们受到时代因素的局限。说不定一百年以后，我们现在做的这些东西也会被后来人认为是幼稚的；但是我们也要接受现实。所以，科研更多是'心里苦'。"

但在杨竞看来，科研的"甜"其实与这种"苦"分不开。取得一定的科研成果，就意味着自己在这么短的时间里竟然能够解释这么长时间进化而成的生命奥秘，成就感油然而生。正是这种"甜"，使杨竞明确了自己对科研的热爱，并最终在科研道路上坚持下来。

慕新知·国外生活

2003 年，杨竟本科毕业，前往美国得州大学西南医学中心，跟随 Dr. Michael Brown 和 Dr. Joseph Goldstein 攻读博士学位。他的这两位导师曾于 1985 年凭借关于胆固醇的研究获得诺贝尔生理学或医学奖。

博士毕业后，杨竟的两位导师建议杨竟前往基因泰克（Genentech）公司从事博士后研究。这在当时出乎很多人意料。

"因为两个领域的从业者关注的东西很不一样。科研工作者关心的更多是'why'，工业界关注的更多是'how'。比如如果研究一种药物，工业界只需要知道这个药物作用能不能在某种疾病上产生效果就行了，但是学术界要探讨的是为什么它会产生作用。工业界有时能够在不知道'why'时就应用一种药物，在学术界看来是非常不可理喻的。"

但是，杨竟的两位导师非常有前瞻性地意识到了未来生物科学兼顾应用与科研的走向，因此强烈推荐他前往全球生物产业中几乎唯一一个兼顾学界和工业界的基因技术公司——基因泰克公司从事博士后研究工作。

就这样，杨竟得以跟随国际著名神经科学家、曾任斯坦福大学校长 Dr. Marc Tessier-Lavigne 从事博士后研究。

现在的杨竟非常感谢这段经历。"病人实际上关注的是一种药物能不能治好自己的病，而不是怎么治好自己的病。虽然工业界的成果离不开科研的学术沉淀，但的确需要将学术界'阳春白雪'的成果变成公众化的实用的东西。"

思故土·任教北大

在国外生活的 12 年期间，杨竞只回过四次家。提起最终选择回国执教的原因，杨竞觉得"没有什么特别的，就是想回来了"。

杨竞特别提到，他的本科导师赵进东院士当年讲过自己想回国的原因，就是某次在住所附近打篮球时，看到不远处的夕阳缓缓沉入加州海岸，而自己的故乡就在太平洋对面，突然间便很想回家。1994 年的中国与美国仍有很大的差距，但赵进东老师仍毅然回国，这让杨竞有非常深的感触。

从燕园飞出的新燕，终是飞回它的故乡，开始哺育下一代雏燕。2015 年返校执教后，杨竞主要从事神经免疫的交叉学科研究。一方面，利用领域前沿的成像技术，特别是组织透明化技术，对全组织进行三维成像研究；另一方面，开发新的动物模型，进行不同基因敲除的研究。通过二者结合，探究在不同疾病条件下神经系统如何对免疫系统进行调控，和免疫系统对神经系统产生的反作用。也就是说，通过结合前沿成像技术和动物模型，研究神经系统对免疫系统的调控作用。

如今的北大和北大生科，与 1999 年相比已经有很大变化。杨竞感慨，硬件设施的飞跃、生活条件的提高、教师组成的多元化，都让同学们有了更好的学习环境。杨竞认为，北大能为将来有志于科研道路的同学提供国内一流的平台与资源。同时，学生会、社团的蓬勃发展，转系、双学位等制度的推行，也给予了同学们更加广阔的选择空间。

但是，杨竞对于目前青年人才培养和发展抱有担忧。对杨竞而言，在选择走上科研道路时，未来经济条件并非他所担忧的因

杨竞在办公室

素。在杨竞的每一次选择中，他也从未将获得优越的生活条件纳入选择标准。面对当下，杨竞有时也有些无奈："我发现在跟不少本科生和研究生聊天时，他们总是在考虑以后买不买得起房子这样的问题。实际上，我觉得这是当今国内社会舆论和现实环境对学生的一种桎梏。"

杨竞仍然希望，北大的学生能立足北大、放眼国际，充分利用现在优越的硬件条件，将来为北大和生命科学的发展做出属于自己的一份贡献。

（采写：吕成敏、施林彤；2018 年 7 月首载于北大官微）

学术是一种连贯的兴趣

连贯的兴趣

节大磊

大磊，1978 年 8 月生，北京大学国际关系学院国际政治系、国家安全学系副教授、博士生导师。2000 年业于北京大学国际政治系，获法学和经济学学士学位，2003 年获北京大学法学硕士学位；2012 年获宾夕尼亚大学政治学博士学位。2012 年起，进入北京大学国际关系学院国际政治系任教。目前研究领域为国安全、两岸关系、中美关系等。

1996 年，北京大学国际关系学院成立；这一年，节大磊作为新院系的第一批本科生进入燕园。与国际关系学科二十余年的故事，就此写下了第一笔。一个丰盈多元的世界在他眼前打开，吸引着节大磊在这条道路上愈行愈深远。越洋留学又归来任教，在研究与体验视角之间、学生与教师身份之间，始终不变的是节大磊真诚的思考。

水到渠成的选择恰好顺应内心

行走在路上，多少会发现通向不同风景的岔口；而每驻足回望，来时的方向里便隐约可见一条连贯成形的路，路所勾勒出的，正是一个人内心的想法与认知。节大磊人生路上的几次重要选择便是如此。

20 世纪 90 年代时，"学好数理化，走遍天下都不怕"的社会观念深入人心，中考成绩优秀的节大磊一考入高中，便直接被分在了理科班。高一过半时，学校组织了一次重新分科，一旦有了机会，他便顺应内心选择了文科。

高考结束报考大学专业时，18 岁的他反复梳理了自己的想法：法律、工商管理等专业颇为热门，但自己似乎少了点学习的兴趣和冲动；虽然高中时也常常写诗读史，但也并不准备把文史兴趣作为专业。

大一时，节大磊（前排右二）与宿舍同学合影

某种程度上的排除法后，国际政治专业成为节大磊最动心的选择。彼时，世界形势风云变幻，中国逐渐走向世界舞台，思考中国与世界的关系成为社会上的热门话题。能够学习专业知识来关注和分析国际形势，一种冥冥之中的兴趣，牵引着他与"国际关系"这个学科初次邂逅。

节大磊本科时的班主任是朱文莉老师。大一的一节课上，朱老师问了一个问题，无人举手回答。在朱老师的鼓励下，一位同学怯生生地问，"如果我们说的观点错了怎么办？"朱文莉说："只有你的观点，我的观点，她／他的观点，没有错误的观点。"

简单平淡的一句话，为刚入大学之门的新生们拨转了思维，节大磊突然明白，大学里没有标准答案，这里有的是平等的思考，有的是观点的交流碰撞。这一场景，他至今记忆犹新。

专业的课程体系带他走入了一个新的广阔天地。但看到的信息越多，节大磊发现脑子中的困惑也愈多。不了解一个领域，很容易觉得它不过尔尔。而一旦钻了进去，从产生问题到追寻解决问题的方法似乎成了一个永恒的过程，年轻的节大磊开始体悟到"研究"的滋味与乐趣。

读到许振洲教授的《关于民主的笔记》时，节大磊彻底领略到学术论文的魅力。"尽管之前的认识和想法可能会被无情地颠覆，但是你又很享受这种颠覆。"走学术之路的想法，正在他的脑海中一点点生长。他坦言："每个人都想要做些什么事，但是一开始方向是不明确的。迷茫似乎很正常。"

燕园求学的七年时光一晃而过，硕士即将毕业时，排除法又一次帮助节大磊廓清了对自己的认知：无论是企业，还是公务员，各种工作选择都没有特别吸引他。这更加坚定了他做学术研究的选择。节大磊也追寻着一种新的视角，他想去国外切身地体验。在国际关系专业方向里，美国的多所大学排名靠前，他将申请目标定于此处。漫长的申请季后，节大磊拿到了宾夕法尼亚大学政治学系的博士录取通知书。

读博的前两年，课业和研究的压力并不轻松，但凭借扎实的理论功底和清晰的学术目标，他渐渐熟悉了研究的范式与博士学习的节奏。临近博士毕业，节大磊再次面临前路选择，这时他恰巧看到北大国际关系学院正在引进人才的信息，燕园的草木、国关学院的师生，一种亲切感倏忽触及他的心头。

他与自己的博士生导师交流回国任教的想法，导师说："你来美国留学学习国际关系，然后回去教中国的学生，是很自然也是很好的事。"这更坚定了他回到北大的选择。

中国正在快速变动，参与到这一"历史性"的变化发展大潮中，而不是置身事外，节大磊觉得非常有趣，并颇具意义。

节大磊说："所有的选择都是一些因素的叠加吧。最后的水到渠成，也许恰恰是反映你内心的声音。"

体验与研究中的国际关系

近年来，中国发展势头迅猛，在国际舞台上越来越引人注目，一个大国将如何运用自己的影响力，这成为国际关系中的热点话题。

在美国读博期间，最初听到外国同学对中国方方面面的看法，节大磊觉得这是在挑战着自己一些既定的认知。他们很关心一些敏感议题，但观点的来源更多是有着某些偏光镜立场的美国媒体。"我们肯定有自己的立场，但简单地、甚至情绪性地重复自己的立场，只会起到反作用。要做的是有效的沟通：向他们解释为什么中国人对这些问题形成了这样的历史观点。"带着鲜活的问题意识，节大磊开始翻阅资料并系统地思考，这反过来又促使他对自己的国家和民族更加了解，他感慨："这也正是交流的另一层意义所在。"

全面、客观、理性不仅在研究中是必要的，也成为节大磊自身看待和面临国家民族间关系时的思维方式。"我个人感觉不要从一个极端走到另一个极端。中国人的身份是内化在言行和心里，而非是要刻意表达的。真正能做到不卑不亢并非易事，'卑'与'亢'一体两面，平和的态度才是真正的自信。"

节大磊个人照

　　这些讨论与思考也巧妙地启发了他的学术兴趣，基于自身经验和跨文化语境的经历，节大磊在博士学习期间逐渐确定了自己的研究方向，这也持续成为他当下关注的研究领域：国际安全、中美关系与两岸关系。

　　即便现在任教于国内，观点的碰撞与交流每天也都在发生。节大磊感到，之前来中国开学术会议的海外学者基本都是研究与中国相关问题的"中国通"，但这些年来华学术访问的学者的范围明显在变广，许多非传统意义上的"中国通"学者也纷纷来到中国，了解中国在国际秩序、全球治理等一系列问题上的想法。

中国正在发生什么，成为国际关系中绕不开的话题。同时，如何看待自己国家、民族与外部世界的关系，也从20年前少数学者的研究课题变成了每一个中国人都需要面临和思考的问题。

研究国际关系需要对国际上发生的热点问题保持紧密关注。但另一方面，节大磊特别强调要有自己长期深入理解和研究的领域的重要性："研究跟着热点跑，什么都'研究'就相当于什么都没研究。"

"我觉得感兴趣的样子就是，每天都会不自觉地想一下这个问题为什么会这样，这才是支撑我研究的长久动力。"显然，在他的眼中，国际关系研究依旧保持着最纯粹的吸引力。

"每一分钟都要有意义"

"温润如玉，又平易近人。"当问起对节大磊老师最深的印象时，国际关系学院2013级本科生王琳琳毫不犹豫地答道。

回国任教不久，节大磊有了一个新身份：国际关系学院2013级本科生班的年级主任，同时也任年级学生党支部书记。从此，他成为国际关系学院咖啡厅的常客，常常一坐就是一下午，和同学们一一聊天。同学们的运动会、羽毛球比赛、迎新年等校园活动，他也总是到场，尽量多地和学生待在一起。

四年下来，同学们生成了一种亲切的信任——无论遇到了学业上的困惑，还是生活中的困难，节老师一直在。

王琳琳在准备出国留学的申请材料时，个人陈述改了一遍又一遍，最后她找到节老师询问意见，节大磊立刻提出了自己的建议，并分享了自己申请出国时曾用过觉得最实用的资料。这些资料在她之后的申请中起到了关键作用。

"后来我也把资料分享给了其他需要的同学"，她说，"看似是帮助我申请学校这一个'点'，但是受到节老师态度的影响，最后会变成一个'面'"。

在党支部开会时，考虑到同学繁忙的学业和事务，节大磊总是强调"开会每一分钟都要有意义"。他会特别注意引导大家结合自己切身经历来发言，也常常提醒大家在信息洪流时代更要"守脑如玉"。正是在这样充满真诚的交流中，师生们都由心底生发出新的感悟。每每从晚课结束的九点钟，不知不觉就与节老师畅谈到了半夜，大家仍是意犹未尽，出了会议室的路上还三三两两地继续交流。

这种谨实又自由的态度也正是他上课的风格。节大磊曾给本科生开授"国际安全研究"课程，在课堂上他将经典的理论和案例娓娓道来，声调不算高亢，却引人思考，足以驱赶下午一点钟上课的困意。

阳光、温度、风速都恰到好处的一天，节大磊提议到静园上课。于是师生们拿着讲义、笔记本或咖啡来到静园草坪，围坐成一圈，开始徜徉在学科的经典理论之中。

"那是我唯一一次在室外上课。"提及此情境，王琳琳显然很沉醉，一瞬间的闭眼仿佛又置身静园草坪。

"带学生时每每第一反应就是回想当年自己的老师是如何做的。"节大磊说："切身感到责任很重大，很可能自己没有意识到的一些言行，对某些学生就会产生深刻的影响。"

在节大磊身上，学生和教师身份的转换显现出北大的师承。他感慨，回忆起读书时，北大的老师们不仅向他们传递了知识，更是以自身经验树立起榜样，激发他们立志学术研究的理想。无论是课堂上，还是课余交流中，老师们的只言片语都会传递灵感和火花。

现在，节大磊已经成为传递灵感与态度的人。

（采写：王钰琳；2018 年 11 月首载于北大官微）

北大的

薛 Sir 来了！

薛 军

军，1974 年 11 月生，北京大学法学院教授。1996 年毕业于中南政法学院法律系，获法学学士学位，
⋯0 年获中南财经政法大学硕士学位，2005 年获意大利罗马大学博士学位，回国后任教于北京大学法学院。
⋯要研究方向为罗马法、比较私法等。出版专著《批判民法学的理论建构》，译著《罗马政制史》《埃塞俄
⋯民法典》等。

"薛 sir 来了！"这句话在北大法学院是一句奇妙的咒语。咒语一出口，那个熟悉又亲切的身影就会在教室门口出现。既有着浓浓欧洲学院风的气质，又不失亲和平易；既是"学术大牛"，又是同学们的好朋友。在多年的海外访学和遍历群书中，薛 Sir 对学问、人生和社会有着丰富沉着的思考，他以自己的一言一行，向我们示范着如何做一个"成熟且不失个性"的人。

异国之旅与故土之思

薛 sir 身上"欧洲学院风"的气质让他"很男神"，这样的气质很大程度上来自他近五年的欧洲访学经历。

在意大利的访问学习生活对薛军影响很大，而气质上的改变仅仅是万分之一。罗马大学高度学术化的培养方式、优良的研究条件和简单纯粹的日常生活，都让薛军获益匪浅。

在国外访学，语言是个大关卡。凭着一股子钻劲与不言弃的精神，薛军仅用不到半年时间就熟练地掌握了意大利语，还自学了拉丁语。而当他提到这样的成绩时，却十分谦逊："我们不是来学语言的，我们是来学专业的。语言只是工具，早一点掌握它，就早一点进入专业学习的状态。"

"我没考虑过留在国外，一开始就是要回来的。"薛军表示，选择回国是理所当然的决定。在意大利近五年，薛军没有一日忘记过祖国的现实需要。他一直有意识地把在意大利学到的知识与中国学界关心的实际问题相结合，毕竟学习法律是为了服务社会，"我们还是脚踩中国大地、立足中国现实嘛"。

薛军与博士导师 Sandro Schipani 教授（左）和硕士导师徐国栋教授（右）

爱读文学和生物的法学家

在 2014 年法学院的毕业典礼上，薛军向同学们强调了"真正的阅读"的重要性。

薛军提倡的阅读，是有深度、有广度、不功利的阅读。他自己的阅读经历就为其做了极好的诠释。

在薛军眼里，读教材应归属于"学习"，真正的阅读在课堂之外、在广袤无垠的天地中。大三的时候，薛军一年读完了一百本书，其中包罗了政治学、哲学、历史学、文学等。"希腊神话的想象力非常瑰丽，残酷野蛮，但充满生命的劲头，特别有意思。"这位罗马法专家谈起古希腊的文学作品来滔滔不绝，引用譬喻皆随手拈来、如数家珍。

令人意外的是，除了文史哲，薛军还对生物等学科颇感兴趣。在薛军的眼里，事事皆可成为观察与思考世界的窗口，生物学也对自己有着独特的价值与启发。

"要多读一些对自己固有的知识结构、世界观和价值观有所挑战、有所拓展的书。"薛军如是说。

薛军并未将自己从广袤天地里汲取到的知识束之高阁。他从历史学的著作中学到了看问题的新视角，他用法学的思维分析《威尼斯商人》《白鹿原》和《安提戈涅》，他用生物学方面的知识帮助自己理解法律的运作……

知识的源头活水由百川而来，又复归于海。

"不要过快地适应社会"

薛军在毕业典礼上告诫学生"不要过快地适应社会"。这不是提倡言行乖张，为了所谓"个性"而与社会格格不入，而是要求同学们坚守自己的原则与使命。

大学生步入社会，不该过早地为世俗利益被社会同化，而应当秉持改造社会的气度和胸怀。薛军认为，大学生应当将自己在大学接受和养成的高尚价值观、正确行为方式带入社会，向社会辐射这些"正能量"，在实践中改造社会，做一个"成熟且不失个性"的人。

"希望名利的诱惑没有使你放弃经世济民的理想；希望职场的劳烦没有使你放弃怀中的琴瑟；希望你回到校园，看到未名湖水依旧怦然心动。"这是薛军对 2014 届毕业生的祝福与期望，也是他对每一位学子的殷殷嘱托与美好祝愿。

"不忘初心、牢记使命"，直到今天，薛军一直身体力行着这一原则。他拒绝做书斋里的"学问家"，在潜心学术研究的同时，也关注社会现实与当下热点，时刻牢记"用法律让社会变得更好"的理想，不断向更高、更远处追寻。

薛军在演讲中

"诚恳热心的良师益友"

提到薛 sir 其人，学生们的第一反应是"诚恳"。

薛军在学术上坚持实事求是的原则，严谨细致，面对不同的意见，能够虚心听取、仔细辨别、借鉴吸收。除了对自己严格要求，薛军也经常细心地指出同学们观点中不够精确严谨的地方，从不讳言。

作为老师，薛军以身作则、言传身教，而在老师的身份之外，他又是同学们眼中"热心的大朋友"。

有学生在他的期末考试中弄丢了手机，他亲自发邮件给班上同学询问，不厌其烦地帮忙寻找，真正"将学生的事儿当作自己的事儿"。茶余饭后，薛军也喜欢跟同学们聊些社会热点话题，亦师亦友，润物无声。

（采写：谢欣玥、吴星潼；2019 年 4 月首载于北大官微）

北大，是她人生的「最优解」

孟涓涓

涓涓，1983 年 5 月生，北京大学光华管理学院教授。2005 年获北京大学光华管理学院金融学专业学士学，2010 年获美国加州大学圣迭戈分校经济学博士学位。同年回到北京大学光华管理学院任应用经济学系理教授，2014—2020 年任副教授，2020 年至今任教授。目前的研究专长包括行为经济学和行为金融学等，项研究成果发表于 *American Economic Review, Management Science* 等国内外顶级学术期刊。2019 年获国家自科学基金优秀青年科学基金项目资助，2022 年获国家自然科学基金杰出青年科学基金项目资助，目前担国际学术期刊 *Management Science* 副主编。2017 年获北京大学教学优秀奖，2022 年获北京大学教学卓越奖。设的慕课"行为经济学"获得"最美慕课——首届中国大学生慕课精彩 100 评选展播活动"一等奖。

　　孟涓涓的书房里藏书琳琅满目，除了自己所研究的行为经济学领域的书籍，还有许多文学、哲学、心理学等领域的著作，这都与孟涓涓对理解人的强烈兴趣有关。"因为我自己是做行为经济学、研究人的非理性行为的，所以任何跟人有关的话题，我都很感兴趣——人是怎么决策的，人的决策基于什么心理机制？"不断地理解与思考"人"，是贯穿孟涓涓求学与科研生涯的重要主题。怀着好奇心与探索精神，她用不懈的努力照亮一片又一片未知的领域。

于喧嚣中寻觅本心

　　2001 年高考，孟涓涓以 683 分摘得了云南省文科状元的桂冠，这位来自云南个旧的女孩与北大的故事在聚光灯下开场。

　　谈到当初拿了状元之后为何选择北大，孟涓涓笑称："我喜欢金庸，他曾被聘为北大的名誉教授。"兼之高三时又迷上了《在北大听讲座》系列，对北大崇拜得"五体投地"，她自然投向了燕园的怀抱。

　　孟涓涓考上北大之后，出版了一本书——《我要让我上北大》。那个封面上露出大大笑脸的女孩，现在已经成为北大光华管理学院的一名教师。

　　进了北大，孟涓涓也染上了学生时代的"流感"——紧张和焦虑。"当老师以后才对北大的春天很敏感"，至于当年，"那时候太忙了，连挤出一点自习时间去百年讲堂看场电影都是奢侈，现在才能单纯地感受到燕园的美"。大四的时候听闻助教经历有助于申请出国，她也匆忙跑去找了老师——"现在想想其实一点关系都没有。"

对于仍然在北大流行的"焦虑症"，孟涓涓老师认为其根源在于"从众"。关于从众，她举了一个有趣的例子：一个很难吃的餐馆，第一个人去吃了，第二个人也跟着去，大家都觉得难吃，可是都得不到反馈，所以还是会排队去吃，"这就是观察性学习可能得到的错误的从众结果"。

那么该怎么做呢？孟涓涓老师也开出了自己的处方："破除焦虑的第一步，就是你要想清楚自己要什么。"想清楚自己的目标，掌握好目标的本质，再去做真正有用的事情。"比如说我热爱金融事业，因此目标就是进入一个金融机构。那你要做的可能不是人云亦云地去考证，因为实际上金融机构可能根本不在乎这个。那你要做什么呢？因为你热爱，可能就有兴趣从现在开始关注金融市场的动态。我相信如果在面试的时候，能跟考官讲一讲对区块链金融、比特币市场的深刻理解，他绝对会被震撼的。"

"回到自己的心，心要定，要知道自己到底在追求什么，然后朝着这个方向去做。"知本心，不盲从，这是孟涓涓老师处方上最重要的一味药。

在少有人走的路邂逅终身的志业

北大学生熟悉孟涓涓的契机，是她开设的高年级选修课程"行为经济学"。孟涓涓戏称，过去作为非主流的行为经济学受

孟涓涓个人照

到主流经济学的"围追堵截",直到 2008 年的金融危机和 2017 年的诺贝尔奖把它推上了社会舞台。"能在这之前遇上它,我觉得非常幸运。"

孟涓涓觉得,和行为经济学的缘分可以说是一个偶然,"读 Ph.D 之前我都没有很系统地了解这个方向,因为实在是太新了,国内很少有人做这方面的研究"。但是这其实也是一个必然。本科阶段,她便喜欢思考问题、做小论文。当时的师兄很热心地指导她，但也说"你思考的问题太非主流了"。而现在看来，当时思考的一些问题其实正是目前一些顶尖经济学家的研究课题，因此孟涓涓还是会有"思考在了前沿"的成就感。

在思考中，她模糊地觉得从课本上学到的主流经济学假设存在很多疑点，和周围人的决策过程并不吻合。"经典经济学理论说，人是理性的、人的经济行为是由自己的金钱利益驱动的。但我从本科开始就感觉不完全是这样子。虽然大部分人大部分时候可能是由金钱驱动，但责任心、价值感、利他主义、兴趣等非金钱因素也驱动着人们的行为。例如，我观察到身边很多同学因为能考高分，所以选择到光华，未来可能会到投行等金融机构工作。但其实他们在做出这个选择的时候非常纠结，因为他们对金融并不感兴趣。很多人在工作一段时间以后会以兴趣或价值感为驱动开始新的职业生涯，不再以金钱为唯一目的。"

虽然孟涓涓早有疑惑，但苦于找不到"建设性"且不是单纯"批判性"的路径。直到在美国读博士期间系统地了解了行为经济学后，她发现这个方向给她的许多问题提供了解答，于是便一头扎了进去。"五年的时光很珍贵，不去做自己热爱的事就太浪费了。"

自此，孟涓涓将行为经济学作为自己的专业研究方向，从心理学和经济学碰撞的角度开始研究人的经济行为，用进一步的数据和严谨的学术分析去理解人——"人是完全理性的吗？如果不是，那会在什么方面犯一些系统性的错误？又如何纠正这些错误？行为经济学可以通过数据分析量化人的行为，然后通过数学建模解释并预测人的行为。我觉得这方面的研究很有价值，也一直是我个人的兴趣所在。我很庆幸自己从事了一份真心喜欢的工作。"

回到故土，开启新程

对孟涓涓来说，是否回国并不是需要考虑的问题。在美国的时候，她甚至担心自己会这么被留在美国回不来了："在美国永远是游离的。而中国是生我养我的地方，我关心她的前途命运，这里有一种归属感。"

北大的教职出现在选项当中的那一刻就成了最优解，于她而言，"这是最好的结果"。"状元"的身份已经卸下，如今的她是"北大教师孟涓涓"。在熟悉的校园里，她以新的身份继续探索与理解"人"，开展自己热爱的科研工作。

孟涓涓密切关注着社会与时代的变化，也很喜欢不同学科之间的碰撞，这些都给她的研究工作带来新的观察视角和切入点。随着科技的飞速发展，今天我们已经迈入了人工智能与生物技术时代，先进的技术逐步走进日常生活，人们对"人工智能"与"人"之间的边界问题越发好奇。在这样的背景下，孟涓涓开设了一门探讨人工智能和社会经济的新课程。她认为，人工智能给人们带来许多新的经济学问题和挑战，但与此同时，人工智能的普及最终要依赖于"人"的决策："你会发现人工智能和生物技术如何使用、使用在什么方面、造成什么影响等重大问题，最终还是取决于人类决策。理解了人，也就能够更好地预测人工智能和生物技术对人类的影响。"深化对"人"的理解，始终是孟涓涓最重要的关注点，也是她一直以来不懈努力追求的方向。

孟涓涓做过一次校友测试："我是'骨灰级'校友。"她能辨别出许多变了的景物，也能看清那一颗不变的初心。"经济学中有一种'从众'现象，但这有时候是非理性的，最关键的是自己

孟涓涓个人照

的心要定。""本心"，这个她重复最多的词，是孟涓涓作为教师和师姐，送给学生和师弟师妹们最诚恳的忠告。

（采写：宁传韵、黄时恩、曾良恩；2019 年 4 月首载于北大官微）

※　首页图为学者本人提供。

北大是起点，不是终点

阎天

天，1985 年 3 月生，北京大学法学院长聘副教授，博士生导师。2003 年考入北大光华管理学院金融学试班，2004 年转入法学院，2007 年获法学学士学位，保送攻读宪法行政法专业研究生。2008 年北京大学—德大学国际人权法硕士项目结业；2009 年获北京大学法学院法学硕士学位。在耶鲁大学先后获得法学硕士位（LL.M.，2011 年）、法学博士学位（J.S.D.，2014 年）。2014 年回北大开展博士后研究，2016 年成助理教授。主要研究领域为劳动法、宪法和行政法。

2003 年，阎天以北京市文科状元的身份考入北大，当时的他还出版了一本根据自己的笔记和学习经验整理的《高考这样才简单——文科综合导学》。今天，已经成为北大法学院老师的他，在接受采访时，笑称这段故事为自己的"黑历史"。

今天所言的"黑历史"可能恰恰是很多北大人都拥有过的往日荣光。"黑历史"的说法可能不只是谦虚和揶揄，更是北大人之为北大人的独特体验。

每一张"北大人"的标签，都携带一份共享的喜悦、责任与独有的生命体验。

燕园求学：烟火气的具体生活

刚进北大的每个学子大概都来不及兴叹，就开始了燕园具体的日常。

在 2003 年，发生了伊拉克危机、"非典"等大事，大千世界的喧嚣进入北大，成为既隐微又显彰的声浪。正是在这时，阎天进入了光华管理学院的金融学试验班。

学校生活表面是宿舍、图书馆、教学楼、食堂几点一线，而内里囊括的无数种可能与少年的心智、社会的视野一旦相接，就发生奇妙的化学反应。

对北大生活，阎天的形容是"自由""思路开阔"。这种氛围使他开始思考原来没思考过的问题，考虑自己这辈子做什么事情最开心。

也是在跨入大学校门的 2003 年，社会上发生的张先著案、孙志刚案引发广泛的校内外讨论，让他意识到自己对法学更感兴趣，于是，阎天最终选择转到法学院。

这时相傍阎天两侧的，一面是强烈的时代感受，一面是丰厚的知识资源。

在法学院，阎天的生活就像每个学生一样充实，读书、写论文、保研、就职于北京大学公众参与研究与支持中心。他还去做交换生，参加各种比赛，获得过中国法学会"中国法治三十年网络征文"二等奖、"理律杯"全国高校模拟法庭竞赛最佳辩手、北京大学"挑战杯"青年科技竞赛一等奖、美迈斯北京法学特等奖学金等荣誉。

而看过未名湖隅的微澜、经历过模拟法庭上的交锋之后，和每个北大人一样，"学校的命运与每个在其中的人相关"这样的意识，在阎天心中也不知不觉扎下根来。

远赴耶鲁：为了融汇与传承

2010 年秋，他求学耶鲁，入学第一天就收到了一本法学院构建"想象共同体"的院史。书中的耶鲁法学院是开放的，"人们从四面八方聚拢过来，学院的影响力也辐射到世界各地"；又是封闭的，"共同体内保有安稳如山的内聚力，学术传统一直在沉静而坚韧地生长"。

阎天译过《黑暗时代——再造耶鲁法学院》，是《耶鲁法学院史：一百五十周年系列讲座》中的一章。阎天说，北大的法学

阎天为北京大学法学院 2021 级新生开学典礼致辞

院必将书写更加精彩的院史。

在美国找工作和生活很诱人，但是阎天还是希望能够回国，在耶鲁的老师也很支持。因为与在美国添砖加瓦相比，回到母校去融汇和传承更具意义。

回中国做学术，是因为在美国做的一切事情都是美国学术界的一部分，是服务于美国的；在北大参与社会进程、为自己的国家服务，是阎天始终抱持的信念。

现实关怀指向对学科思想史进程的思考。在历史中，法律到底是什么、我们应该把法律放在什么位置，始终是阎天所关心的问题。在他看来，如果说 20 世纪 80 年代的法学是一门人文学科；90 年代以后，法学越来越像一门社会科学；如今，法学则越来越像是工科，变得像是一个纯粹的技术工作。

阎天意识到，一些法学人的身份焦虑达到了一个新的高度：挣钱还是维护正义？是天使、魔鬼，抑或仅仅是凡人？这些问题都有待解答。

燕终归来：每一代人的使命

2014 年，阎天回到北大做博士后，两年后他成为助理教授。阎天的研究方向是劳动法，他称劳动关系为"人类最玄妙的关系之一"。提起做研究的驱动力，他觉得是"对知识本身怀有敬畏"。

不因功利，知识本身的魅力和价值需要一些人去守护，这在北大这个仰望星空而脚踏实地的地方更加可能。

博士毕业后第一次回到北大的校园，在东门附近，阎天看到学生很多，感觉到"他们看着真是年轻啊"，发觉自己"有点儿老了"。

在课堂上，当了老师才知道，站在讲台上往下看，学生做什么是很容易被发现的，一时间还有点后怕，然后涌上对当年老师们之宽和的感激。

他也理解了为什么长辈看晚辈，总觉得他们心理脆弱，但又从他们身上看到很多希望——每一代人都会这样看下一代人，总觉得下一代像瓷娃娃，"经不起摔打，但是条件不错"。

阎天开过劳动法的本科生课，感觉有些本科生聪明又相对缺

阎天在学术会议中

乏训练，天马行空。不同老师会展示给学生解决问题的各种可能，学生各有自己的选择和倾向性思考。因而，在一堂课上，老师要准备对不同想法的回应。

举例来说，一个学生要研究50年代的中国劳动法，认为未来的出路在于过去；也有的学生认为一切都可以靠市场解决，一切法律的介入在很大程度上都不必要——这两种问题在备课时都要考虑。

对阎天来说，北大法学院的学生可能会提出一些在别的地方都快要绝迹的问题。但给学生以多种选项，思想自由而不偏激，可能是北大的精神特质之一。

这种精神激励着北大人反哺母校，不管是提出建议还是意见、不管是身处何方，北大学生总是作为这个园子的一分子，参与着她的建设。

今天，走在校园里，阎天心里的感觉和学生时代一样：不会被人注意到。从北大的学生变成老师，心态有变化，但是一种东西从未改变，那就是对学校的主人翁意识。每一个人在学校中都很具体，同时，学校的兴衰和荣辱跟其中的每一个人联系在一起。

（采写：来星凡、张旭；2019年5月首载于北大官微）

舞台上的那束光，指引她走上北大讲台

王晨

晨，1979 年 2 月生，北京大学歌剧研究院副教授、硕士研究生导师、教研室主任，中国音乐家协会会员，盟委员，国家一级演员，中国新十大女高音歌唱家。2005 年毕业于德国美茵茨国立大学音乐学院，获声博士学位。曾工作于德国美因茨国家歌剧院、中国交响乐团、东方歌舞团以及深圳大学。2013 年进入北大学工作。曾获德国 Singing Summer 国际音乐节金奖、意大利 Meran 国际声乐大赛一等奖、奥地利萨尔堡举办的 Mozart 国际声乐大赛三等奖、德国 Reinland pfalz ~ Mainz 艺术歌曲大赛一等奖，是活跃在当国内外舞台的杰出青年女高音歌唱家。

德国美因茨大学音乐学院学成归来，王晨带着对歌剧的热爱与理想来到了北大，给北大歌剧教育带来新鲜的血液，也在北大的平台上寻找到了更广阔的歌剧天地。对王晨来说，舞台凝结了她日复一日扎实苦练的汗水，讲台则承载着她为中国培养歌剧人才的信念。从舞台到课堂，她在北大绽放着一名演员的风采，也肩负着一名教师的责任与担当。

兜兜转转回到命中注定之地

谈起歌剧，王晨老师像是谈起一个相识久远的老友，亲切熟悉到仿佛镶嵌在灵魂中。

她出生于音乐世家，父母都是国家一级歌剧演员，在天生的音乐细胞与家庭氛围熏陶濡染的双重作用下，王晨小时候就可以在舞台上演唱歌剧《茶花女》。王晨的父母曾告诉她："中国演员要走向世界，把中国的精粹带出去，把国外先进的表演、歌唱方法引进来，要发展起中国自己的歌剧。"

从事歌剧行业对她来说看似是应然，她却认为这是机缘巧合：她先因为骨折和繁重的课业而放弃芭蕾，高中又对解剖产生兴趣，希望成为一名医学生；一波三折后，父母的歌剧梦想最终促使她选择把歌剧作为一生的事业。

大学毕业后在中央交响乐团合唱团的一年工作经历，为她积

王晨在舞台上

累了试唱、语言、指挥和多声部协作等多方面的宝贵经验。

　　机遇从来都眷顾有准备的人，在与一个德国指挥家合作歌剧《乡村骑士》时，她被慧眼识中，在德国面试时又一举惊艳导师，被特招进德国美因茨大学音乐学院继续学习歌剧。

　　来到德国，面对语言不通的困境和繁重的课业压力，她靠一股"跟自己过不去"的劲头，在学习的同时服务于美因茨国家歌剧院，从事舞台表演，使自己的舞台表现和德语都得到了极大提升。

"那些年悲喜交加，坎坎坷坷，但或许一帆风顺才会让人不那么珍惜。"在德国学习和工作近八年后，身经百战的王晨毅然回国，投身于中国歌剧事业，在她人生的每一个转折点，她都坚定不移地选择了心之所向。

与北大并肩，直面挑战

与北大结缘，源自王晨在北大排演的歌剧《王选》中扮演王选的夫人陈堃銶一角，当时北大歌剧研究院刚成立不久，正是求贤若渴之时。

在中央交响乐团合唱团工作时，王晨就曾与北大歌剧研究院院长金曼老师合作过歌剧《江姐》。王晨老师回忆，为了歌剧《王选》在舞台上最终的完美呈现，金曼院长曾亲自一字一句地指导她排练。

两人以演员身份结识，因才华惺惺相惜。多年后，王晨欣然选择了来北大任教，她们又同以教师的身份去开拓北大歌剧事业的广阔天地。

王晨与北大的相互选择从未让彼此失望。"除了北大，中国没有任何一所大学能有自己的创作和制作团队，去打造中国自己的原创歌剧，在歌剧领域这是一个很大的挑战。但既然是挑战，怎么能少了我呢？"

打造原创歌剧并非易事。在没有自己的管弦乐队、舞美团队的情况下，北大歌剧研究院的师生们，凭着学校的支持和自己破釜沉舟的勇气，独立完成了歌剧从创作到上演的整个过程。

在庆祝五四运动一百周年之际，北京大学经典的中国原创歌剧作品《青春之歌》被重新搬上舞台，王晨饰演女主角林道静。

《青春之歌》作为一部文学作品在国内具有很强的影响力。在观众对其有一个预先的认知后，再用歌剧形式进行重新演绎对于王晨来说是一个全新的尝试。

她悉心同原创团队取经，又仔细品味了各种版本的《青春之歌》，提前半年就进入"林道静状态"，最后圆满完成了这一场五四百年之际的隆重献礼。面对未知，全力以赴过，就不再有迟疑。

从演员到老师的身份转变

从歌剧演员到歌剧教师，这样的转变对王晨来说意味着更多的付出。既要有作为一名演员的修养，又需要勇气与毅力去传承歌剧的技艺，为中国培养更多的歌剧人才。

要成为一名好演员，破茧成蝶的过程是异常痛苦的——"把自己关在琴房里，一个我，一张椅子，一架钢琴"，除了日复一日的基本功训练，还要把一部歌剧掰开揉碎，从熟悉钢琴旋律到练习铺天盖地的台词，再到把音乐和唱法都融进对人物的表达中，这是一个参透角色内心的过程，亦是与自己对话的过程。

而选择做好演员的同时，教书育人、传道授业，则是更大的挑战，不仅要有足够的舞台经验打底，更要有一腔热血和勇气。

中国现今的歌剧市场并不成熟，歌剧人才队伍的成长也亟须好的老师，她深知重担在肩，义不容辞。

歌剧表演是个注重实践经验胜过理论教学的领域，就像一个没拿过手术刀的医生不会是好的导师，舞台与手术室一样，随时可能发生任何突发状况，因为歌剧是由人来演绎并且一气呵成的，可以犯错但不会有改过的机会，要有足够的经验和智慧才能及时去修整和弥补事故，"所以歌剧是一件冒险的事情"。

作为舞台上的"探险者"与"指路人",王晨不仅倾力传授表演的技艺,更带领她的学生们一起享受在舞台上奇妙的探险旅程,在实践中磨砺每一位学生的勇气与魄力。

她的一届学生在演出毕业大戏《魔笛》时,曾遇上过惊险的一幕。当故事情节正在层层渲染推进时,音乐突然停掉,因为指挥翻错页,所以乐队无法继续演奏,当时她的学生没有被突发情况吓到不知所措,而是巧妙地化险为夷,这与她平时注重实践的教学方法是分不开的。

帮助学生圆梦舞台

"歌剧是人生的挚爱,是我一生应该为之去奋斗,去不断创新的一个目标。"学生时代在德国排演第一部歌剧——莫扎特经典的咏叹调《魔笛》时,她纤细的身材支撑起来的强大表现力,让德国观众与媒体都耳目一新。只有她知道,不占优势的体力,全靠一腔为国争光的热血和对歌剧深沉的爱来支撑。

从当初那个有着初生牛犊般的勇气站在德国舞台上表演歌剧的姑娘一路到今天,是毅力作为媒介,让她的身体与她的声音相互磨合,在舞台上相得益彰。

成为一名教师后,她将更多的心血投入在学生和教学上。如何练习,如何编排,如何教他们应对舞台上的意外和缺憾,如何用歌剧讲好北大故事和中国故事,王晨和歌剧院的几位老师始终在探索。

歌剧是艺术中的"重工业",因为没有其他任何一种艺术形式可以如歌剧般包罗万象,承载几乎所有艺术表达形式于一体。无论是有"灵魂魅力"的音乐还是肢体表达,王晨将自己所学传递给新一代北大歌剧演员,又将他们推向世界的舞台。

王晨在表演中（右）

作为一名艺术工作者，王晨的主场是舞台，对歌剧的热忱赫然出现在她眼睛的光里。就像舞台上为她而打的那束光，那个魔法一样的瞬间来临时，不要妄想非要在尘世里给它找个去处，但你见过它，这就是全部的意义。

作为一名教师，王晨奔波在排练室和论文答辩会议室之间，真诚又严谨地指导学生编排作品。

一袭红衣长裙，是北大歌剧专业这片理想的星空中最瑰丽的点缀，让更多北大学子在更大的舞台上展演北大元素，唱出中国故事，这是歌剧教师高远的追求。

王晨说，她一路走来，在歌剧道路上遇到的老师和前辈都让她心怀感恩和崇敬；她在中国歌剧上取得的成绩，离不开前辈们的指导和帮助。

（采写：鲍佳音、王艺遥；2019 年 11 月首载于北大官微）

『黄金一代』的传奇续写

肖梁

梁，1982 年 9 月生，北京国际数学研究中心教授。2005 年获北大数学科学学院学士学位，2009 年获得
省理工学院数学博士学位，曾在美国芝加哥大学、康涅狄格大学等学校担任教职，2017 年获得美国 NSF
Career Grant（国家科学基金会职业生涯奖励计划）。2019 年入职北大。肖梁是极为活跃的著名青年数学
在数论和算术几何的多个主要方向做出了非常深刻和有影响力的原创性工作，获得了国际同行的高度评
被认为是相关领域的主要推动者之一。

2001 年，高中三年级的肖梁同学斩获了第 42 届国际数学奥林匹克竞赛的金牌，被保送至北大；2019 年 8 月，肖梁教授正式入职北京大学北京国际数学研究中心。再度回到燕园的他，多了一个称号——北大数学的"黄金一代"。

燕园岁月，雏燕长成

肖梁是北京人，小学四年级就进入人大附中华罗庚数学学校。纯正的数学竞赛科班出身，高三时以满分成绩拿到第 42 届国际数学奥林匹克竞赛金牌的肖梁，也在赛后被顺利保送至北京大学。

不过，肖梁的大一大二是在物理系度过的。后来他才发现自己并不是真的对物理原理、物理实验感兴趣，而是对其中的数学结构、数学问题更加"心有戚戚"，处理起来也更得心应手，于是他又回归了数学的世界。兼容并包的北大课堂没有拒绝这样一位醉心数学的学生，"身在曹营心在汉"的肖梁得以经常在数院"蹭课"，参加数学系的讨论班。

数院传承下来的讨论班式学习传统在千禧年之际更上一层楼，本科生抱团学习研究生课程成为一种常态。肖梁虽未系统上过数院基础课，但抄借过数学分析的笔记，大一还学了点集拓扑，又在各种讨论班上补齐了各方面知识。

彼时的北大数学科学学院数学系，汇聚了一大批天资骄人的年轻学子：1999 年入校的刘若川、许晨阳，2000 年入校的李驰、袁新意、恽之玮、张伟、朱歆文，2001 年入校的鲁剑锋、马宗明、肖梁，2002 年入校的王博潼，2003 年入校的刘一峰等。如今他们已成为国际数学界耀眼的新星，被称赞为北大数学"黄金一代"。

2017 年，恽之玮、张伟获得了科学突破奖（Breakthrough Prizes）—数学新视野奖（New Horizons in Mathematics Prize）；2018 年，许晨阳摘得同一奖项；2019 年 9 月，科学突破奖又一次花落北大数学"黄金一代"——2000 级校友朱歆文。

燕园岁月，年轻的学子们在这里短暂交集，此后虽辞别母校，开展各自的学术探险，但本科阶段在北大的深度学习和同窗情谊，为他们今后在数学之路上的砥砺前行与合作打下了坚实的基础。

在肖梁的印象中，他和几位志同道合的同学在 2004 年的夏天组织过一次长跑。从北大出发一路向南，跑到长安街，跑过天安门。这是为了欢迎回国休假的袁新意和送别即将出国的恽之玮。

当时肖梁和袁新意更熟络些，曾一起去听高峡老师的代数数论讨论班。这算是和现代数论的初遇。到了高年级，肖梁和刘若川、许晨阳一样参加了田刚老师的微分几何讨论班。在田刚老师的推荐下，肖梁凭借自己在数学领域的优异表现顺利拿到了麻省理工学院的 offer。

远渡重洋，确定方向

肖梁和前一年来到麻省的刘若川一样，选择了 Kiran S. Kedlaya

肖梁个人照

作为导师，他是当时麻省在数论方向的领军人物。

肖梁更倾向于选择具体的问题，对搭建宏大的理论框架并不十分感兴趣。这和他选择的数论方向有关，数论是基础数学领域里的"应用数学"，数学其他方向像代数几何、表示论建立的理论可以拿来应用到具体的数论问题上。

得益于导师的悉心引导和自己的刻苦学习，肖梁的博士学习阶段顺风顺水，没有遇到什么严峻的瓶颈。博士毕业后，肖梁感到他在博士学习阶段所研究的课题可以告一段落，兴趣也就随之转移。这段转型时期相对痛苦。肖梁一面做些工作作为缓冲，一面积极交流，寻找新的方向。

　　2011 年底，张寿武老师在香港科技大学组织了一场会议，将许多年轻的中国学者聚在了一起。其时，肖梁正在芝加哥大学做博士后。同样参加会议的普林斯顿大学博士后田一超向肖梁介绍了他新近的研究课题，以及如何将需要证明的结果约化到一些志村簇上的上同调的计算。肖梁立即起了兴趣，便开始和田一超合作研究志村簇的几何。

　　当时肖梁经常与大他一届的北大师兄朱歆文研讨数学问题。朱歆文的研究方向是几何表示论，他将几何表示论的技术用到数论中来，为肖梁研究志村簇的几何提供了很多新的有效的工具。

　　彼时，刘若川在密歇根大学做博士后，许晨阳和恽之玮则成为麻省理工学院博士后，袁新意成了美国克莱研究所博士后，张伟和朱歆文成为哈佛大学的讲师。"黄金一代"从北大本科开始的情谊延续下来，在学术上继续互相支持和促进。

　　当时任教于普林斯顿的张寿武教授曾这样说："厉害就厉害在他们不是一个人，而是一批人，他们有什么东西不懂，就马上打电话给同学，同学也是另一行的高手，马上就知道是怎么回事了，他们之间不是相互竞争者，而是合作者。尽管他们的数学品味相同，但风格各异，常常在一起讨论问题，在研究工作中互相促进、互相支持，不断地相互促进与挑战。"

燕归来，秋浓酝春意

　　回国，对肖梁来说，是再自然不过的决定。"国内，尤其是北京，做数论的人越来越多了。"2019 年 8 月，肖梁结束了在康涅狄格大学的工作，正式入职北京国际数学研究中心。

　　最让肖梁满意的还是可以交流合作的人变多了。现今在研究中心，"有自守表示的问题可以直接去敲李文威的门，有实李群的问题可以找余君"，还有刘若川、丁一文等人可以合作。放眼北京，同行就更多了，北大、清华、中科院等高校院所聚集一批同行，有问题时打个电话就能见面交流，十分方便。

这种关系让肖梁联想到了同位于波士顿的哈佛大学和麻省理工学院，彼此之间只有地铁两站地的距离。北京一些学校的距离更近，骑车十分钟便到，论交流之便、人数之众，北京都要更胜一筹。除了北京数论圈的"小环境"，国内学术界的"大环境"也在日益改善，肖梁对此十分乐观。

和同行沟通、交流、分享，再一同解决问题，这似乎是肖梁最中意的研究模式，他半开玩笑地将自己比作一个"包工头"：把别人做的问题拿过来，分析一下其中需要哪些技术，再去找擅长这些技术的人去做。

在教学上，肖梁对有意向联系他的学生表示欢迎，"至少可以聊一聊，指条路嘛"。对自己的研究生，就像当年 Kedlaya 指导自己时一样，肖梁会先给他一个可以上手的合适题目，引导他一步步找到自己感兴趣的问题。肖梁也希望能调整好指导学生和自身科研之间的关系，记得张寿武老师曾经跟他半开玩笑地说，在好学校都是学生学了东西教导师，导师跟着学生一起学。

肖梁还计划建一个"北大数论群"，把数论方向的年轻老师、研究生、本科生集合起来，便于分享感兴趣的报告、会议、暑期学校等活动，并了解大家的需求，以便数学中心开设相应的短期课程等。

肖梁认为，国内大学最大的优势是教研人数多，国外像哈佛这样的私立学校一般整个数学系只有二三十位教授，国内则通常数倍于此，这使得国内基础课的开设十分充足。但国内教学仍有

"黄金一代" 合影，右二为肖梁

不足，现阶段的问题是，后续的进阶课程开设得较少，像哈佛、普林斯顿会让博士后开设许多专题课程（topic courses），分享适合研究生听的前沿数学，这对拓宽数学研究视野十分重要。肖梁很支持学生多学一点、多了解一点，因为不同领域间的奇妙关联有时连专家都无法预测。

从一张合照开始，"黄金一代" 在数学天地中辟出了一方燕园胜景；而从北大校门数起，新的一代又在步入数学殿堂。"黄金一代" 的肖梁，在续写着北大数学新的传奇。

（采写：白瑞祺；2019 年 11 月首载于北大官微）

相信教育有关一个人的全部

一个人的全部

田 耕

耕，1980 年 10 月生，北京大学社会学系副教授。2003 年、2006 年毕业于北京大学社会学系，先后取得
士、硕士学位，2015 年毕业于芝加哥大学社会学系，获博士学位。研究领域包括政治社会学、社会理论、
史社会学等。

　　高高山顶立，深深海底行，北大社会学系始终兼怀远大的学术追求和朴素的育人理想，在这种氛围的熏陶下，会走出怎样的人生之路呢？

　　北大社会学系的田耕 2006 年从北大毕业之后赴芝加哥大学攻读博士学位。如今他回到北大，以一名老师的身份，继续他跟北大社会学系的缘分。社会学并非田耕考上北大时的第一志愿，现在他却成为北大社会学系的一名老师。他的经历中，尽是北大社会学的魅力。

走进北大社会学系：学以成人，沉浸浓郁

　　为什么要来北大学社会学？

　　初入北大社会学系的田耕可能也给不出一番激情洋溢的答案，他的高考第一志愿并不是社会学。不过，今天回过头来看，正是在北大社会学系的本科学习经历，培养起了他对社会学的兴趣，引导他走向更深层次的学术研究之途。

　　田耕认为北大社会学系的特别之处在于，除了对学生开展社会科学研究的训练，它还具有强烈的教育使命，"你学了社会学，应该成为一个更有志趣的人，对中国社会会有更强的理解能力和同情心"。

　　北大社会学系始终贯彻的"从实求知"的理想和对教育的高

田耕个人照

度重视，让田耕受益匪浅，他至今仍对此深表认同。

　　将镜头拉远至田耕的本科时代，那时他还未能全然感悟这些，不过他已经感受到了社会学的一大好处——读书宽广，几乎没有什么书不属于社会学的阅读范围。

　　最先向田耕传达这一信念的是如今在北大哲学系任教的李猛老师，在李老师的社会学理论课堂上，大一的田耕意识到社会学特别的学术追求。这极大地触动了他的求知欲，阅读构成了他本科生涯的重要内容，托克维尔、韦伯、朋霍费尔、福柯、亚当·斯密等无不吸引着他投入大量的时间与精力。

虽然最初阅读时只是单纯地想理解名著的经典之处，但沉浸浓郁的过程也是思维的一场训练。在田耕看来，本科学习相较于高中时期的一个重要转变是读书方式的转变，读书笔记不是写总结、求梗概，而是要明白道理和说法的由来，把书读厚。他坚持细读文本，写下大量细致的读书笔记，这些看似细碎的工作却是对读书思考习惯的极好培养，在未来的研究和教学中起着奠基的作用。

成为教育者：联结师与生、人与书

田耕担任社会学系 2016 级本科生的班主任。社会学系"重视教育"这一传统的一大体现，就是让青年教师担当起学生的领路人角色。当年在社会学系老师的带领下读的书，如今被田耕带到自己的课堂中来。书还是那些书，但是读书的人变了，书本面对的社会语境变了——知识在这个意义上反复生长，焕发新的活力。

田耕表示，读书不仅是研究所需，也是教学的前提，"每上一次课，都要重新读一遍"。读书者在书中寻求理智的刺激，找到问题的灵感，这种感觉新鲜而深刻。而带着学生读书，又给这个过程添加了很多要素：每一年上课的学生不同，他们每个人都怀揣着新的问题和感受。

作为老师，田耕要求自己不只是简单地告诉学生一些读书和人生的道理，或者知识上的教条，而是"以非常朴素的态度，和学生一起探索我们认为最宝贵的东西"。

如果说读书的要义是将书籍与现实相连接，把书当"真"，那么，教育则是把学生的问题当"真"。作为老师和班主任，田耕总是提醒自己，老师与学生面对的现实不同，快乐和不快乐的源泉很不一样，有时不深入到具体的现实问题，就很难体会到为什么一个年轻人会有某种特定的想法，很难把学生的困惑当真。

"老师要知道学生面对的具体的处境是什么。对不同的学生，你需要知道学生的需要、学生在面对什么样的问题。这当然要求老师在学生身上倾注很多的关注。"田耕认为，今天的学生面对着更大的压力与挑战，有更出色的行动力、见识，对自己有不同的期待，对大学生活的疑虑和失望也更容易发生，作为老师，要花很多时间和功夫来察觉这些。

田耕是班主任，学生不只因为学业问题来找他，也会因为生活中的困惑来找他。"教育有关一个人的全部，是非常丰富和有力量的。老师越能坚持自己的本分，也越能收获学生的信任，和学生深入地交流，会非常感动和欣慰。""我非常珍惜师生之间的情感和缘分。"

这种细致的教育是社会学系的传统，仰赖于一代代的师者的践行。从学生到老师，田耕愈发意识到，一个学生的成长、一个系的教育风气，不是偶然奠定的，而是依靠持之以恒、具体细微的努力，由很多人的付出沉淀下来的。每一代、每一位社会学系老师的用心投入，使在这里求学的学生知道什么是自己想追求的好的学问和值得的人生。

一名社会学系的学生，从一年级到四年级要经历大大小小的田野调查。一年级的学生田野调查的专业知识和经验比较少，田耕会鼓励他们投入，去观察，然后去写作，就像开作坊一样，隔

田耕（前排中央）与学生

一段时间大家聚在一起，聊一下每个人的进展，最后把大家的成果辑录成册。把学生最初着手调查写下的文字和他后来的研究进行对比，作为老师的田耕是非常振奋的："你很清楚地看到，我们的学生在不知不觉中就有了很好的变化，看到这个变化，会非常欣慰和喜悦。"

多元与自觉：在北大找到一条一以贯之的路

作为拥有北大和芝加哥大学双重求学经历的学者，田耕认为，一所大学的成长过程是非常漫长的，也有很多机缘在里面，一所优秀的大学能为学者带来的就应该是做学问时慎终如始的动力。

北大并不纯粹是一所研究导向的大学，它更多地将目光投向学生，而不仅仅投向学术。田耕从芝加哥大学回到北京大学，也更深刻地体会到北大的这种传统。在田耕眼中，北大本科教育的主要任务或许不是培养未来的学问家，但一定需要培养一批"自觉"的学者和老师。田耕理解的"自觉"，就是把大学的使命变成值得自己追求的人生目标。因为有这样的人，大学的理念才会变成一种值得过的人生，大学才会变成一种师生之间、同事之间、同学之间、同行之间的生活。

他认为，要进行有效的教育，首先应保持一颗厚道的心，诚恳真挚地对待学生；其次，学生和老师都应当有诚实的向学之心，诚实对待学问中的自己，而不是以自己做到一流学问家作准绳。

回顾来路，谈及自己为何选择"做学问"作为一生的道路，田耕的回答很简单也很诚恳："很强的求知欲，很向往，能满足我身上十分迫切的愿望。"至于学者的使命与任务，田耕表示这需要很长一段时间去理解，需要每个人自己去体会。这也是身为学者延续最初热情的必经之路。

谈及对学生的嘱托，田耕指出："希望大学生活是实现自己的一条道路，是你找到自己道路里面的一个阶段。"读书重要，是因为它和喜怒哀乐都有关系，也会深刻影响读书之外的决定，而这样的道路应该更具有生命力，更完整，更有力量，与个人的所有情感都联系在一起。

（采写：刘文欣、来星凡、潘宇涵；2019 年 11 月首载于北大官微）

北大总能过滤外界的喧嚣，让人特别安心

秦立彦

立彦，1973 年 12 月生，北京大学中国语言文学系副教授，北京大学文学讲习所研究员、硕士生导师，诗1996 年毕业于北京大学政治学与行政管理系，获学士学位。2002 年毕业于北京大学英语系，获硕士学2007 年获美国加州大学圣迭戈分校博士学位。2007 年 12 月起任北京大学中文系教师。主要从事比较学研究，目前研究方向集中于中外文学关系、英美诗歌；并从事诗歌创作，出版诗集多本，曾获人民文学丁玲文学奖。

　　18 岁的你，是否也对未来的方向感到迷茫？中国语言文学系的秦立彦老师曾以全省第一的成绩考入北大政治学系，兜兜转转却仍实现了自己的文学梦，这中间会有怎样的奇妙经历呢？让我们一起感受秦老师在面对人生选择时，温柔而坚定的力量。

奇妙的兜转，宿命的探寻

　　"你真正爱的东西，可能就是在你十几岁的时候，上大学之前找到的，那是一种宿命一样的东西。"从学子到师者，寻寻觅觅，她不断尝试并最终走向心中的热爱。现在，在中文系"西方文学史"课堂上，终于将自己宿命的热爱握在手中的秦立彦，脸上洋溢着幸福和满足。她亲切和蔼，娓娓叙述着异彩纷呈的文学世界，眼里有光。

　　也许是从小受文学方面的陶冶的缘故，她早早和文学结缘。她爱读书，也喜欢写诗、写故事，那是一种自主自发、无人逼迫的爱好。而事实上，从小就想着"要当作家""要当萧红"的她，也曾走过许多"弯路"，兜兜转转，才走上自己心中向往的文学之路。

　　18 岁那年，秦立彦以高考总分全省第一的成绩考入北京大学，抱着一个特别模糊的、想整顿乾坤的想法，进入政治学系学习。她笑言："我明知自己是个文学青年，却没想去读中文。所以我后来的许多选择都是要把青春时候犯的错给纠正过来。"

进入大学，整个世界全面打开，加上并不熟悉的专业，秦立彦迷茫了。政治学于她而言本就是十分模糊的东西，考上北大之后该怎么做也是她之前从未想过的事情。

"那个时候就夹在潮流里跟着走，但是北大的好处就是它会把很多选择摆在你面前，你都可以去试试，然后就可以分辨出自己喜欢什么、适合什么。"出于对文学的热爱，她大部分时间都在看小说和学英语。从《红楼梦》到英文版《简·爱》，大量中外文学作品的阅读，让她对文学的热爱更加无法抑制。她说："那些年的自主阅读，也许就是我的长项，可能因为我完全是自发的。"

终于，在本科毕业之后，秦立彦做出了一个大胆的选择：她要换方向，学文学。读本科时，秦立彦上的唯一一门中文系课程，就是比较文学所的"海外中国文学研究"，考研时她就在想是考中文系的比较文学所还是英语系，考虑到自己似乎还没有扎实的外国文学基础，她决定先去英语系。最终，她以第一名的成绩被录取为北大英语系的硕士生。

她对文学赤忱的热爱从未改变，硕士毕业后赴美国加州大学圣迭戈分校深造，获得比较文学博士学位后又回到北京大学中文系任教，现为比较文学与比较文化研究所副教授。最初选了中文系比较文学方向的课程，最后又回到中文系比较文学所工作，她觉得像是冥冥中有天定。

从政治到英语，最后归于文学，这是她的求学经历。走过许多曲折，她找回了自己宿命的热爱，她说："这种曲折也不一定是坏事。我对文学抱着一个特别强烈的愿望，而这个动力是我自己找到的。"

异域的修炼，文化的羁绊

　　说起赴美留学的经历，秦立彦戏称之为"洋插队"，她不觉得出国留学是一件轻松享乐的事，而是到了一个"修炼的地方"。

　　在美国的头半年对秦立彦来说是颇为艰难的，首先是学习的强度陡增，每周的读书任务多达几百页。每天都要不停地读书写文章，这让她感受到被鞭打着前进的压力，不过长期的大量阅读培养了她提炼观点、抓取中心的能力，为此后学术材料的研读提供了方便。

　　智力上的挑战尚能应付，但陌生的环境和文化让她萌生出的孤独感有些难以承受。在她看来，美国的人际关系很淡漠，和国内大家互帮互助的集体学习生活完全不同。在看美剧《六人行》时她有诸多感慨："六个人是一个特别好的朋友圈，他们一直互相扶持着。但是在大部分的美国人中间可能不是这样的，他们就全靠自己。"

　　然而就像面对刚来北大时受到的冲击一样，秦立彦坚持了下来，她告诉自己：来美国是为了学习，完成学业就可回国。怀着这种信念，她度过了适应期，并在后来的日子里找到了志同道合的朋友。

　　离开美国对于秦立彦来说一直都不是一件很难的事情，人文环境和社会模式的不同让身处美国的她始终有一种"局外人"的感觉，文化基因的不同更是她回到中国的重要原因。她喜欢写作，尤其是写诗，诗歌与语言有着天然的亲缘关系，用母语写的诗可以随意挥洒、灵动自如，然而用英语写诗是她不能设想的。她读过很多外国文学，但深植骨髓的文化基因是不可变更的，屈原、陶渊明、杜甫才是最能打动她的诗人，她也只愿意用母语写诗。

秦立彦个人照

　　美国有许多壮丽的自然风光，加州的阳光、大海初识时也曾令她惊艳，但欣赏海边落日的瑰丽景象时，她想到的还是"落日熔金""暮云合璧"，仍然是中国文学提供的审美体验，这种"血肉相连"的文化羁绊始终存在于秦立彦心中。

熟悉的校园，崭新的旅程

　　回北京找工作时，北大是秦立彦心中最好的选择，曾经为她编织起文学世界的图书馆、未名湖，始终在她的记忆中闪烁。无论校园外的世界是如何车水马龙、人来人往，似乎北大总能过滤外界的喧嚣，让她感到特别安心——这是她"最熟悉的地方"。

　　最初成为北大教师时，秦立彦是有一丝"紧张"的，很快她发现，这不只是她个人的体会，也是很多北大教师的共同感受。"北大的学生是很聪明的，你需要达到一个比较高的水准才能满足他们；上课又是另外一种技术，跟你自己看书是不一样的。"这种对于讲课的"紧张"背后，其实是身为教师的责任感：不能误人子弟，所以要格外用心。

秦立彦很重视课堂的"立即反馈"，学生现场听课的反应是她把握课堂节奏的一个要素，"要是这段讲得还不错，你就会发现同学们马上都眼睛闪光"。看着同学们青春的面容，她也不忍心让自己的课堂成为他们大学回忆中黯淡的部分。

与自己自由自在的本科学习阶段相比较，秦立彦觉得现在的北大学生的课程压力变大了，这一方面能让大家学得比较扎实，另一方面也可能压缩自主性的空间，这是她在教学中会考虑的。

她在北大中文系为本科生讲授西方文学史，第一堂课就会列出书单：《伊利亚特》《俄狄浦斯王》《忏悔录》《李尔王》……她强调学生要直面经典文本，在她看来，文学无法靠老师耳提面命地传授，必须要有个人的阅读体验，这意味着学生要在课堂外下功夫，而并非只是"忙于上课"。

秦立彦鼓励学生广泛阅读古今中外的经典，这不是一件轻松的事，但她相信，无论学生将来走向什么方向，选择工作还是做研究，经典对整个人的修养都是有益的。

北大中文系硕士生李若白在做硕士论文答辩的秘书时，亲眼看到秦立彦老师从答辩论文注释的希腊文中，敏锐地发现一个拼错的字母，而希腊语并不是秦立彦的专业，只是她后来自学的，这种谨严的学术态度令李若白特别佩服。作为导师，在二人交流时，秦立彦也会关心李若白学术之外的日常生活，这让李若白倍感亲切："你可以把你最真实的想法告诉秦老师，她会支持你去

秦立彦个人照

选择、体验，然后找到你自己最喜欢最重要的东西。"

　　事实上，秦立彦也期待学生在短暂的人生中培养出自己的能力，并在适合自己的领域有最大程度的发挥，这是一个不容易实现的目标。但北大的教师既是学术上的导师，亦是人生的领路人，这种双重身份下的使命感给予秦立彦动力，一路带领着学生走向温暖、阔大的人生风景。

（采写：刘文欣、郑莉娇；2020 年 7 月首载于北大官微）

走向更广阔的哲学天地

刘　哲

哲，1977 年 8 月生，北京大学哲学系长聘副教授。1999 年毕业于北京大学，获哲学学士学位，2005 年
业于比利时鲁汶天主教大学，获哲学博士学位，2006 年起在北京大学哲学系任教。主要研究领域为德国
典哲学、现象学、主体性理论和人工智能与机器人伦理。近年出版专著《生成主体性》，译著黑格尔《自
哲学》，主编《中国机器人伦理标准化前瞻 2019》。

　　从入学北大文科试验班沉浸在文史哲三家的对话，到三所大学学术传统的激烈碰撞，再到学术与现实的深刻交融，在刘哲求学与研究的每一个阶段，理念的对话与冲突都促使他走向更广阔的哲学天地。

文科试验班：文史哲的交融与界限

　　刘哲自小就对哲学隐约感兴趣。选择来北大文科试验班学哲学，他最初的想法是"看看文史哲三个方面贯通的人文研究是什么样子"，在文史哲三个学科的对话中探索何谓哲学。

　　来到北大，在中文、历史等其他人文学科的对比之下，哲学的严格性与科学性越发让刘哲坚定了自己的选择——清晰的概念与论证、反思性的思维方式，日益吸引着他。"对也是清清楚楚的，错也是清清楚楚的"，正是他眼中哲学理想的样子。

　　文科试验班的文史哲三家虽各有特点、对话有限，但正是这样多元的学习与对比让刘哲更加清楚学科的差异与界限。

　　上古史、中古史、世界史，中国哲学史、西方哲学史、马克思主义哲学史，古代汉语、现代汉语、文学史，游走于三个学科的专业主干基础课，最优秀的老师们清晰地展示着各自学科的研究对象、研究方法，人文学科版图逐渐整体性地呈现在学生眼前。

　　至今，刘哲仍对当年不同课上对《庄子》的研究和讲解有着清晰的印象：哲学史的研究更集中于明晰《庄子》中的哲学概念，考完"心斋"和"坐忘"后大家会一起开玩笑说已经"坐忘"；古代汉语的研究更集中于字音字词，处理其中隐含的时代语言现象；文学史则按照文体类型与时间顺序梳理大时代下的典籍，把庄子作为上古文学作品中散文体裁的代表性作品之一。

　　虽趣舍万殊，但也为刘哲提供了在大的文化背景下理解庄子、在与其他作品的对比中研究庄子的思路与兴趣。

　　文科试验班的课业压力很大，但无论是后期哲学课程与现实问题的深入对话，还是文史哲三种学科对同一个问题的不同研究，都在推动着刘哲不断向前，让他始终保持着对学术的一腔热情。同时，这一阶段的对比，让刘哲在认识到学科界限的同时，更加明确了哲学学科的任务。而这是与其他学科对话必要的素养。

北大、鲁汶大学与哈勒大学：在冲突中成长

　　"在理论的冲突中探索自己的路。"从北京大学，到比利时鲁汶大学，再到德国哈勒大学，丰富的求学经历与多样的学术背景让刘哲在冲突中不断探索，展开自己的哲学思考。

　　在刘哲眼中，北大是一所汇集了许多传统的学校。从 1898 年走来，在历代北大人的努力下，北大成为现代的高等教育和学术研究机构；又在与其他大学的交融中丰富着北大的传统。

　　刘哲至今仍能忆起自己读书时在北大图书馆借书的经历，曾借到过一本书上写着"亢慕义斋"，问过图书馆老师才知道是较早的马克思主义藏书；也曾在图书馆借到一本来自燕京大学

的书，书里的藏书票写着燕大校训"Truth、Freedom、Service"（Freedom Through Truth For Service）。北大与中国一个世纪以来文化的革新、国家的发展、民族的转型紧密地联系在一起，许多时代变迁的线索，就在北京大学的图书馆中，就在北京大学。

鲁汶大学是一所非常古老的大学。考虑到鲁汶大学作为天主教大学的性质，又读过他的老师、鲁汶大学毕业的赵敦华教授所著的《基督教哲学1500年》，前往鲁汶之前，刘哲脑海中的鲁汶大学一直回荡着教堂的钟声；但到了鲁汶大学之后，他却见到了一个具有浓郁现代科研与高等教育气息的哲学系。

受到欧洲历史文化传统的影响，鲁汶大学哲学系教授的内容与中国也有很大的差别，拥有自己的研究传统：比如中世纪亚里士多德主义的传播就是研究重点之一。而作为胡塞尔档案馆的所在地，鲁汶大学还有着非常厚重的现象学研究传统。各个领域优秀的哲学家们的课堂，无形中将刘哲直接带入了西方问题争论的语境和传统中。

在鲁汶大学就读期间，在胡塞尔档案馆学习的经历给刘哲留下了深刻的印象。一次课后，老师为同学们打开了胡塞尔的私人图书馆，展示了胡塞尔的藏书、笔记、手稿等珍贵资料。笔记之中，当年胡塞尔阅读的细节栩栩如生，思考与侧重都藏在字里行间。

刘哲回忆，当时自己特别在意胡塞尔对于康德《纯粹理性批判》的阅读，专门找出了这本书。观察后他发现，胡塞尔在前面的《分析篇》留下了多种颜色的笔记，看起来是读了好几遍；而后面基本上是空白的。

这样的阅读偏好，也印证了他对于胡塞尔理论的印象。胡塞尔的手稿上满是大大小小形状不一的纸条，但字迹如工程师作图

刘哲个人照

一般工整，让人觉得胡塞尔是在不断地、反复地思考，随时调整自己的工作。而在胡塞尔工作台上的本人塑像被老师戴上了卡通墨镜，很酷、又好像有一种平等在其中，并不高高在上。

哈勒大学全名"马丁路德·哈勒维腾贝格大学"，以新教改革的领袖马丁·路德命名的哈勒大学与新教的发展有着一定的关系。刘哲在哈勒大学学习期间的导师来自海德堡学派，有着很强的德国古典哲学传统。

北大现代世界的声音，鲁汶大学传统的声音，哈勒大学新教和德国古典哲学的声音，呈现出截然不同的研究对象、研究方法以及与当代的对话方式。甚至在鲁汶大学，刘哲的老师们讨论他的博士论文时也曾陷入激烈的"争吵"。

这些差异甚至冲突，对刘哲来说却非常有趣——冲突推动着他通过自己的研究在更深的哲学问题上定位这些差异。

归来：与知识背景的对话

"突破自己原来的思想限度，寻求新的理论资源，面对新的文化氛围，寻求与新的学科的对话。"回到北大后，刘哲继续思考着主体性理论在当代的发展。他在与过往的知识背景、与眼前的现实、与其他学科的对话中，走向更深、更广阔的哲学世界。

在对主体性理论的思考中，刘哲面对着两种理论背景的矛盾：现象学早期对新康德主义有各种各样的批评，而德国唯心论是新康德主义重要的思想背景之一。

德国唯心论传统中，康德的人在道德语境中、或者道德共和国中的自律或者自主性，费希特从基础性自我意识问题出发对实践性自由的刻画，黑格尔在否定的自我关联结构中对自由的讨论，这些与鲁汶学圈的现象学对人被动性一侧的关注有着明显的冲突。承认了人不可避免、不可剥离的被动性后，人的自由在多大程度上还可以被辩护？

"我其实更喜欢这样冲突的状态，这迫使自己探索一条新的路。"刘哲并没有把两种理论捏合，而是努力寻找冲突背后是不是有更深的问题，在对人的被动性的思考的条件下，反思德国唯心论中建立起来的实践自由的关系，以及实践性的自由背后的实践自我意识的本身。

　　回到北大后相当长一段时间内，刘哲还在像这样与过往教育资源的影子对话。对刘哲来说，关于自主性的问题可以被有效、严格地提出而且以精确的方式哲学地刻画出来，当然离不开德国海德堡学派传统与"鲁汶学圈"现象学的培养。然而，"可以把它当作一个厚重的礼物，但我不希望永远在这个阴影下面，总希望往前面推进"。

　　北大强大的综合实力与完整的学科体系，无疑为刘哲与其他学科对话从而为推进新的进展提供了极佳的平台。随着人工智能的兴起，各种挑战浮现出来：不仅仅是在工具的使用上，更是在对基础概念的反思中。意识、智能、情感、决策等过去往往以人类主体的前提下讨论的概念，今天被放在了人工智能和机器人的语境下。工程师、设计者、科学家所追寻的 Autonomy，有两种翻译：在哲学里可能会把 Autonomy 在康德传统下翻译成"自律"，在人工智能和机器人研究那里则被翻译成"自主"。这种翻译上的差别，折射的就是概念在人与机器语境下不同的含义。

　　与现实、与时代的碰撞，促使刘哲将之前主体性理论的研究与人工智能的兴起进行深入而有趣的对话，也让他参与到国家（智能）机器人伦理标准化的研究工作中。2019 年他参与完成并出版的《中国机器人伦理标准化前瞻 2019》成为中文世界第一份关于（智能）机器人伦理的系统性成果。

　　北大在机器人与人工智能领域的综合实力，正是刘哲新的背景与资源。

　　回国以来，作为一名教师，刘哲总是严格要求自己的学生："我想对北大学人来说，严格的学术要求之于一个学科的发展和同学的培养都是必不可少的。"

　　"对于北大的同学，我希望大家能够更加在意每一年真正学

刘哲为智库讲授"人工智能和机器人伦理"

到了什么，自己的视野和思考问题的能力有没有真正的提升。"刘哲希望更多的同学关注真正的收获与提升，而不是过多地关注绩点；同时在物质条件不断提升的今天，他也希望同学们能够保持对学术的热情、守住宁静的研究氛围。

"北大是常为新的"，在冲突中寻找自己的道路，在旧的知识背景中探索新的方向，在与新的学科的对话中获得新的思考。这是刘哲作为一名北大人，面对多元的理论与学科时"为新"的勇气，也是北大始终走在时代前列、在一代代北大人手中推陈出新、继往开来的不竭动力。

（文字：孙治宇、来星凡；2021 年 2 月首载于北大官微）

肩上
人间烟火，
心头
无限哲思

吴天岳

天岳，1979 年 4 月生，北京大学哲学系长聘副教授，博士生导师。2001 年毕业于北京大学哲学系（文科
验班），获学士学位，毕业后赴比利时鲁汶天主教大学进修硕博，2007 年于哲学所获哲学博士学位。研究
或为古希腊罗马哲学、教父哲学与中世纪哲学，尤其关注这一时期心灵哲学和道德哲学的研究，致力于
构古代和中世纪历史文本中的哲学论证，为当下的反思开拓新的思想资源。近年也关注人工智能、基因
辑技术等前沿科技带来的伦理挑战。著有《意愿与自由：奥古斯丁意愿概念的道德心理学解读》《古代中
己哲学十五讲》，另有十余篇英文论文刊行于 Recherches de Théologie et Philosophie Médiévales, Res Philosophica,
iew of Metaphysics, Oxford Studies in Medieval Philosophy, Thomist 等国际学术刊物。目前专注于古代中世纪哲学中
由与责任问题研究。

温雅的学者从欧洲回到燕园，将饱满的热情倾注于未名的志业。掀开中世纪的哲学迷雾，越过机器人伦理的时代思潮，让我们去触碰更深一层的他——北大哲学系英杰吴天岳教授。

少年追梦，辗转哲学门

吴天岳进入北大哲学系的道路可谓曲折而有趣。

少年吴天岳其实早已对哲学"暗生好感"。高中军训中场休息的时候，他常常会去报亭买一本《读书》杂志，其中偏哲学的内容让他如痴如醉。由此，他开始经常关注新出版的哲学类书籍。渐渐地，吴天岳对哲学的热情日积月累，原本对科学研究，尤其对物理生物极感兴趣的他，在高三时义无反顾地转到了文科。

如此喜爱哲学的吴天岳，初入北大时选择的却不是他心心念念的哲学系，而是中文系。那年北大在贵州并没有投放哲学系的招生名额，而当初北大的文科试验班会给各系分配名额，在已入学的学生里选取一部分进入试验班，开展通识教育，然后在大三分专业。当年的吴天岳就选择"曲线救国"，通过中文系转试验班，再进入哲学系，这才圆了少年梦，进入北大哲学门。

这份执着聪慧，伴随吴天岳从少年走向青年。在试验班对其他学科的广泛了解于吴天岳产生了长远的有益影响。史学的学习，对他后来做中世纪哲学思考与思想史的研究助益很大。中文系语言方面的课程也与 20 世纪以后对哲学使用的语言的反思关联起来，帮助他在哲学领域进行思考。

欧洲求学，异地生新悟

在北大完成本科学业后，青年吴天岳选择远赴欧洲比利时鲁汶大学攻读硕士与博士学位，一去就是五年。

在鲁汶，他幸运地再次遇到许多良师益友。让吴天岳印象最深刻的是一名刚留校的博士生。当时他在德伍尔夫—曼森古代中世纪哲学研究中心学习，初来乍到，不知道如何从导师处寻求帮助，常常一个人闷在图书馆看书。鲁汶的图书馆就在哲学楼中间，看书很方便。那个博士生就常常打开门从哲学楼过来，看看吴天岳在看什么书，根据他正在看的书再推荐给他几本重要的工具书。

那时候年轻的吴天岳刚刚开始比较深入地阅读阿奎那的著作，而阅读拉丁语时需要查字典。那位博士生就给他推荐了一位意大利学者的阿奎那专门字典，还补充说，如果能看德语，还有另一本字典可看，那本字典对阿奎那一些比较重要的哲学神学概念会有更深入的解释。这份友善对身在异国、初涉严肃学术的吴天岳产生了很大的帮助，也成为后来他身体力行的一种"学术共同体"意识的形式打下了基础。

切身体验让吴天岳认识到，对于从事学术研究的人来说，有一个好的共同体至关重要。这种共同体正是通过一种不经意的交流，以一种很自然的过程逐步培养起来的，其核心是需要学术上共同的追求和共识，而且需要有人愿意为之付出时间和精力。这些经验都被他带到后来自己作为引路人的生活当中。在北大读本

吴天岳在国外留学期间的留影

科时，吴天岳所在的文科试验班课最多、学习压力大，但班级学习气氛很浓，集体感也很强，并不苦闷。那时他还没有反思原因。对比产生意义，国外的留学生活使他更清晰地明白集体感、融入感、活力感的重要。回到北大，他也乐于付出自己的时间和精力，传递学术共同体之间的脉脉温情。

北大之美，经年复归来

鲁汶给吴天岳的最大印象就是安静、没有什么波澜，生活很有规律，也很简单。但鲁汶虽好，不是故乡更不是燕园；虽然安静，却缺少活力与变化。因此，虽然喜欢鲁汶，但到第五年的时候，吴天岳觉得是时候回来了。他认为鲁汶"太过平静"，有时会让人丧失研究学问的动力，或者说，仅仅延续最初的热爱，而没有新的动力、没有新的问题逼迫自己去打开新的话题、打开新的领域。

国内则不一样。在这里，时时刻刻都在发生着日新月异的变化，而这些变化之中常常会出现一些引人思考的问题，这对学术研究会起到很大的推动作用。

北大，这个永远洋溢着青春、自由与活力的校园，更是永远不缺少活跃的因子，永远让人如痴如醉。近年来，国内机器人技术已经有了非常迅猛的发展，但无论对于机器人本身是什么，还是对于机器人的广泛应用所带来的伦理和社会影响，哲学界的研究都不够多，这种情况会给机器人技术的进一步发展埋下隐患。抱着这样一种认识与责任感，从欧洲回来的吴天岳选择和北大哲学系的其他研究者一起，去当一个先行者——尽管这并非他自己擅长的研究领域。吴天岳不赞同溺于单纯的学问而缺乏对社会的关注。"哲学研究者要勇于面对社会现实的发展变化并进行思考，不能把自己藏在死人的经典里。"

一言一行，学问系国家

就像无数的北大人一样，吴天岳在北大也体会着时代脉搏的跳动，并以自己的方式肩负起对时代和社会的责任。

吴天岳的研究领域是古代中世纪哲学，看起来冷僻，但这并不意味着哲学与生活、与实践、与社会的关系可以被分割。吴天岳说，"哲学和其他学科不同，会帮助我们去反思自己，更好地理解自身"，自己的研究看似很抽象，离生活远了，但从深层来

吴天岳个人照

说，还是和理解世界、理解自身的努力联系在一起的。这十多年来，吴天岳的研究始终与社会和国家的发展紧密相关，与当代联系在一起。不溺于单纯的学术，这是北大人勇担肩头责任、将自我与社会相融合的传统。

　　研究者也是当代人，当然需要面对所在环境的切实问题。吴天岳常常告诫学生，学术绝非逃避现实生活的象牙塔。他常常鼓励学生们从历史文本中寻找新的资源来面对现在的问题。另一方面，对经典的关注和推崇也不应该"预设在经典中有应对我们当下生活的现成答案，甚至觉得我们不断去复活、延续经典的价值观，就能解决当下社会的弊端"，"古代和现代的社会有一种根本性差异"。在某些价值判断上，我们已经和古人有了根本的不同，比如亚里士多德对奴隶制提出的辩护在今天就是一种不可想象也不可接受的。清醒地意识到这些经典所处的时代与我们当下的差异，才能真正通过经典解决当下的问题。

作为经典的研究者，吴天岳说："我们回到经典并不是为了复古，而是要把它作为一面镜子，重新去观照我们自己的体系和思考，然后获得一种更高层次的借鉴。"对于经典的解释不仅仅是纯粹学术的理论探讨，更关乎中国的当下、关乎时代涌动的思考。

从燕园到鲁汶，在北大的学习经历为吴天岳硕博时期的学业打下了坚实的基础；从鲁汶到燕园，情感认同与研究环境吸引着年轻的学者归去来兮。吴天岳的研究在不断创新，但他对北大、对祖国的爱与责任感却是不变的，他心头有无限哲思，却不愿让它们沦为凌虚踏空的乌托邦，而是勇敢地担起肩头重任，在湖光塔影中追寻争议的终结，在人间烟火中实践经典的永恒。

（采访：孙治宇、来星凡；文字：王欣蕊；
2022 年 3 月首载于北大新闻网）

※　首页图为学者本人提供。

做真诚的研究

研究

王彦晶

彦晶，1982 年 3 月生，现任北京大学哲学系教授，北京大学逻辑、语言与认知中心主任，*Journal of Philosophical Logic* 副主编。2004 年本科毕业于北京大学哲学系逻辑学专业，2010 年获得阿姆斯特丹大学逻辑学博士学位。专长为模态逻辑，近年来在国际上系统性地提出并推动了关于"知道如何""知道为何"知识表达式的新一代知识逻辑的研究，提出了量词与模态词结合的"打包算子"的思想，并由此发现了一列新的一阶模态逻辑的可判定片段，以及直觉主义逻辑等非经典逻辑的认知语义。学术研究之外，着力推逻辑学在中国的学术共同体建设，曾担任两届全国现代逻辑学术研讨会程序委员会主席。同时关心学术伦与规范的传播与实践，出版译著《君子与顽童：大学教师的职业伦理》。

身着一件蓝 T 恤，和身后的大海、天空相映成趣，开心地大笑着——这是北大哲学系王彦晶个人主页上自我介绍使用的照片。和照片中显露出的顽皮一样，王彦晶从来不是一个板正严肃、老气横秋的书斋研究者。而且，面对生活和科研，他常常保持一份赤子之心，"我总试图保持对自己和别人的真诚"。

求学：兴趣是最好的老师

在被邀请去给面临选择专业方向的本科生讲解逻辑学时，王彦晶喜欢画一张展示逻辑学学科整体研究面貌的树形图，包括哲学、数学、计算机以及语言学的不同侧面。在他看来，本科生具有整个学科的视野非常重要。

这种经验来源于他自己的求学经历。王彦晶读本科时，北大哲学系设置的逻辑学本科专业只招收理科生。作为一个相对"冷门"的专业，学生的来源比较多样，不少同学是被调剂进来的，像王彦晶一样主动选择逻辑学专业的比较少。回忆起当年的本科学习，他仍旧觉得自己当时如果能获得更全面、准确的学科视野，学习效果会很不一样。"我当时尽管知道得多一些，但整体上还是处在盲人摸象的状态，以为自己看到的一点就是逻辑学的全貌。我们现在就在重新建设一门全新的逻辑导论课，让学生在入门的时候就可以多少有一个学科的整体图景。"

学科入门需要兴趣，但兴趣和志业还有很大的区别——确立研究逻辑学的志业，对王彦晶来说要晚得多。直到硕士毕业的时候，王彦晶还曾经因为不确定自己的研究是否有充分的价值而萌生过到法国学摄影当记者的念头。

初涉摄影领域也缘于兴趣。本科时，王彦晶选修了"中国大熊猫之父"潘文石先生的保护生物学课程，作为优秀学生代表之一到广西崇左的白头叶猴保护站进行考察实习。那是他第一次真正在野外接触野生动物。就是在这第一次实习中，他成功地用一台家用傻瓜相机拍到了一张珍贵的猴群全家福！从此，王彦晶一发而不可收地喜欢上了摄影，北大校园里的小动物是他镜头中的常客。

在了解本学科的研究状况的同时，他也并不拘泥于自己专业的知识。本科阶段，王彦晶还取得了经济学双学位，当时学习的博弈论后来对他的研究也有帮助。在他看来，本科阶段的"博"学，是选择适合自己的生活方式的必要条件，无论成为学者与否都是这样。作为学者，不能只见树木不见森林；从事其他职业，更需要对世界和生活的广泛经验和丰富的概念体系。"理科生应该多了解人文、社科的知识，文科生也应该多了解理科的基本知识，其实最好取消文理分科。只有这样，才能相对完整地理解世界和社会运行的基本规律，成为一个真正的知识分子（intellectual），而不仅是跳出小领域就只能说外行话的'专家'。"

研究逻辑学、以学者为职业，是王彦晶在研究中逐步确认的。研究不仅需要兴趣，更需要能力相匹配。兴趣的充沛在研究的初期带来强大的原动力，但随之而来的常见问题是目标过高、能力难及的沮丧感，从而引起信心不足。王彦晶在研究生毕业的时候也面临过这样的彷徨。但这种痛苦也是必不可少的——"绝

王彦晶（前排中）本科毕业合影

大多数博士生都会经历这样的阶段，念完博士一定会掉一层皮。"随着研究经验的丰富，兴趣和能力都会变化，得到一个动态的平衡。当意识到自己能看到并回答一些"大牛"也说不清楚的问题时，王彦晶逐步确定了自己的学术志业。

"其实摄影和做学术本质上都是把只有自己能看到的独特风景展示给世界，分享真与美。"

求真：开放地寻找世界的必然

作为一名研究者的志业的确立，并不意味着生活的封闭、学术与生活的隔绝。相反，王彦晶研究的问题很多都在更深层次上指向生活。如果说生活看上去像是被一系列模糊而纷杂的经验构成的偶然，那么逻辑学的方法可以抽绎其中在概念层面的某种必然性。生活的核心、世界的概念结构，是有高度规律性的，就像许多千奇百怪的问题，在统计上呈现出惊人的相似性——"这也是我们做学术研究的意义，从看似偶然的东西中抽取出必然的东西。"

逻辑学传统上研究必然保真的推理模式，"就像是密闭的水管，倒进去干净的水（'真的'前提），我们保证流出来的也是干净的水（'真的'结论）"。它是许多基础学科的基础，在哲学系、数学系、计算机系，都有逻辑学家的身影。王彦晶打趣说："我有个师弟总结说，逻辑学家在哲学系经常被当成数学家，在数学系很多时候看上去像是搞计算机的，而在计算机系又常被看成是做哲学的。我的博士工作就是在数学与计算机的研究所完成的。"逻辑学在学科上的交叉性，源于它在面对生活、面对问题时开放的态度。

跨学科的背景让王彦晶尤其反对给学科分三六九等的"学科鄙视链"，他提到有一位逻辑学家讲过一个颇具讽刺意味的笑话：如果你被误抓到外星动物园关在笼子里展示，怎么向外星人证明你也是高等智慧生物？一个办法是在周围找找有没有外星蚂蚁之类的"低等生物"，然后把它们也关到一个小笼子里……"每个学科都有它的特点，没有一个学科可以解决所有问题，也不用通过贬低别的学科或者方向来突出自己。在面对一个复杂问题的时候，我们应该调动所有的思想资源和技术工具去解决它，而不是傲慢地自以为是。逻辑学发展的历史多次证明了这一点。"

王彦晶说："哲学和数学的训练使逻辑学家在定义和使用概念

时可能脑子会更清楚、更有抓手。"不管是"无穷""可证"这样的数学概念，还是"必然""因果"这样的哲学概念，"逻辑学家们都有办法通过哲学反思和技术手段把它们比较精确地刻画出来，看到它们之间的逻辑关系，往往还能在计算机中得到应用"。

求己：对自己真诚发问

从本科生到研究者，王彦晶始终坚持的一点就是"对自己保持真诚"。"至少要做自己现在有热情、发自内心想要做的事情，做真诚的、对得起自己的研究，不管是对人还是对事、对学问，这样才能在未来走得更远。我工作中比较重要的部分，都是源于问一些别人习以为常、但我自己觉得困惑的基础性问题。"

在荷兰求学的经历，也让王彦晶深刻体会到问"why not？"这个问题的重要性。"荷兰是一个特别包容的国家，我经常会惊讶'这都可以？'，不过荷兰看似'奔放'的每一个制度设计背后其实都有大量的理性思考，同时还要照顾到现实的可操作性，这对我们做研究也很有启发。"王彦晶近年来在推动的新方向恰恰就是和"知道为何""知道如何"有关的逻辑学工作。

从北大到阿姆斯特丹再到北大的求学和生活历程，牵引王彦晶很重要的力量就是这股真诚。面对生活、自己、学生、学问，他常常遵从"自己内心的意愿"。保持这股热诚的核心方法是"目标高远"——"就像开车一样，要开得稳走得正，恰恰要往远看，而不是紧紧盯着前面的几米，我觉得北大的学生目标应该更加高远一点，人文情怀可以，工匠精神也可以，如果只想着明天的作业、本学期的绩点、毕业的申请，你可能确实能拿到你想要的，但是也许不会有更长远的发展。"

在阿姆斯特丹大学"盲目乐观"的硕士毕业合影，正中为王彦晶

回到北大之后，除了研究者的身份，王彦晶有时也会和学生讨论关于人生道路的问题。不论是过去还是现在，每个人的人生总要面对诸多选择，而今天的学生面对的选择比王彦晶自己当年面对的要多得多。他提醒同学们不要过得太"精算化"，好像没按计划拿到什么天就塌了，一辈子就毁了。其实每个人的可能性并不是线性的，人生和学术的发展也并不是打怪通关的游戏。"让自己变强，是抹平各种不确定性的终极办法。"王彦晶说，"当然，不可否认的是有时候一点点运气也是重要的"。

不过，最关键的还是"要保持天然的好奇心，忠实于你自己"。

（采访：孙治宇、来星凡；文字：来星凡；2022 年 3 月首载于北大新闻网）

※　首页图为学者本人提供。

守望环境与人的健康

宫继成

继成，1980 年 8 月生，北京大学环境科学与工程学院长聘副教授、研究员。2003 年获得北京大学环境科
学士学位，2006 年获得北京大学环境科学硕士学位，2012 年获新泽西州立大学博士学位。获国家青年人
才划资助。主要研究方向为大气污染暴露与人体健康效应。

如何走出"穹顶之下"的困境，实现人和自然的和谐互动，这一环境健康问题在当今备受关注。北大环境科学与工程学院的宫继成研究员自从初次在燕园邂逅这一领域，便坚定地选择在这条道路上求知与耕耘，并且完成了由学子到研究者、教育工作者的成长。

少年懵懂，初探燕园情

从本科到博士，"兴趣"一直是宫继成选择学术研究道路的首要因素。初入北大，宫继成出于对环境和人之间的交互作用的兴趣，选择进入了他在北大的第一片"小天地"——城市与环境学系（今城市与环境学院）环境科学专业。

与物理、化学、数学等传统学科不同，环境科学专业属于典型的交叉学科，如果学习者对所学专业的内容和意义没有清晰明确的把握，很容易陷入迷茫。

宫继成经过一年的学习和摸索发现，自己接触到的很多学科都颇具研究与探索的价值，其中环境科学有着交叉学科的特点和对人与自然的关怀，与自己的思维方式特点契合得也最好。

喜欢并且擅长自己的专业，这是何等幸运的事情，意识到这一点，宫继成对所学专业的学科体系、发展方向认同感逐渐深厚。也正是因为如此，在大二"转专业"这个十字路口前，宫继成并没有过多纠结和犹豫，坚定选择在自己感兴趣的学术道路上继续前行。

在专业学习之外，宫继成最津津乐道的是北大的通识教育。他说，自己对北大的课程体会最深的一点就是它的丰富性。

大三秋季学期的马克思主义政治经济学这门课，宫继成回忆起来恍若昨日、历历在目。这门课被安排在早上第一二节，原本是容易睡懒觉的，但课前半小时座位就被抢占一空，同学们听课的热情格外高涨，开讲时门里门外都站满了人。

宫继成至今还记得老师在课上讲到，我们眼睛看到的东西是"一望无际的沙漠"，现实和想象是脱节的。杳渺的宇宙、细微的角落、浩瀚的知识之海、理想的乌托邦……课堂上的宫继成意识到，自己作为人类一员体会到的渺小、无知和困惑感居然以如此形象的形式表达了出来，这一幕给他留下了很深的印象。

如今，已为人师的宫继成还在以自己学生时代聆听的一堂堂精彩的课程激励自己，不断打磨着自己的授课内容与教学技巧。

作为学子的宫继成除了教学楼以外最常去的就是图书馆，与周围同学们共同营造着燕园的"沉浸式"学习氛围。对北大学习和研究氛围的认同也在宫继成的心中埋下了种子。

现在，作为一名研究员，宫继成的主要工作都在实验室完成。但 2020 年底北大图书馆新馆落成时，宫继成还是抽出时间参观了故地，他发现图书馆如自己求学时一样，还是满满的人，他不禁感慨"图书馆永远都是校园里面最热门的一个地方"。

明晰信念，慷慨赴前路

在宫继成正式确立学术志趣的过程中，有两个关键节点。一个是本科时期在朱彤老师科研组参与科研工作的经历，另一个则是研究生时期所做的一项研究。

步入大三，环境学院的学子可以开始联系导师，参与到真正的不同的科研活动中去。宫继成非常幸运地进入了朱彤老师（今环境科学与工程学院院长）的科研组，开始尝试一些简单的科研工作，真正体验到了科研的氛围与乐趣。

初进组时，宫继成常常连前辈们提到的名词术语都听不懂，无形之中压力倍增。但在"高手如林"的环境中慢慢做下来，宫继成也逐渐"开窍"，对领域的前沿方向和研究内容、研究方法有了比较切实的把握。

大三暑假期间，宫继成跟随组内师兄赴太湖生态站开展野外采样工作。在一个多月的时间里，宫继成无暇顾及南方陌生的湿热环境，每天都不停地进行着换模、采样等工作，对野外采样的工作有了深入了解。

在科研实践的过程中，宫继成逐渐意识到自己对大气化学、反应动力学、地气交换等领域研究抱有浓厚的兴趣，并有幸因此成为朱彤老师的研究生继续学习。

硕士学习时期，宫继成第一次开展了相对独立的学术研究——关于大气超细颗粒物对儿童呼吸系统炎症的影响。儿童处于生长发育的阶段，呼吸系统对空气污染更敏感。宫继成认为，超细颗粒物对儿童呼吸健康是否有影响这一问题，从科学和社会发展的角度来看都颇具研究价值。

我国开始重视 PM2.5 是在 2008 年北京奥运会举办的前后，正式对其进行监测是在 2013 年以后。宫继成在 2006 年就关注到了 PM2.5 对人体健康产生的影响，其研究颇具前瞻性。通过这一次研究，宫继成也确定地将污染物与人体的交互问题作为自己未来的科研方向。

异国求学，寂寞一行舟

硕士研究生毕业之后，宫继成前往美国进行深造。

初到美国，他首先感受到的是语言环境和文化环境上的差异。作为在美国这样一个多元社会求学的中国留学生，宫继成每上一门课、每接触一群人，都要从头开始去适应他们各自的发音特征和文化习惯。中美学生在文化和生活习惯上的差异也让初次长居异乡的宫继成理解了赴美求学的中国学子间盛传的一句话："异国异乡非吾土，好山好水好寂寞。"

这样的"寂寞"中，宫继成更加潜心于科研，也养成了面对问题和困难"靠自己"的自主意识。美国高校对于学生独立学习能力的要求非常高，学习任务都相当"硬核"。宫继成曾经选修的一门统计系课程，每节课都会布置一个报告任务，要求学生参考示例自行建模、收集数据、得出结论。过程虽然辛苦，但是在现在的宫继成看来，"真正学到东西的，能记住、并且在以后会运用的，就是这种类型的课"。

在深入求学的过程中，宫继成更加明晰了自己研究领域的性质和意义。博士阶段，宫继成没有进入他所熟悉的环境学院，而是在公共卫生学院进行暴露科学（exposure science）的研究。

暴露科学如同一座桥梁，一端连接着传统环境科学研究中的大气、水等环境要素，另一方面联系着人体和人的健康，具有典型的交叉学科属性。这一经历使得宫继成暂时从自己熟悉的环境科学专业领域抽离出来，从医学和公共卫生学的角度来重新审视自己的研究，并掌握了流行病学和医学生物统计等系统性知识。

宫继成 2022 年赴珠峰科考近照

对环境与预防医学的交叉研究价值的深刻认同，激励着宫继成在完成博士学业之后继续先后在洛杉矶南加州大学和杜克大学开展博士后研究。

聚焦健康，归国辟新途

十年异国生活行舟，宫继成在环境健康领域深入探索着，却也更加关心并思念着远方的燕园、远方的祖国，希望中国国民同样享受到环境健康研究前沿成果带来的福祉。

2016 年，宫继成选择回到北大从事环境健康研究。当时，他已经在国外组建家庭，回国意味着妻子可能要放弃一份待遇不错的工作，孩子的成长环境也会发生巨大变化。不过，考虑到我国环境污染相关问题已经广受关注，但相关研究仍然存在很多空白，宫继成还是在家人的支持下决定回到祖国，回到当年确立专业志趣之处——燕园，去开拓环境健康研究这一科研新领域。

环境健康研究致力于分析不同组分的污染物对人群健康的影响差异，因此可以帮助我们更好地识别对人体健康具毒害作用、亟须管控的环境污染物组分，为污染物的管控提供健康视角的证据。引导污染物防控回归到"改善人群健康"的初心，这是环境健康研究领域最吸引宫继成的地方。在保证经济社会持续发展的前提下，优先控制哪些污染物能发挥最大社会效益，环境健康的研究可以提供关键证据。

回到燕园任教的宫继成建立了环境污染暴露的健康效应（Health Effects Of Environmental Pollution Exposure, HOPE）实验室，并开设了环境流行病学、生物统计方法与应用等课程。在他的引领之下，一批批对环境健康学、环境流行病学和生物统计学感兴趣的燕园学子一如当年的自己，在求索的道路上越走越远。

寄语后辈，青春莫留憾

在北大从事科研工作的同时，宫继成也以一名教师的身份关注着北大学子的成长。在他看来，大学生活中的一个关键词就是"选择"。

进入大学，同学们面对的选择井喷式地增加，这意味着更

宫继成（后排正中）与学生们

多、更丰富的可能性，也意味着在有限的时间、精力下不得不做出取舍。一门课程、一场讲座、一个活动、一次实习……这些或大或小的选择对自己的未来发展会有怎样的意义？当前自己的精力和学力可以胜任多大难度和强度的任务？这些问题看似简单，却可能在不知不觉中塑造着我们未来的样子。

正是因为如此，宫继成才会说，选择也是"大学时代一门重要的课程"。他希望北大学子们能够提前思考这一问题，"让自己有选择的权利，而不是放任生活推着自己向前走"，在面对诸多选择时能够及早做好自己的发展规划。

作为比较年轻的教师，宫继成还担任了本科新生的导师。他在与同学们交流的过程中发现，现在的学生有机会接触到大量信息，兴趣容易发散。他认为这并不是坏事，且鼓励学生们多做尝试、发现更多可能性。同时，他也希望同学们不要过长时间地停留在"尝试期"，应该及早确定兴趣点和发展方向，将有限的时间集中投入在这上面，这样才能形成更深厚的积累，在未来的发展中有机会走得更远。

（采写：王欣蕊、卜天泓；2022年3月首载于北大新闻网）

北大数学「黄金一代」又一人回归！

袁新意

新意，1981 年 10 月生，北京大学讲席教授。2000 年进入北京大学数学科学学院就读，2003 年获数学士学位，2008 年获得美国哥伦比亚大学数学博士学位，同年起在美国克雷研究所做博士后研究工作。11—2012 年在普林斯顿大学任助理教授，2012 年起在美国加州大学伯克利分校任助理教授，2018 年 7 起任副教授。2020 年 1 月入职北京大学。袁新意的研究领域是数论和算术几何，主要的工作方向有：1. akelov 几何，丢番图几何与代数动力系统；2. 自守形式，志村簇与 L 函数。

北大数院的"黄金一代"中，走出了多位当今数学研究界的佼佼者；作为其中一员，袁新意从加州大学伯克利分校任教归来，加入北京国际数学研究中心。昔年数院讨论班中与同窗聚首切磋学问的少年，今日以数学家的身份走上了他曾注目的北大讲台。光阴弹指二十年，漫步在明丽如昔的未名湖畔，袁新意和北大的故事未完待续。

拿到"秘籍"的少年与他的数学往事

说到自己结缘数学的童年经历，袁新意不由笑言："我现在讲这个故事，感觉像讲另外一个小孩的故事一样。"生活环境的变化为往事蒙上一层朦胧的雾气，但这场经历本身也不乏传奇色彩。

与大多数天资聪颖的数学家相似，袁新意在初次接触数学时便特别喜欢。那是他六岁多刚上小学时，他不仅爱上数学课，还会主动把老师布置之外的数学题都做完，尤其喜欢做思考题，有时他甚至借来高年级的教材超前学习。无需跟其他同学较量，他的数学成绩在班级中遥遥领先。

然而，学校里日常学的数学与数学竞赛的难度毕竟有差异，袁新意首次感受到二者间的差距是在小学六年级。当时市里举办了一场数学竞赛，袁新意从未接受过竞赛训练，但凭着坚实的数学功底通过了初试。在复试前的集训中，来自乡村小镇的他才感受到自己与城里孩子之间的差距，发现"别人比自己厉害很多"。这令他有些沮丧，且在复试中也没有取得奖项。随着比赛结束，这次失利的记忆也逐渐淡化。

真正触动袁新意的是初一的数学竞赛。时隔一年，袁新意还是没有拿到任何奖项，在沮丧之余他开始思索：既然自己数学不错，也喜欢数学，为什么在数学竞赛中总是考不出好成绩？他很快意识到，城里孩子接受过高难度、系统性的竞赛训练，并养成了某些应对竞赛的思维方式，故而在考场上能发挥好，于是袁新意突发奇想——他要自己训练。

初一那个暑假，袁新意主动跟父亲说自己要买书。他和父亲骑了20公里自行车来到镇上的新华书店，买下一本数学竞赛书。袁新意至今还记得，那本名为《初中数学竞赛同步辅导》的书第一章讲的是因式分解，这与初二的课程同步，但比常规的因式分解更有技巧和难度，这立刻就吸引了袁新意，"就像武侠小说里那些人一下子拿到了一本秘籍"。在物资相对匮乏的年代，这本数学竞赛书成了袁新意专注的乐趣所在。

袁新意拿到书后试图做题，但即使看了例题，习题也未能立即做出来。但这丝毫未减他的学习热情，他会花上一个小时甚至几个小时去思考，如果没有结果，就看一眼答案再思考，如此往复，最终抵达"恍然大悟"之境。初二一整年，袁新意沉浸在数学的海洋中，从最初题目都读不懂，到反推把握出题人的意图，随着书往后翻，袁新意发现自己能独立做出的题目越来越多，他一下子感觉自己开窍了。

变化悄无声息地发生着，没有家长老师的敦促，也没有每月一考的压力，谁也不知道这位少年在潜心钻研着艰涩的数学题，而且乐此不疲。

真正的锋芒是无法掩盖的，不久后，镇上举办了语数英三科联赛，这次的数学题目偏难，在大多数人考了不到60分的情况下，袁新意考了 100 多分，以碾压性的优势位列总分第一。

此后，袁新意按着自己摸索出来的方式钻研数学难题，他先是以第一名的成绩被保送进黄冈中学，又进入国家队、斩获国际数学奥林匹克竞赛金牌。一切顺理成章，却又仿佛有些不可思议，但几无疑问的是，对数学的兴趣所带来的热情和学习自主性始终伴随着他，处处究思，处处风景。

决定了！下一站，北大数院！

因为数学竞赛的突出成绩，袁新意获得了保送资格，考虑专业时，他在数学和计算机之间犹豫了。时值 2000 年，计算机技术方兴未艾。袁新意很清楚，如果学计算机，未来在经济上不会有太多顾虑。但他也深知自己喜欢数学，对数学的了解更多。纠结之下，他选择了自己 6 岁起便怀揣的热爱。

接下来的决定就简单多了，"既然要学数学，北大数学是最好的，当然是去北大数院"。

本科学习阶段对袁新意而言是一个重要的衔接过渡期，让他对数学研究有了更深的认知。在他看来，大学数学与中学数学的区别在于理解，学一门课最重要的是理解，解题仅仅是辅助。

在学习深奥的数学思想时，袁新意有时不免惊叹：太漂亮了，都是旷世之作！在巨人面前，他也会感到自己的渺小。更重要的是，看着这些专业领域的开山之作，袁新意想到了自己的未来——自己能否取得这样的成果呢？他有些迷茫了。但将目光转回当下，每一门课的学习都是一个短期的小目标，在眼前的课程中都交上满意的答卷，他有足够的信心和能力。

相比国外，北大数院本科设置的课程更多，这也为袁新意打下了扎实的研究基础。新世纪前后,北大数学已经开启了针对本科生的"加强版"培养模式,前沿报告、学生讨论班、本科生科研等为同学们带来了精妙的前所未闻的数学知识,也引燃了他们的智慧火花。

在小规模的讨论班中,学生就感兴趣的课题作报告,自由地与老师同学交流,学者大牛也会不吝时间来引导本科生。这种比上课考试更灵活的学习模式让袁新意感到舒适惬意,他还与同学自发组织了讨论班,大家共读一本书,并轮流主讲。虽然在现在的袁新意看来,当时大家在数学上的理解尚浅,但这么一波志同道合的同学聚在一起讨论热爱的数学,即便不讨论时也彼此招呼问候,精神上还是很受鼓舞的。就在读书讨论的友好氛围中,这一群青年孕育着后来的北大数学"黄金一代"。

时光荏苒,三年便提前本科毕业的袁新意再次面临抉择,尽管也不能确定自己是否能在数学研究的道路上走下去,但辽阔的世界总归值得一看。袁新意决定闯一闯,他远渡重洋,来到美国哥伦比亚大学,跟随张寿武老师学习数论。

回顾自己的本科经历,袁新意发现,迷茫、对未来的不确定感的确会不时造访,但他不会让自己徘徊太久,而是制定一些短期目标让自己过得充实,相信路总会一步一步走出来的。

"灵感出现之前,你几乎已经知道了一切"

在张寿武的指导下,博士期间的袁新意首先关注的是 Arakelov 几何的相关问题。这个理论在 20 世纪 70 年代由 Arakelov 提出,最早的目的是求解丢番图方程,袁新意最初考虑的问题是将 Arakelov 几何应用到代数动力系统中,得到一个等分布的

袁新意个人照

结果。

　　这一研究过程漫长且艰难，袁新意用了近半年的时间苦苦思索，然而瓶颈的突破却似乎有些出其不意。

　　有一天，他向导师张寿武寻求建议，恰巧次日复几何领域的专家萧荫堂要在哥伦比亚大学作报告，张寿武便建议他向萧荫堂请教。为了向专家提出准确的问题，袁新意当天反复检验整理自己的工作，直到月落鸡鸣。寂静总是伴随着夜晚，但灵感也往往随之生发出来。他突然意识到他不需要推广完整的证明，而只需要直接从几何学家田刚的结果出发，再用结果去证明加强的版本。些微的倦意瞬间被驱散，激动得难以自持的他立刻开始反复检查自己的思路是否正确。在激情燃烧的工作中，周围的一切似乎都淡去了，初升的太阳温暖着他，十年寒窗的辛勤探索在这一刻都变得意义非凡。阳光融化了曾经的困惑，给他留下了纯粹的拥有数学的幸福。

　　灵感迸发往往只是电光石火的一瞬，但背后却是袁新意持之以恒的思考和积累："灵感的出现不是说等着灵感，而是一直在思考,一直在检查之前的这些现象,虽然百思不得其解,但那些东西一直在脑子里,某一次来了一个灵感,一下子你就把它串起来了。其实在灵感出现之前,你几乎已经知道了一切,只是差了一点点,差得并不多,但是那个时候你并不知道你那么接近。"

攻克下这一难题,让袁新意真正从学生转变为一名研究者,前期的思考训练了他的技术能力和知识水平,但他仍渴望向更深刻的数论问题前进。在与导师张寿武、同学张伟(后来也成为"黄金一代"的代表数学家)合作下,袁新意先后证明了 Gross-Zagier 公式相关的一系列重要结果、Colmez 猜想的平均形式,并独立证明了全实域上的志村(Shimura)曲线的高度公式。

袁新意的一系列工作得到了国际同行的广泛认可,文章多次发表在数学界最顶尖的期刊上,这些成就足以令许多同行艳羡;但对袁新意而言,更让他兴奋的是这一系列工作背后的精密结构,上面提到的三个工作的证明可以被同一框架所概括:几何对象的高度(算术信息)可以用 L 函数的导数(分析信息)来表达。这种结构性的深刻联系带来了很多数论中的公式和猜想,虽然它还没有被很明确地认识,但这种求之不得的美也是令袁新意沉醉其中的魅力所在。

未名湖畔再聚首

先后在克雷研究所、普林斯顿大学、加州大学伯克利分校工作后,袁新意于 2020 年回到他熟悉的燕园。尽管校园变化很大,但未名湖的风景依然让他感到赏心悦目,仿佛心能得到一种平静。

在国外任教多年,袁新意对中美高校数学教育的差异有深刻的体会,他认为国外的基础课不多,需要学生发挥较强的自主性。

国外顶尖高校的数学系规模普遍较小，而北大这边，新近众多高手的加盟让这里有了更多相互交流的可能性，在数论的研究方面逐步形成了某种规模优势。坐落在未名湖北畔静谧的国际数学研究中心，正成为数学研究蔓延生长的一方沃土。

近期，袁新意与张寿武合作完成了一本研究著作 *Adelic Line Bundles over Quasi-projective Varieties*，并即将在国外出版。这项研究肇始于二人十年前的一篇文章，但当时的论述写得比较粗线条，领域内的专家们（包括他们自己）并未感知到该文章提出的新理论的潜力。2019 年，Dimitrov、高紫阳、Habbeger 三位学者在"一致 Mordell 猜想"研究上有了突破性成果，受他们的启发，袁新意和张寿武意识到他们的工作正可以实现对"一致 Mordell 猜想"作理论性解释，从前笼罩在迷雾中的东西，一下子呈现出本质面目。对于理论性证明的意义，袁新意解释道："学一个理论就像登山，攀登的过程很艰难，但一旦你登上去了，就能看到很远很广的地方。"袁新意认为，他们这个理论将会在丢番图几何、代数动力系统，乃至代数几何上有长远的影响。

就在袁新意回归不久，已在法国 CNRS 研究所取得终身研究员职位的学者谢俊逸也来到北大访问，谢俊逸的主要研究方向为代数动力系统，与袁新意有很多共同语言，于是两人经常交流几何 Bogomolov 猜想的问题。自从法国学者 Ullmo 和张寿武证明了算术 Bogolomov 猜想后，德国学者 Gubler 和日本学者 Yamaki 提出这个猜想的几何版本，二十多年间始终未得到证明，这也是和"一致 Mordell 猜想"有莫大关联的问题。袁新意和谢俊逸在数学研究中心常常互相串门，就解决几何 Bogomolov 猜想你来我往地讨论了很多办法。两个星期后，他们攻克了这一难题。袁新意愉快地说："对数学来说，这个周期是很快的。"目前谢俊逸也

袁新意在北京国际数学研究中心

正式加入了北大，二人的研究成果已被顶级数学杂志 *Inventiones Mathematicae* 接收。

今年春季学期，袁新意开课给北大学生讲授数论、代数几何方面的知识。提到自己开设的课程，他表示"是非常专业、非常难的数学课"，不过他上课时很快乐：北大的学生们勤于思考，"能问出很好的问题"，"我在上课的过程中也会更熟悉相关知识，把思路整理得更清晰，对我自己的研究也是有帮助的"。袁新意也着手培养研究生，他希望在教授给学生具体的数学知识时，也训练他们良好的思维习惯和学术品位。当然，他期待学生有自己独特的地方——不同的人有不同的经历，而这些都会融入他们的学术底蕴。

如今，漫步在燕园中，袁新意看到的是与当年的自己一般大的学生们，他有时会感慨岁月如梭，同时，他也为自己成为一名北大教师而自豪。

（采写：刘文欣；2022 年 3 月首载于北大新闻网）

文学为翼，他与德语的那些事儿

毛明超

明超，1990 年 7 月生，北京大学外国语学院德语系助理教授、博士生导师。2012 年本科毕业于北京大学国语学院德语系，2015 年硕士毕业于德国柏林自由大学，2018 年博士毕业于德国柏林洪堡大学。主要研领域为魏玛古典文学、德语美学与哲学、中德文化交流史等。出版德文专著《弗里德里希·黑贝尔对席约再创作》，译有《德意志理想主义的诞生：席勒传》等，在国内外重要学术期刊上发表论文多篇，承担家社科基金中华学术外译课题一项，北京大学校级课题多项；先后获得德意志人民学术奖学金（2015—18）、北京大学外国语学院 2021 年度"新东方青年学者"、北京大学 2022 年度"王选青年学者"等奖项。

2008 年，毛明超参加了北大德语系的保送考试。面试时，有一道题让他印象深刻：有一个人要走很远的路去朝圣，在朝圣的路上他本来是走三步退一步，但走到一半的时候，有一个智者告诉他这个方法是错的，他应该走三步退两步。那么在这个情景下，假设你是朝圣的人，你会如何选择？

毛明超脱口而出的答案是，既然都走了一半，有这么多积累了，怎么能够因为一个人的说法就动摇信心，半途而废呢？但话一出口，毛明超又立刻否定了自己的这种想法，向面试老师提出了应该"从头来过"的新答案，"如果真的有一种方式，或者说只有一种比较确定的方式能够完成目标，而这种方式并不是之前所做的工作，或者说之前所做的工作有所疏漏，那么就应该毫不犹豫地从头再来过。尤其是学术这样一项需要虔诚之心的工作。"面试的结果，是毛明超成功保送北大。但面试时的这道题对毛明超来说并未真正答完，他尝试着用之后的生活去诠释当初的答案。

来自青年时期的"一封信"

> 要去爱这些"问题的本身"
> 像是爱一间锁闭了的房屋
> 或是一本用别种文字写成的书
> 现在你不要去追求那些你还不能得到的答案
>
> ——里尔克《给一个青年诗人的十封信》，冯至译

这是完美的巧合。

1903 年，28 岁的里尔克从巴黎给初出茅庐的诗人卡普斯寄去了第一封信，他触碰束缚、自由与未来，在观察中尝试着自证；2018 年，28 岁的毛明超获得柏林洪堡大学博士学位，重新叩响北大大门，准备着对未来的书写。

毛明超与德语的结缘，就始于里尔克。中学时期，在课堂上背下里尔克名诗《豹》的毛明超，获得了老师的赠予——里尔克《给一个青年诗人的十封信》。里尔克文字的魅力在书页上缓缓流淌，毛明超沉浸其中，享受这门曾在无数诗人与哲人口中辗转的语言。

青年的热爱炽热强烈，也迫切需要肯定。2008 年，来自北京的"一封信"——北大德语系保送考试通知，给予了这份热爱以及时回应，北大德语系雄厚的学科实力，也为这份热爱的发展提供了最大可能。

叩开德语系的大门，师生之间的分享使得毛明超深度学习的渴望蓬勃生发。他会把感想写在豆瓣上，等待班主任胡蔚老师的回复，也会在老师的鼓励下大胆闯进硕士课堂，和研究生们一起讨论《正义论》中的"无知之幕"。老师们陪伴了他在北大的四年，但老师的陪伴却又不止在北大。大三时在德国做交换生的毛明超，每当有了新的思考，还是习惯提笔给谷裕老师写信，老师也会就他的思考给予建议或讨论。这种"幸福的对话"陪伴着远在异乡的毛明超，也描摹着他与北大的情感联结。

求学在德国，与"席勒"时空对话

1781 年，剧本《强盗》横空出世，一经上映，便引发了巨大反响，掀起了"狂飙突进"的又一轮高潮。它的作者，22 岁的席勒，也进入了生命中的第一个旺盛的创作期。

2012 年，22 岁的毛明超本科毕业，来到了席勒曾生活的国度，继续硕博的学习。大一下半学期，第一次读到席勒作品的毛明超大受震撼。席勒在早期作品中所展现的冲击性和革命性，使革命浪漫主义的激情久久徘徊在毛明超的心头。大二开学前的暑假，毛明超偶然在豆瓣上发现有人正要出售《席勒全集》，就和卖家约好，坐公交车去了八一湖，拿到了这套心心念念的全集。那年冬天，他又和同学们一起排演了《阴谋与爱情》。由此，席勒成为他研习的中心。

六年时间，与国内不同的授课风格带给了他许多全新的体验，几位老师的教导也让他印象深刻。柏林自由大学哲学系的威廉·施密特-比格曼教授（Wilhelm Schmidt-Biggemann），在毛明超解释因为学习有困难而没有读完课程要求的书目所以缺席旁听的课程时，非常直接地告诉他："这是你的问题。"毛明超笑谈："当你不能实现一件事，找人倾诉的时候，是想去找安慰、找认同的，但是这位哲学教授不会这样，他会直截了当地告诉你，问题在哪，你要自己解决。"还有柏林自由大学德语文学系的汉斯-理查德·布里特纳赫教授（Hans-Richard Brittnacher），导论课上深入浅出，总是能以大量的例证来吸引学生的兴趣；以及他的博士导师、柏林洪堡大学的恩斯特·欧斯特康普教授（Ernst Osterkamp），研究方向是德国魏玛古典文学，擅长从文本出发，纵览整个文学时代。

在德国的课堂上，毛明超也是德国学生认识中国的桥梁。"欧斯特康普教授很乐意提起我是中国人，并且鼓励我回答问题，向德国同学介绍德语文学中的修辞、格律和体裁等，末了还会加

大三时，毛明超前往柏林自由大学交流学习

上一句：'中国学生什么都知道。'"在老师的鼓励下，毛明超越来越有自信和勇气去展现自己的能力，后来还独立开设了一门本科生的戏剧研讨课。

书本是窥见文学的一扇窗，毛明超同样借此直面席勒。欧斯特康普教授经常会在课上展示几百年前的古书。在那一刻，"平行世界交汇了，故事主人公所处的年代、讲故事的年代、阅读故事的年代交汇了，文学不再仅是个人的情感体验，而是拥有了历史的维度，是'跨越时空的对话'"。就这样，毛明超也爱上了收藏百年前的古书，陆续购入了多部席勒作品的初版和全集。在书页的翻飞中，触摸文学的传承，体悟其跨时代的魅力。文学如何拨动心弦？又如何在时间之中超越时间？拿起古书那一刻的悸动，书中情节在脑海里的强势再现，都在彰显着文学跨越时空对话的可能性。

随着对席勒作品的阅读增多，席勒的多样性也缓缓展开在毛明超面前。"席勒始终坚持人是向善的，政治制度的完善要以人的完善为基础，尽管在他这一代可能完成不了变革。但他所能做的事情就是向这个目标不断地推进，不局限于现实的落差，用自己的思考把时代往前推。"谈起席勒，毛明超总有说不完的话，他最喜欢的还是席勒的《审美教育书简》，以及其中对理性和感性的思考。"在席勒看来，理性本身并不能完全解决人的问题，用一种祛魅的方式看世界，一切都会变得功利化。"而只有在艺术审美的游戏中，人才能既体验到理性又富有情感，并由此成为完整的人。这意味着文学的价值：在启迪心智的同时陶冶情操。正因如此，毛明超希望在教学中能够鼓励学生对"美"的信念，"文学（艺术）可能是'无用'的，但绝对不是'无影响'的，它能够在审美体验中保留住人对理想世界的向往。就解决当下的实践问题而言，文学的功用是很小（甚至可以说趋近于零），但这并不意味着应当将文学排斥在技能培养的体系之外。文学（包括广义的文化）是一种浸润，无声地塑造着心性，所谓'腹有诗书气自华'，可能正是这种潜移默化的作用，能够让人在必要的妥协之外，留住不会磨灭的初心"。

胸怀祖国，放眼世界

初心指引着毛明超做出了回到北大的决定，家人也给予了他很大的理解与支持。在北大，有故友，也有新交："同事们大多是青年学者，思想活跃，想法颇多，富有行动力，大家可以一起做很多事情。"毛明超享受在讲台上的滔滔不绝，也珍惜学生提问时眼中的求知光芒，"得天下英才而育之，是一件很奢侈的事情"。

在毛明超看来，北大在学术研究上有两个得天独厚的条件：一是不那么细致的学科区分更有助于打通文史哲的壁垒，进行全方位跨学科多视角的综合性研究；二是北大是中国最好的大学，拥有最好的学生、最好的师资，和国外顶尖的研究人才有着最紧密的联系，作为学术组织者，他可以秉持"经世致用"的理想，顺着"中国立场"，用语言专长发挥实践作用，发出中国学者的声音，向中国介绍世界，将中国引向世界，在北大生发出最吸引人的思想交汇和碰撞。

研究需要广泛的视角，不同文化之间的思想交汇和碰撞，是文学研究的魅力之一，也是外国文学研究的价值所在。在毛明超看来，社会的变动，本身就是多重因素的综合，文化积淀会在潜意识里决定一个民族、一个国家的处事方式，文学就是塑造与传承一个民族文化的不二媒介。因此，毛明超在回到北大后，也着手从这一角度去重新审视学生时代在德国的经历，"希望能以更广阔的视角将文学纳入广义的区域与国别研究中去"。他加入了北京大学德国研究中心，协助组织北大与柏林自由大学、柏林洪堡大学等德国一流高校在人文社科领域的学术交流；他发挥语言优势，在德国、奥地利两国驻华大使到访北大时，成功完成了翻

译的工作。此外，他还时刻关注着德国社会与政治的发展和变化，在 CGTN、德国印象等中德媒体上积极发出中国学者的声音。在他看来，"我们没有必要刻意摆脱中国的视角，而是应当站在自己的立场上研究德国、理解德国，就像外院学子的座右铭：胸怀祖国，放眼世界"。

人的身影有限，但要走向未知

再次回到北大，毛明超在兴奋和感恩之余，也感受到了氛围的变化。通识教育生根发芽，优质课程层出不穷，但在"内卷"的魔咒下，学生们却仿佛比十年前同为北大学子的他要累得多。毛明超支持通识课程的设置，坚定地认为不应把学生束缚在一个专业的空间之内，而是应当像知名教育家洪堡的理念那样，为学生提供全面成长的土壤。

他认为，通识课程应该以学生自己的研究兴趣为导向，而且可以有更灵活的评价标准，如果只是以硬性要求增加学生任务量而不能反哺本专业的学习，那便会背离通识教育的初衷。"应该给自由的学术思考留出足够的空间。学生们真正需要的通识内容，其实是学术的方法论，包括学术资源的获取、处理原始材料的能力和学术写作规范。其他的，都应该交给学生的个人兴趣。"

在毛明超开设的几门课程中，他在不断践行着自己关于"评价"的理念。平时作业，他只要求按时交、不抄袭，同时允许学生犯错。他认为学生在课程中不应该害怕试错，因为"学校是最能容忍错误的地方，平时作业就是训练。让学生犯错，只要学生

◀   回到北大后，毛明超进入外国语学院德语系任教

有阅读、有思考、有练习就够了。学生不是老师的提线木偶，他们需要有自由发展的空间，只要别走上歧路就行了"。

他在课程考试的最后一题中，都会让学生谈谈自己一个学期以来的阅读经历，因为在他看来，"老师没有必要难倒学生，只要学生花了功夫去读书，哪怕是出于功利的目的，也比死记硬背一些概念要有价值"。在指导学生的论文写作时，他也会鼓励学生："别怕！写了再说！先完成，再完美；完成的时候再看，就会发现其实也不能算不完美。"

平时分数虽然给得宽容，但在课程安排和作业设置上，毛明超却丝毫不会含糊，不同类型的课程在深度和广度上都各有侧重。在"德语视听说"课程中，毛明超会给学生们朗读德国的新闻，内容涉及政治、社会、文化、司法等各领域。无论从语速、词汇量还是背景知识来说，这对学生都是不小的挑战。而且与一般的听力测试不同，毛明超并不会给出选项，而是要求学生们自己记下关键词，随后对新闻内容进行总结。提起"德语视听说"，德语系 2017 级本科生邢旭直呼"痛苦"，当时她为了强迫自己跟上课程节奏，每天上课路上都在听新闻，课堂上也记笔记记到手疼。但回想起来，邢旭也说，"正是老师的这种高强度训练帮我迅速突破了语言学习的瓶颈期，又让我得以及时关注德国的最新动态"。

"德语国家国情课"则是另一种风格，老师讲授和学生报告交叉进行，课堂上会相对"轻松"。从洪堡的孤独与自由，到德国的历史罪责，再到德国政党，毛明超把德国文化中的精粹部分摘取出来陈列在学生面前，拓宽学生视野的同时，也加强了学生的专业认同感。"这门课上涉及了德国的方方面面，上完这门课之后我对整个德国的文化有了一个概貌的了解，好像知道了我将来要共处四年的这个专业究竟是干什么的，这种对于专业的认同感我觉得是很重要的"，2018 级本科生王嘉璐如是说。

在学生们眼中，毛明超"无所不知、无所不能"，口译时"身上闪着光"，但对毛明超来说，"不完美"才应该是人生常态。毛明超期望北大同学能够去踏足那些平常没有人踏足的地方，在生活中与学习中都走出去，不要把北大、把绩点当成一个包袱，更坦然地面对挫折，迎接挑战。因为暂时的失意其实不是失败，而是为了能够更加自信地面对未来，只有在不断的探索中，才能体验更有厚度、更丰满的生活。

（采写：马骁、孙可心；2022 年 4 月首载于北大新闻网）

保持热爱，是对抗「内卷」的秘诀

樊　星

星，1988 年 5 月生，北京大学外国语学院助理教授。2011 年毕业于北京大学，获西葡语系学士学位，
2—2017 年就读于巴西坎皮纳斯州立大学文学理论与批评系，获得硕士与博士学位，研究领域包括葡语
　、文化研究与文学翻译，重点在于对巴西现当代小说的研究。主持国家社科基金青年项目一项，出版译
　部，在《外国文学评论》、*Revista Brasileira de Literatura Comparada* 等国内外权威期刊上发表论文十余篇。
　Viagem à América do Sul 获巴西高校出版社协会奖最佳翻译奖第一名及雅布提奖最佳翻译奖提名。《"混血
　的面孔"：亚马多〈奇迹之篷〉中的混血文化书写》等两篇论文获人大复印资料转载。

　　《巴西：未来之国》在豆瓣上的评分高达 8.1，许多人称这本书是"世界上最好的介绍巴西的书"，它文笔流畅，富有诗意，却很少有人知道，这部茨威格最不为人熟知的作品，是由当时一位大四的葡萄牙语专业学生翻译而来。十年将过，凭借着对文学的热忱，持续在巴西文学领域深耕，这位年轻的北大学子——樊星——已为人师，在曾经求知的北大葡萄牙语专业传道、授业、解惑。

　　樊星大概是一个"非典型老师"。从她脸上，你很难找到那种传统的师长威严，她永远是微笑的、快乐的、纯粹的，顶着一张看起来像高中生的娃娃脸。但与她交谈时，你却总能感受到那股强大而坚定的、令人安心的力量。很难找到某个个性非常鲜明的词汇去形容她，她仿佛永远不慌不忙、不紧不慢，以她自己的节奏与步伐前进着。像星星悬于广漠夜幕，偶一抬头，你就能发现她的光芒正在指引着你，不刺目，不耀眼，却永远明亮、坚定、温柔。

文学灯塔照亮葡语世界

　　樊星从小酷爱读书，文学于她而言是生命中无法割舍的一部分，它塑造了樊星，也让樊星深深沉浸于这个广阔而梦幻的世界。

　　2007 年，北京大学外国语学院首开葡萄牙语专业。无论是巴西还是葡萄牙语，对当时的樊星来说都太陌生了，但她想：要是能够学习一门别人都不懂的语言，读别人都读不懂的书，该是多么酷的一件事情！怀抱着好奇与小小的骄傲，樊星勇敢地做出选择，成为北大葡语专业的第一届学生。

　　高中时的樊星并不擅长英语，因为缺乏实践的机会，英语学习对她来说就是机械重复而后又反复遗忘的过程。然而由于葡萄牙语具有严密的规则性，理科生的逻辑思维却让她在这门新语言的学习中得心应手。语言的基本功打得扎实，大二时，樊星已经可以阅读一些葡萄牙语原版的文学作品。

　　作为茨威格的"迷妹"，樊星几乎读遍了茨威格的书。大二的时候她接触到了一本少有人知的葡萄牙语作品，当樊星用半生不熟的葡语阅读它时，那是一种以前从未有过的奇妙且幸福的感觉！在茨威格的笔下，巴西是一个天堂般的世界：炙热的阳光遍照每一个穷困的角落，极乐与哀伤在这里交融，她从未在任何的文字中感觉到那种激荡。一个流光溢彩，被阳光、自由、热情所包裹充斥的奇异国度向她招手，呼唤她快快到来。樊星想：总有一天，我要到巴西去看一看。

　　葡萄牙语专业建立之初，各种课程设置都在探索阶段，文学的学习以对各个文学流派的宏观讲解为主，较少进行文本的精读。但在北大，通识教育的理念和相对自由的选课制度，为同学们提供了学习一切知识的可能性。樊星在大二选了中文系张辉老师的"西方文学经典导读"，而后又旁听了张老师为研究生开设的"文学解释学专题"。虽然自己并非中文系的学生，但张辉老师也每每慷慨提供一切力所能及的帮助，樊星感动而又感激。

　　大四时，经过葡语专业闵雪飞老师的鼓励和推荐，樊星将茨

樊星个人照

　　威格关于巴西的作品翻译出版，原本这对一个大四学生来说是一件想都不敢想的事情，但是闵雪飞老师鼓励她大胆去做，并且帮忙联系出版社的编辑。《巴西：未来之国》熔铸了樊星对茨威格写作风格的熟稔和扎实的翻译功底，读来流畅隽永，充满文学之美，许多读者都以为这本书是出自翻译大家之手。

　　修习经济双学位，到澳门交流，上中文系的课，翻译出版……樊星在这片园子里做着许许多多的尝试，经过四年的磨砺，过硬的专业技能已经可以回馈给她一个收入不菲的工作，同学也大多走入职场，樊星却决定，要去巴西看一看。而这一去，就是五年。

梦想、娱乐、闲暇与自由

在樊星之前，国内没有人在巴西攻读过文学博士学位，她所在的巴西坎皮纳斯州立大学也从未有过非拉美籍的外国学生就读。但是凭借着出色的学识和老师们热情的帮助，克服了地域、时间、语言的种种障碍，樊星成为来到坎皮纳斯州立大学求学的第一个中国人。

梦想照进现实，身处异国他乡，不同肤色、不同语言、不同的气候景色，一切都是如此新鲜。尽管现实终究不是乌托邦，但这个真实的巴西与樊星的记忆和想象仍有许多重叠之处："身边各种肤色的同学见面时热情的拥抱，不急不慢的性格，彩票点前排起的长队，陌生人之间的微笑……巴西最宝贵的一切——气候、风光、土壤、可爱的民众——都宛如茨威格七十年前所描绘的样子。"

"在这样一个国家里，世界永远是美丽的，大自然为人们提供了一切生存的条件，树上的果实可以随意摘取，人们不需要担心冬天的到来。他们当然也不懂得节约，无论金钱还是时间。为什么要在今天做完所有的工作，而不能等到明天？为什么要在这样一个天堂般的世界生活得如此紧张？在这里，时间具有很大的弹性，所有的表演、会议都会比约定推迟十五分钟；如果能够适应这点，就永远不会迟到。在这里，生活本身比时间更重要。"（《巴西：未来之国》）

二十多年来累积的生活经验在此地仿佛统统失效，时间和规则也失去了其严格的约束力，在这个由热带的阳光、狂欢节、异域的海湾与树木构成的世界，樊星在慢慢探索新的自己。

巴西的课程压力非常小，学生基本处于放养状态。于是在课下樊星用尽一切时间来阅读葡萄牙语原版文学作品，甚至连周末的时间也不放过，但是周末读书的计划很快宣告破产——学校的图书馆在周末从不开门。除此之外，每周末还会有各种邻居、朋友，认识的不认识的人轮番敲门，笑容可掬，带上一块烤好的蛋糕或是披萨，邀请你参加周末的派对，跳舞、唱歌、烤肉、聚会——打不过就加入吧，反正周末没人学习。在这个阳光充沛的热带地区，樊星尽情地享受着没有阴霾的闲暇时光。

甚至导师也和樊星预想的很不相同。樊星的导师马里奥·路易斯·弗伦吉洛（Mario Luiz Frungillo）是巴西最好的德语翻译家，他博览群书，胸中万卷，被学生们亲切地称作"流动的图书馆"，只要有任何学术上的问题请教他，他总能给出最诚恳、最有效的建议。虽然他总是有很多非常好的论文选题，但比起把这些想法写下来，他更愿意把宝贵的时间花在阅读上。虽然他们的接触很少，有时一个学期都见不了几次面，但是每当樊星需要任何帮助时，他有求必应，即使有些要求甚至接近于"无理"。时至今日，樊星仍和弗伦吉洛教授保持着密切的联系，时常交流学术上的观点。

除了导师之外，和樊星联系最紧密的是弗朗西斯科·福特·哈德曼（Francisco Foot Hardman）教授。刚到达巴西的时候，福特教授便带领樊星和她的同学们进行了"圣保罗一日游"，他对圣保罗的每一座建筑背后的历史文化如数家珍，还说自己如果不是当了大学教授，就会成为圣保罗的专业导游。出于对中国文化的兴趣，他们后来还一起翻译了艾青的诗歌选，并获得了第6

届巴西高校出版社协会奖（Prêmio ABEU）最佳翻译奖第一名。福特教授受樊星的邀请，于 2019 年来到了北大校园，担任客座教授，为葡萄牙语专业的同学们带来关于巴西最真切的认知。

　　游学巴西五年，充沛的阳光、闲暇、自由的空气、热情的人们，一切的一切，都令樊星不舍。但是她知道，离别的时间近了。比起这里，更令她魂牵梦萦的，始终是燕园。闵雪飞老师、张辉老师和其他老师一直以来在她心里种下的那粒种子早已破土而出，长成一棵参天大树，她要回到燕园来，带着最前沿的知识与视角，成为一群新燕的领路人。

让语言成为一把钥匙

　　樊星所理解的语言专业从来不是一种限制，相反，它提供了无尽的可能：它是一把钥匙，打开一扇门或一扇窗，它成为一艘船，你尽可以乘着它在浩瀚无垠的知识海洋尽情远航，它栖居在人文、社会、自然各学科与社会有机体的交汇处，能伸展出怎样的枝杈，一切凭你想象驰骋。当然，这一切都建立在非常扎实的语言基础之上。

　　刚回到北大任教时，一周两小时的课，樊星往往会花上三四天的时间去备课，每一个知识点的讲解、每一种考核方式都经过了最精心的设计，力求内容充实，逻辑清晰，让同学们在每一节课的学习中最大程度上收获知识。

　　她笑称自己是一个"魔鬼"。在讲授大一的葡萄牙语课时，每两周进行一次小测，甚至还会布置寒暑假作业，进行开学考……虽然当时同学们"叫苦不迭"，但也正是在这种高强度的复习之中，每一位同学都打下了扎实的语言功底。跟着樊星学了

樊星（前排右二）与同学们在一起

两年基础语言课的 2018 级本科生李武陶文，对于葡萄牙语语法的熟练程度甚至远远超过英文，他大二时就已经开始翻译葡萄牙语著作《1808：航向巴西》，成稿 17 万字，已于 2022 年出版。

在讲解巴西历史与文化时，樊星会把巴西的历史、政治、文化与社会问题结合起来梳理，使同学们对于巴西及世界范围内的种族、阶层等问题有深入的思考。除此之外，还有评述葡语论文的课堂展示以及口试，虽然难度并不大，但是对低年级同学学习如何撰写论文、提升口语有着莫大的帮助。

同学们对于樊星老师的课持一致好评："知识的深度和广度都很让人受益"，"无论是语言课还是文学课，樊老师都提供最客观理性的知识，让我们作为课堂的主角进行思考和表达。她会认真聆听每个人，从学生的思路出发提供指导。对所有学生她都予以充分的尊重"。

"经常请吃饭的班主任"

"人生还很长，我们有充足的自由去学自己喜欢的东西，去过自己想要的生活——无论怎样，大家的人生都将是美好的。"——2018级本科生杨凯雯每每陷入自我怀疑和对未来的迷茫、不知该在月亮和六便士之间作何选择时，总会想起那个晴朗的午后，樊星老师请她在勺园餐厅，一边吃着沙拉，一边轻松地、不紧不慢地对她说的那些话。于是，不再焦虑于学双学位、拼绩点、找实习，而是去尝试真正感兴趣的领域。现在杨凯雯不会过多受到同辈压力的影响，按照自己的节奏去自我提升，并从中感到了由衷的充实和满足。

李武陶文也记不清樊星老师请自己吃过多少次饭，但是每次和樊老师交谈过后，对于未来规划、学术道路都更清晰也更有信心；陈丹青每每因为升学和学术的压力去找樊星老师，都会得到很多樊老师的独家经验，被樊老师对学术和生活的热情所感染，从焦虑中解脱出来……即使非工作日，甚至晚上，只要樊星看到同学们的消息，总会真诚又耐心地解答，在他们面临种种压力和困难的抉择之时，肯定他们的价值、支持他们的选择，并基于自己了解的信息给予指导和帮助。

有一年暑假，樊星从巴西给班上每个同学带回了一个刻着他们葡语名字的小木雕挂坠，现在好多同学还背着……

作为2018级葡语专业的班主任，比起十多年前在北大求学时的环境，樊星明显地感觉到现在的同学们更优秀，视野更广阔，学习能力更强，但是他们反而更迷茫，也更沉重。作为一个从青年时代走过来的前辈，樊星理解他们，也努力提供力所能及的帮助。

对比十年前，葡萄牙语专业的培养体系更完善，个人发展的道路也更加多元化：如果对于学术研究有兴趣，可以参与本科生科研、挑战杯，提前跟着老师做学术；如果经过一两年的学术训练，发觉自己仍不喜欢或并不适合走学术道路，那么老师们会建议换条赛道，跨专业保研或考研，或者直接就业。由于学习葡萄牙语的同学非常少，在就业时就有很大的优势。总之，勇敢地选择，不断试错，你终会找到属于自己的路。

樊星一直坚持，在做一件事情的时候，并不需要都带着功利性目的，有些事情做的时候或许没什么，要过段时间才能看到收获。在维持基本的学习节奏之外，不要受到同辈压力的过多影响，能够开拓、发掘一些持久的爱好，多去看一看学习之外的世界，这和学习的过程一样重要，否则，你的成长将会缺失非常重要的一环。

在"内卷"的世界里，樊星是同学们见过最"佛系"的人。这种"佛系"，不是躺平，而是清醒，是抛却急功近利后的纯粹与热爱——正是这份清醒、温和、热爱、坚定，让许多同学洞见了理想的自己。

本科时成为北大葡萄牙语专业的第一届学生，硕博时留学巴西，成为坎皮纳斯州立大学第一个攻读硕博学位的中国人，樊星每一次的选择都像是孤注一掷，从来没有可以参照的"模版"，就像学生方江晨所说，"如果用音乐来比喻，樊老师看起来像是古典乐，内心却是摇滚乐"。唯一指引她前行的，只有热爱——对文学的热爱，对葡萄牙语的热爱，对巴西的热爱，对燕园的热爱……学生陈丹青说："她让我看到了一个在对现实保持清醒的同时又热爱生活的榜样。"

（采写：孙可心、马骁；2022 年 4 月首载于北大新闻网）

在北大，给世界留下印记

唐克超

克超，1989 年 10 月生，北京大学集成电路学院助理教授、研究员。2012 年获北京大学物理学学士学位，17 年获斯坦福大学材料科学与工程博士学位，2020 年在加州大学伯克利分校完成博士后研究，回到北京学任教。主要研究领域为氧化物材料，铁电存储器件，新型传感器件，感存算一体化，通过材料生长、器设计和制备流程等层面的创新，结合多角度表征和定量模型分析方法，致力于解决前沿微纳电子器件的核问题，推动高性能存储和传感技术的应用。

心理学中有一种叫作"心流"的概念，它是指人们在做某些事情时所产生的全神贯注、投入忘我的状态。在做那些我们喜欢、擅长并且有挑战性的事情时，心流最容易被体验到。对于唐克超来说，心流存在于他所从事的科学研究中。

求学燕园，在自由中茂盛生长

谈起初学物理时的体会，唐克超说："过程中我感受到了一种不由自主的投入感，这种投入感让我深受吸引。"高中时，唐克超出于兴趣使然，参与了全国高中生物理竞赛，这种不为功利所困的出发点，让他在过程中渐渐体会到了物理的独特魅力。后来他看心理学相关的书籍，才知道那种全身心投入的感觉叫作"心流"。

在"心流"状态之下，学习对唐克超而言成了一种享受，与此相伴随的是心灵极大程度的愉悦和优异亮眼的成绩。凭借在第二十四届全国中学生物理竞赛中的出色表现，唐克超被保送到北京大学。2008 年 9 月，唐克超在北大物理学院开启了他的大学生涯。

"自由"是唐克超进入北大前对这所大学最直观的印象。正式进入校园后，这两个字在他的学习生活中得到了完美的印证。回忆起本科四年的时光，唐克超说："自由是实实在在的。"

　　北大物院有非常好的学术氛围，如果想专注于学术，在这里可以尽情投入。每个热爱学术的人都像鱼儿得到了水，唐克超也不例外，他笑言："我几乎把所有的时间精力都花在了自己喜欢且擅长的事情上。"物院的那些重要课程他都扎扎实实地学了下来，而且还学得很不错。和许多同学一样，他大二就开始进入到实验室，探索感兴趣的科研领域。他的课余生活也很简单："基本上就是几个关系好的同学围在一起讨论学术，或者想放松了，就一起切磋切磋游戏"。在实验室的科研尝试中，他明确了自己想做学术的理想，也确定了细分领域为半导体材料物理。

　　"在年轻的时候找到并且投入自己喜欢的东西，是一件非常幸运的事。在北大物院我就明白，如果我喜欢一样东西，那就要把它钻得很深，深到足以给世界留下点印记。"在素有北大"疯人院"之称的物院，唐克超获得了满意的开局，在自由驰骋中，为后来的学术道路打下了坚实的基础。

赴美留学，向科研高塔进发

　　如果你正要做实验，却发现实验室的机器罢工了，你会怎么办？——这是唐克超在美国最常遇到的问题，他的留美生涯，是由"打怪"和"升级"一起组成的。

　　因为早早明确要走学术道路，唐克超在临近毕业时申请了国外的博士项目。凭借本科期间的优异表现，他如愿以偿地获得了斯坦福大学的录取通知书（offer），出于对应用的偏爱，他选择了材料科学与工程专业，专攻半导体材料。

　　在更广阔的世界，他更加用力地汲取养分、充实自己。面对新的国度、新的身份，他很快就被新学校丰富的实验资源、人才

资源所吸引。唐克超常常充满干劲，自发地驱动起来。

不过，回望留学时光，他坦言，最值得讲述的其实不是所谓的成功时刻，而是那些遇到的难题、遭受的挫折。最常见的难题就是实验室机器罢工，机器一罢工，就会耽误实验进度，有时即便修好了，也会导致先前的工艺无法完美重复，极大地影响项目的进展，"这种时刻会感到特别沮丧和无力"。经历了一段时间的低落，他最终想出了办法：机器要罢工，他没有办法，但他可以在机器正常运行时抓紧时间做实验，保证工作的连续性；而被罢工耽误的时间，他则通过安排其他科研任务利用起来。"以前我只盯着导师交代的课题，博士三年级起我试着打破这个局限，自己多想几个项目方向，多线程跟进，如果一个受阻，就暂时转换内容，继续推进。"

就这样，凭借东方不亮西方亮的法子，唐克超规避了风险，提高了效率，也慢慢迎来了自己的高光时刻——发高质量的文章、拿难得的奖学金、推进学术成果产业应用……唐克超对科研的掌控感越来越强，美好的心流体验再次充实他的生活。"不少人调侃美国的生活是'好山好水好无聊'，对我来说，这一点其实没那么明显，因为我有热爱的东西可以投入。"

当被问到为什么会选择回国时，唐克超毫不犹豫地说："我只考虑回国发展。"虽然在美国的学术道路越走越顺，但他知道，未来他不会留在这里。这些年中国发展很快，回国之后有更宽广的空间可以探索。而中美贸易摩擦和疫情中的经历，更是让他意识到只有回国才会有真正的归属感。"疫情防控期间，大使馆给每位中国留学生都寄送了防疫物资"，祖国的关怀让他渴望回到

◀　唐克超个人照

故乡。除此之外，与父母和爱人的团聚也是促使他归来的重要动力。所以，唐克超一心想回国发展，在找教职的过程中，他只考虑了国内的学校。

2020 年 12 月，唐克超如愿以偿地获得了到北大工作的机会。得知能回北大，他的兴奋溢于言表："北大是我的母校啊！"

询问唐克超正式回归北大的感受，他说："虽然校园面貌一新，新建了不少大楼，但氛围还是像八年前一样，自由包容。那种氛围感，进去了就能感受到。"

有一次，唐克超在登录学校信息门户时偶然发现，门户里不仅有他作为老师的信息，还有当初作为本科学生的信息。如同跨越时空的重逢，从前的唐同学和如今的唐老师会面了，那个怀抱理想的青涩男孩，在起点敦促自己——要在北大，给世界留下印记。

在北大，给世界留下印记

对于唐克超来说，学以致用才是科研的目标。"我学习的三个专业，物理、材料、微纳电子之间贯穿了一条从理论到应用的线。物理带给我思维方式、研究方法，材料是物理学原理的重要载体，而半导体材料则是微纳电子器件应用的基石。"

为何最终落点在微纳电子学呢？"微纳电子器件是集成电路的基本组成单元，专注于这个领域，可以为国家集成电路的发展贡献一份自己的力量。"他清楚地认识到目前国内外在此领域的差距，但也正因此，"我们有很大的动力去做这件事情"。

唐克超的研究，概括起来说就是"通过材料工艺、器件设计和表征技术等层面的创新，致力于解决集成电路领域前沿微纳电

唐克超（右一）和他的学生

子器件的核心问题，推动高性能存储和传感技术的应用"。一般而言，信息需要经过传感、存储、计算三个环节。譬如，我们的许多设备收集到信息后，往往要经过数据的储存，再传输到云端上进行计算，运算的结果被传输回设备后才能执行对应的反馈操作。随着生活中智能设备越来越多，信息传输环节将给运算速度和功耗带来严重瓶颈。为了降低功耗，提高效率，在智能设备上设计实现感-存-算一体化成为了集成电路技术未来的发展趋势。唐克超主要致力于存储和传感两方面的研究，他的最终目标，正是开发基于新型器件的感-存-算一体化系统。

唐克超以挖矿比喻做科研："能否挖出矿，取决于有没有矿，自己挖矿的技术如何。短期看运气，但长期一定与勤奋呈正相关。上下相求索，挖矿的人总会排除没有矿的地方，最终一定会有所收获。"

勤奋耕耘中，科研一如最初让他着迷时的那样，仍源源不断地给他带来美妙的"心流"体验："在将材料和物理的相关知识整合进微纳电子应用的过程中，会产生出许多脑洞大开的想法，这种交叉融合让我十分享受，有时我甚至会在阅读文献和思考的循环中不愿出来。"

谈到成为老师的体验，唐克超直言："与做学生时有很大的不同。"以前他可以每天都泡在实验室里，现在则要分出不少时间给申请项目、指导学生、教授课程等活动。"肩上的担子重了许多，要对许多事、许多人负责，每天都在不自觉地催促自己变强。"在成为一名好老师的路上，唐克超正努力摸索着前行。"我希望能与同学们零距离地相处，让他们觉得我们之间不是传授而是分享的关系。"

为了实现这一理想，唐克超费了不少心思，比如每次上课前，他总会花时间准备几个段子。他曾在"信息科学中的物理学"课上讲到一种叫作"阿特伍德机"的机械机构。讲述过程中，他会冷不丁地冒出一句"从名称上看至少可以知道，这个设备是讲武德的"，同学们随之而来的开怀大笑让他有些许得意，不过他知道："还有很多事情等待我去练习，一切才刚开始。"

　　唐克超的人生列车经历过低谷，也登上过高台，但更多是在通往理想的轨道上平稳行驶。从成为一名好老师开始，从一点一滴投入科研开始，他执着地向着"给世界留下印记"这一目标，从容进发。在美好的"心流"体验下，他会抵达心中的目的地。

　　（采访：王悦、钟淋；文字：王悦；2022 年 4 月首载于北大新闻网）

　　※　首页图为学者本人提供。

环境学者需要研究并解决实际问题

沈国锋

国锋，1985 年 12 月生，北京大学城市与环境科学学院新体制助理教授、研究员、博士生导师。2007 年南京大学环境科学专业本科学位，2012 年获北京大学环境地理学专业博士学位（美国佐治亚理工学院联培养博士生）。曾先后于江苏省环境科学研究院 / 南京大学、美国环保署风险管理和研究国家实验室从事究工作，2018 年入职北京大学。主要研究方向为污染物的区域环境过程和风险，重点研究居民生活能源排放特征，区域室内空气污染和暴露风险，清洁干预技术和效果评估等。

北京大学城市与环境学院的新大楼坐落于北大东门外，约定拜访的那一日，身着黑色休闲装的沈老师骑着自行车，穿过北京冬日的晨雾而来。"我办公室在四楼。"沈老师把车停好，熟练地领着我们一口气爬上了四楼。开门而见的是墙上一串字母气球连缀的"Happy Birthday"和摆放在小桌上的一束鲜花。沈老师有些不好意思地说："这是学生们弄的。"原来，那天正是沈老师的生日，学生们早就向他透露会"有所行动"，但他其实和我们一样，直至推门那一刹那才知悉这个惊喜。于是，与沈老师的交谈就在这温馨的画幕中开始……

迎向新世纪的环境科学

沈国锋在 2003 年考入南京大学环境科学专业，从此与环境科学结下不解之缘。回顾做出抉择的时刻，沈国锋似乎并没有经过太多纠结。

如今，优质环境日益成为人们心中强烈的愿景，环境科学的学科建设和人才培养迅速提上国家日程。时代在悄然布局，而沈国锋就这样"一知半觉"地向涌动的潮流靠近了。

由于本科成绩突出，2007 年沈国锋获得了保送北京大学城市与环境学院直接攻读博士的机会。他还记得自己来北京参加保送生面试时，从北大东门走到未名湖，那种不同的文化氛围让他感触颇深："当时我开玩笑说，从东门到西门的距离就是理科到文科的差别。当你在校园里走一走，未名湖边、静园草坪、三角地等地方，你所感受到的沉淀确实是不一样的。"他称这是在图书馆、大讲堂、科研大家、教学名师等这些看得见的"资源"之外看不见的文化氛围。

怀着崇敬的心情，沈国锋进入了这所科学精神与诗意氛围并存的京师学府。有形的资源与无形的氛围共同构建起一位青年学子的自由探索空间。

燕园里与大师同行

沈国锋博士学习期间的研究方向是污染物的区域环境过程，主要研究室内固体燃料燃烧产生的碳颗粒物和多环芳烃的排放因子及影响因素。其在读博期间发表了 20 篇科研论文（其中部分在毕业后的 1—2 年撰写或刊出），这其中包括了他在读期间在领域内一流期刊 *Environmental Science & Technology*（*ES&T*）上发表的 10 篇、在优秀国产期刊 *Journal of Environmental Sciences* 上发表的 3 篇论文（含封面论文 1 篇）。2011 年，他获得教育部的"博士研究生学术新人奖"。2012 年，他的毕业论文获评北京大学优秀博士论文，并被施普林格出版社遴选为杰出博士论文，在全球范围内以英文出版，这在当时同辈年轻人中是着实优秀的。

如此学术成果对于一个新人而言并非一蹴而就。说起自己科研方面的成长，沈国锋首先提到了他的导师陶澍老师。

博士一年级刚入学时，沈国锋对于研究方向其实还没什么概念，陶澍老师基于自己多年的研究经验，选择"居民固体燃料燃烧排放的多环芳烃"这一选题来训练沈国锋。多环芳烃是一种广受关注的污染物，对环境质量和人体健康都有显著的影响，陶澍老师多年专注于多环芳烃环境行为和效应的研究，发现固体燃料燃烧和民用生活排放方面的多环芳烃测算存在很大的不确定性，从测试方法到基础数据，再到排放规律和环境归趋行为特征等，都存在实践难题和未解决的科学问题。他让沈国锋自己动手做实验，获得第一手的数据。

尽管导师有高瞻远瞩的眼光，但研究能否做下去、能做到什么程度，学生的投入和"悟道"也至关重要。幸运的是，沈国锋自己对区域环境过程的研究有兴趣和信心。沈国锋记得第一次跟陶老师聊研究方向的时候，首先就提出不做生物实验。他本科做过一些生物和微生物有关的实验，感觉就是"靠天吃饭"——实验中微生物能长成什么样是不确定的，要到第二天才来看它是活着还是死了。"当然实际上不是这样了，它自会有专业的东西在。"沈国锋解释道，但他明确感到自己的兴趣并不在此，"掌握不了那技术，不入门，不适合这类研究"。在多环芳烃排放的研究中，他发现了很多"好玩"的东西，也在探索中逐步明确了自己博士论文的研究方向。

沈国锋的第一篇论文在博士四年级时发表在 *ES&T*，这篇论文研究室内固体燃煤和秸秆产生的黑炭和多环芳烃的排放特征及关键影响因素。实验数据早早就准备好了，但从实验到高质量的学术论文之间，经历了沈国锋和导师（包括陶老师和联培期间国外指导老师）长期的精心打磨。

回想起导师第一次给自己改论文，沈国锋笑言："我的第一篇文章被导师改得面目全非。"这桩听起来颇为"惨烈"的论文修改经历，其实让沈国锋受益非常。正是在陶澍老师一字一句地精雕细琢下，他意识到好的学术论文不只是数据的堆积（这只能称为实验报告，或连报告都谈不上），而是对工作的学术价值思考和分析，科学性的总结和讨论："我们使用这些数据的时候，实验已经做完了，但这对于整个学术研究来说，可能只完成了一半，甚至一半都不到。写论文是把你做的工作给别人展示清楚，告诉别人这些数据的意义是什么、为什么要做这些工作。通过论文的分析，有时候你也会发现原来工作中遗留的问题，这可能是你后续工作的触发点。"

在沈国锋看来，博士期间的研究离不开导师的指导，但如果学生缺乏研究自主性，即便做出了成果，也很难发展出独立科研的能力。经过初次"大动筋骨"的修改后，沈国锋的学术写作逐渐"上道"，有时在写作中发现可以深挖的现象，不待老师提醒，他就主动回去补做实验完善论文。正因为有这种研究的自主性和能动性，到了博士阶段后期，沈国锋渐可独当一面了。

现在，沈国锋也用同样的方式来训练他的学生。博士二年级的罗智瀚第一次拿到沈国锋为他修改的论文后有些咋舌："简直认不出最初的样子！"但老师的那份严谨细心、手把手领路的温暖，对他触动很深。纵然科学的探索多有未知，但学术的薪火却照亮了一代又一代后学的前行之路。

"看到陶老师把您的文章改动那么大的时候，心里会不会有一点害怕？"被问到这个问题时，沈国锋摇头："跟陶老师相处多了，你会发现根本不用害怕。"师门求学的日子里，导师陶澍对沈国锋的影响已经远超学术一隅，或者说，首先触动沈国锋的，便是陶老师厚重端方的品行和求真求实的态度。

毕业工作多年，陶老师的教导仍如"定海神针"立在沈国锋的心里：要关注、解决科学的问题。沈国锋表示："所谓科学，不是说别人在哪做了什么，我们这个地方没做，跟着做一下，就是研究科学问题了。真正的科学是学科上的本质性问题。"陶澍老师的科学

学生们与沈国锋（正中）的合影

品格感染着沈国锋，他也坚定要用科学的事实证据来做研究。

　　同门间融洽的氛围也是沈国锋读博期间的难忘记忆，当时他与另外两个同门经常去昌平校区做实验，有时一待就是几个月，有了同门的互相帮助，实验的效率大为提升。而当阅读文献遇到障碍时，同门便会一起讨论，良好的团队合作能力为沈国锋日后的科研工作打下了坚实的基础。

环境科学学者的人间情怀

　　从北大毕业后，沈国锋先后在国内和国外工作过一段时间，他认为在"本着科学的思路做研究"的态度上，中外是一致的，但国外的项目管理方式和经验与我们有较大的不同。当前中国的科研改革也在提高科研人员的自主性，为研究者创造更理想的环境。

就个人生活方式而言，沈国锋认为自己回国是自然而然的。在国外的生活让他收获了科研和生活上的别样体验，也收获了一种质疑："别人跟你说国外的好，你不去感受也不知道，但在国外生活过，我觉得我还是不习惯长期待在国外。"在考虑回国工作时，沈国锋很快想到了自己熟悉的北大。这里浓郁的学习和科研氛围曾濡染着他的成长历程，以及各种支撑科研的教辅行政力量也会让他感到安心。事实上，沈国锋一直强调，对科研的管理和各项支撑也是影响科研工作成果的重要因素。

近期，沈国锋的研究重心放在农村居民的室内污染和健康危害问题上。大多数人对农村的印象或许是山清水秀的风光，但沈国锋指出：要出去多走走，多看看，多去一些经济还不发达、有点偏远的地区的农村家庭看看。

我国的城市化比例在不断提高，但是不容忽视的事实是仍有大量的农村人口，而不同地区的农村发展情况与农民的生活环境是差异巨大的。我国农村地区仍有相当一部分居民以煤、柴为主要燃料，室内烟熏火燎，存在极大的健康危害。出身农村的沈国锋明白，农民群体对污染问题的意识相对滞后，等到他们自己有所察觉时往往已经晚了，而研究者的关怀不应忽视这部分群体，要切实为其发声。

近年来随着国家脱贫攻坚、美丽中国、乡村振兴等行动的开展和推进，农村能源结构也有变化，对此沈国锋也在密切关注："我的一个推测是，农村的能源结构会在政策影响下产生快速的巨大变化，从而改变农民的生活居住环境。"

农村调研的条件当然比实验室艰苦得多，但沈国锋却说"比我读书的时候好多了"。学生罗智瀚告诉我们："由于外场试验需要测定烟囱口的排放，南方农村的烟囱一般都矗立在房顶瓦片上，往往需要踩着屋脊或者搭梯子才能够得着，这时候沈老师总是一马当先，冲在最前头，先试试能否踩实，然后再让我们上，这让我们非常感动。"

沈国锋向我们强调，环境科学是一个解决实际问题的学科，正是因为环境污染有危害人体健康、影响气候变化这些负面影响，环境学者才需要研究并解决问题。这也就意味着，好的环境科学研究通常都是和社会形势紧密结合的，脱离社会发展的实际情况只会是空谈。我们似乎能感受到，在环境科学学者的科学抱负里，也蕴含着一份深挚的人间情怀。

成为一名北大老师

城环 2018 级本科生门泰亚第一次接触沈国锋是在一门叫"能源与环境"的课上，尽管这门课的名字看上去有些枯燥，但授课老师却让他感到"有趣，随和，接地气，科研水平很高"，后来这位老师便成了他"本科生科研"项目的指导教师。

重返北大并走上讲台，沈国锋心里有一份沉甸甸的责任感："做学生的时候，只要做好自己的科研就行，但当了老师，还有一件重要的工作就是培养学生。"为此，沈国锋不仅用心经营课堂，也很重视对学生日常科研的指导。

门泰亚科研的课题是"室内空气污染的动态变化特征及其主要影响因素"，主要通过实地调查和入户测试，利用高时间分辨

沈国锋做学术报告

率的室内污染数据，分析室内污染物的动态变化特征和规律，并通过组内开发的区域室内污染溯源模型对污染物进行溯源。从最初的研究计划，到过程中的疑难解答，乃至文章的润色和修改，沈国锋都耐心地予以了指导。实验中一些仪器数据出现看似异常的数值，而采用常规异常处理方法会丢失很多重要信息，最终，门泰亚在与沈国锋反复讨论后，确定了从时间序列的角度来处理这个问题。

对沈国锋来说，不同阶段的学生培养目标和方式应该是不同的。"本科生科研侧重让学生接触、了解科研工作。如果有兴趣继续从事科研当然好，但如果借此机会发现自己不喜欢做科研，也不是坏事。"沈国锋说："不是说把所有学生都培养成做科研的或去做老师就是成功，老师是要培养学生做自己喜欢的有价值的事情。"这种严谨细致与通达宽和兼具的风格，也让学生们由衷地对这位老师感到亲近。

有意思的是，沈国锋的学生不约而同地提到老师的高效和时间意识。沈国锋的原则是做时间的主人。他认为科研以兴趣为前提，在此基础上合理安排时间并集中精力工作，充分享受科研的乐趣，其余的时间完全可以用来调剂自我。他就经常组织学生打羽毛球（虽然其自嘲没能成功组织几次），也鼓励学生周末去爬山、郊游，"不要天天在实验室里窝着"。沈国锋相信科研工作是有系统性的，但无疑也需要灵感，张弛有度的时间安排才能让科研生命力得以保存和延续。

在沈国锋的言传身教下，学生们也渐渐养成不拖延的好习惯，门泰亚说自己"至少现在不会压着 ddl（最后期限）干活了"。

在传道授业解惑之外，沈国锋让学生们难忘的还有一些日常细节。2020 年春节前夕，由于疫情防控等因素，门泰亚与另外一名同学没有回家。临近过年时，同学和学长学姐基本都回家了，学校里也没几个认识的人。沈国锋得知后，在回家前特地来给他们送了两箱年货。门泰亚当时感到很惊喜：在学校里还有人记得自己！那时门泰亚还只是一个初窥学术门径的本科生，但是要跟随这位老师做研究的愿望，已经在他心里悄悄萌生。

在采访中沈国锋提到，人生难免有烦恼，对于年轻的学生来说，一直维持坚强的状态是困难的，但是要尽快调节，适应木已成舟的事情。不过，作为一位青年教师，他与学生有深刻的共情：

"我们也是这么走过来的，所以要给他们一个逐步适应的过程，不能让他们跟我们一样，那不就是少年老成了吗？"

大鱼前导，小鱼从游，在沈国锋老师身上，我们依稀看到燕园里几代学者的成长与成熟。青春光阴交叠编织，沈国锋和学生们的故事，也将在校园里不断谱写和晕染。

（采写：刘文欣、程佳俊；2022 年 5 月首载于北大新闻网）

野蛮生长的
理想主义
极客

彭 超

超，1981 年 8 月生，北京大学电子学院信息与通信研究所长聘副教授。2009 年毕业于北京大学电子学系，
博士学位。同年赴京都大学开展博士后工作，曾任 JSPS 特别研究员、麻省理工学院访问学者。2012 年起
到北京大学电子学系任教，主要研究领域为拓扑光子学与集成光子器件。在 *Nature*、*Science*、*Phys.Rev.Lett.*
月刊发表论文八十余篇。

2000 年 9 月，挚爱物理的彭超站在憧憬已久的北大校门前，新的大学生活正向他缓缓拉开序幕。

像野草一般，彭超找到了适合自己的土壤，扎稳根系，享受风吹日晒下的野蛮生长。

二十年时光足以令事物飞速迭代，通信技术领域已经从 3G 标准初成形进展到 5G 的普遍应用阶段。彭超却兜了一圈，仍然回到了北大，且仍怀着一腔依旧如初的极客精神。那个曾觉得自己不够"日常"的极客少年，依旧在黑暗的实验室里咣咣咣地实干，在他的一方世界里，看着令他沉迷的风景。

扎入土壤

十几年前，第一次走到北大物理系楼下时，物理系新生彭超有点"震惊"。彼时的物理楼在今天北大的学一食堂附近，当时适逢装修，他笑着回忆："有点简陋到出乎意料。"

但对彭超来说，那个还在装修中裸露着一些电线的楼，却让他体会到了不可比拟的精神愉悦感。四年的生活留下了许多细节，而扎根进彭超灵魂的，是一种朦胧的氛围——和系里的同学待在一起，有种同频共振的感受，像是入了一群恣意横生的野草群。

"周围牛人好多、特别厉害。"在彭超看来，这个地方，他来对了。本科四年的物理学习和过往的学习一脉相承，塑造了他对

彭超生活照

物理的执着。"确实能够在相互的学习中成长很多：一方面是一些思考的方式、视角，最重要的是那种纯粹地为了一个问题——我不知道怎么去形容，因为它会建立一种非常纯粹的朴素的执着，一种类似宗教般虔诚的纯粹感。"

纯粹为问题争破头，这种行为很"极客"，有时也被叫作"怪咖"。出于某些原因，人们总在理念上推崇"极客"。尽管那些令人心神往之的抽象概念和名号，使大部分人认为天才式的"极客"是在任何土壤中都可以一夜生长出来的变异种，与培养没什么干系。但"极客"不是抽象概念，不是"创新型人才""引领者""高智商"或别的高大上词汇的化身，而是一种具体的对真理的热忱，以及由此驱动的每一天每一步扎扎实实的工作。强大的好奇之心与改变之力总是首先显现为一种异乎寻常的热情，铸就一派不拘常格的举止，一些显得不"日常"的人。

他们也彷徨。彭超有时候感觉自己"踩在正常和诡异的边界上"。他曾真诚请教系里的一位老先生表达困惑，先生说："你现在先别管那么多，不管多诡异，你学就是了，到时候总会明白的。"于是他又乐呵地当怪咖去了。靠着兴趣，在物理与技术的世界里蒙头大学。

2001 年，他们又卡在时代节点上，国际形势风云突变。2000级的彭超们切实面临的是出国深造形势陡然困难。彭超选择继续留在北大，未来的道路仍是值得犹豫的：他已经在物理系待了四年，有点儿想呼吸新鲜空气，也有点儿纠结将来的研究道路是倾向理论科学还是倾向技术实用。

最后彭超从物理系极客变成了电子系极客。

饭蔬食饮水

实验一天天做下去，彭超也陷入经典的"天问"：做学术，还是去业界？

离开一个地方，反而更觉它的存在。极客需要自由的环境，而北大是"极客"的乐园。这片神奇的土地能容忍特别，并将那些禀赋非凡之人的才华放大十倍百倍，给予一粒种子成长的最初养分。不唯如此，作为北大人，只要你想去试，总有一个机会，总能展开一条道路。

作为典型的北大人，彭超选择都试过一遍再说。他进过IBM、英特尔等业界公司实习，又混迹小型创业公司做产品，干过技术岗也待过事业部，并很快陷入西装革履冒充本司懂技术的外国专家外出谈合作的境地。尽管一口英文，对方还是识破了他的真身——因为那双破破烂烂的球鞋。具体的境遇彭超其实不在意，他只是想亲身下水探上一探。

2009 年，这种漫无边际的自由探索正式画上休止符，博士毕业的彭超暂时落脚在爱立信。这一年，也是中国通信发展史上的 3G 元年。

随着工信部对中国自主研发的 TD-SCDMA 技术的政策利好，中国移动迅速铺开 TD-SCDMA 终端产品线的营销，联通与电信通过 iphone 与 WCDMA、CDMA 制式抢夺市场份额地左右夹击。当时，爱立信不支持中国的 TD-SCDMA 技术，也没有相关的技术积累，刚入职的彭超几乎全天候打飞的，穿梭在北京、成都、南京的研发管理部门和一线工厂之间。

从乐园踏入社会，他发现世界发生了一个变化："它会把你放到一个瓶子里，这个瓶子就盖上了，甚至于这个瓶子很小。它不会由于你的主观想干什么就能干什么——你不能那样任性。然后它告诉你，只要把这个瓶子里的事做完了，其他瓶子是什么状态和你没有关系。"

瓶盖在头顶落下，彭超尝试着另一种生存。

身板过硬的他并没叫苦，但生存感受令人无法忽视。当时的彭超还没成家，老板敲打年轻人道："就在公司待着吧。"今天的彭超回忆起当时的场景，细节还很鲜明："有一间专门用来吃饭的房子，然后一房子里面全是盒饭，意思是你别出去吃饭了，想吃什么就直接拿。晚上 12 点多钟加班结束之后，一辆车直接拉你到住处，早上 8 点，车已经在楼下等着拉你去上班了。"高强度的工作让人无暇思考，无暇生活，甚至无暇为自己而存在。

做了几个月，彭超开始考虑其他出路：继续读博后、做科研，走学术之路。在公司工作，身体上的疲乏倒在其次：极客精神的一个方面就是在生活上的自制，他们这群人其实相当能"自我压榨"。为想一个问题不吃不喝、为了头脑清晰训练自己少吃盐这类诡异的行为，这群为了问题的答案而忘记生活的人，从来做得出来。

但不思考、不"做点儿什么"，不行。理工男虽然写不出"油油的在水底招摇"的句子，而偶有"油油的在头顶招摇"的发丝，但他们有时相当真诚而实干地标举所谓的人文追求。

"饭蔬食饮水"的生活不在话下，但寻求那种纯粹而问题导向的精神存在的环境，在彭超心底的声音渐渐强烈。

清空、归零，然后疯长

没做过多的逗留，彭超决心"给自己一个机会"。还是2009年，彭超顺利拿到日本京都大学的博士后职位。

迈步之前，彭超把自己的"成长之路"想得很清楚。申请时，在与国外博士的履历比较中，他深刻意识到国内外学术风格的差异以及自己的缺失。"我几乎是清空自己的状态，不是将自己当作博士后，而是当作博士。我能提供给他们的是理论，我要去学习的是动手，也就是一些实验技能、设备操作。"

彼时，北大的研究成果多在理论方面，没条件引进"烧钱"的实验设备。最初看到日本的硬件条件，彭超不禁感叹："比如电子束曝光机（EBL），京都大学一位教授的研究组当时已经有3台。当时北大电子系一台都没有。"电子束曝光机，一种用在芯片上描绘极精细图样的高端设备，这是制造所有微纳器件的

彭超在实验室中

起点。

　　不光是学习怎么用设备，彭超还想弄明白它的运行规则。这是在为回国后的工作做准备，他从来没想过要留在日本。一方面，习惯、认同让他对故土心心念念，回国顺理成章；另一方面，正因为看到了国内外的差距，他更坚定了要回来的决心。

　　落地的科研工作之余，彭超也打开每个毛孔感触环境与社会，思考中日学术风格不同的现象之下的内在原因。他推测这可能和现实有关，经济走过"失落的三十年"，日本人非常不着急。

在彭超看来，日本人可能不是第一个发现和提出问题的人，但如果认定一项工作有意义、能做出来，他们可以投入长时间、高精力去沉潜打磨、精益求精。此外，日本学界和业界合作密切、链条流畅。从学界产生一个科研点子开始，公司就会派人和高校坐在一起，联动研究落地的可行性；如果成熟到一定程度，公司直接接过进一步的工作，进行更工程化的开发和商业化落地。

"真刀真枪"的三年博士后科研生活后，凭借着期间的优异成果，2012 年，彭超如愿回到北大电子系。他的话语还是那么朴素但强烈："客观上存在差距，但如果不回来做出些什么，难道要后来者一直面对这样的境况吗？你至少很清晰地认知到回国做这件事情是有意义的，这就够了。"

野草，回到他的乐园

电子系极客，回来了。北大电子系的特长原在光纤领域，已经做得颇有成果，整个系及实验室都很明确，下一步便是解决卡脖子的问题，那就是芯片。

早在 2009 年前后，实验室就意识到，从前学术意义上要去解决的理论问题已经不是最迫切的，有更多短板更需关注。六七年过去，实验室决心向芯片方面转型，引入设备要有千万级的大量投资，需要各方集中力量、建立共识，这并非易事。

彭超抓紧时间融入实验室的工作中去，立即着手推进实验室的转向问题，补全测试条件，进行芯片平台建设。用自己积累下的技术经验和设备了解，他为北大电子芯片行业"知行合一"做着"一点"努力。

站在 2022 年回看，北大已经成立电子学院，ICP（感应耦合等离子刻蚀机）、EBL（电子束曝光机）等设备也吊装完成，这意味着北大光子芯片平台终于实现了完整的工艺闭环。回顾归返北大这十年，彭超看到，所进行的工作至少是增长性的："首先第一步是保证自己生存下去，然后第二步是你往前推了一点，每推一点、再一点，攒起来不就往那个方向走了吗？"

"北大电子系目前还要形成自己的鲜明风格，重要的是清楚自己的定位，清楚自己要做什么。"彭超格外认真地想了下，说："具体来说，目前我们的重点在于解决国家重大需求，特别在一些关键的对垒领域，要有实质性的变化。"

国外的经历对彭超影响很大，体会差异的过程中，他觉得总会冒出新的启发。2017年，他带学生去麻省理工学院交流，体会美国学界的研究风格。他推敲出来，日本人喜欢钻研，有工匠精神；美国人则不做任何拖泥带水的事情，而用最大的想象力去探索最未知的东西。"他们打一枪就跑，没有包袱、充满自信，他们相信自己能有所突破。这样的创造力背后有胆识和资本的支撑，这个胆识体现在足够好的科学品位的眼界，蕴藏着对问题的敏锐感知和对细节的充分把握。"

至于"科学品位"——一种对科学及学科发展过程及其细节的整体把握，以及对研究论述逻辑性的判断能力，彭超决定从学生抓起，而这种"抓"意味着志同道合。

彭超将自己定位为学生的"时空伴随者"：学生们只是处于同一个科研道路的时空早期，师生之间的范式、方向和秩序非常相近。"所以我们在一个非常好的状态下一起成长；他们会有他们的成长，我有我的成长。"

沃土给予野草的养分从来不单一，北大给学生的不只是职业的培养。彭超说："我认为更重要的是在这个过程中找到个人意义、家庭意义、社会意义的结合点。"

一群矢志科学的人，从未指望探索的过程多么高歌猛进。彭超调侃自己几乎总是在克服困窘，但更相信只有走过弯路才会有经验。于是，他对学生的期待是：首先有健康的身体、健全的人格，这是所有行动的基点；第二步是逐渐探索自己的动机，适合的风格。"然后，心态健全地走下去。"

站在山上看风景

物理学家费曼曾经饶有兴致地讲过这样一件事：一个人如果能够从宇宙中观察地球，并且假设建筑都是透明的，而可以观察到人的行为。那么，观测者会发现这样一个神奇的场景——在地球的晨昏线上，所有人都在做同一个动作，刷牙。晨昏线也是"刷牙线"；随着晨昏线在地球表面缓缓移动，刷牙线也在缓缓移动。

在这个意义上，科研工作者对现实世界的视野常与众不同。彭超所在的国家重点实验室位于北大理科二号楼，这栋建筑表面上看起来和燕园其他建筑没有什么差别，然而窥得门径的门内人看到的风景和门外人完全相异。

曾经有位电视台记者采访彭超，结果进到实验室里，发现其实就是一座小黑屋中有若干仪器，开灯会导致信号饱和测不到数据。记者抛出经典问题："你们天天关着灯摸黑做实验，不枯燥吗？"

"当你沉浸其中去感受规律，就跟你在山上看日出、看日落一样，没有什么本质的区别。"每次想到这个问题，彭超都很感慨。"我看到的那个东西是我想去发现、去感受，或者去利用的一个抽象世界的抽象事物。虽然是脑补的，但是规律确实就在那个环境中。它是这个世界的一部分，甚至比看到的、眼见的东西更真实，因为你可以用你的测量、你的推理、你的计算去精确地感知到它的真实存在。它是无比客观和理性的，没有一丝一毫差池。"

在对研究对象客观性的无比笃定之外，人生道路不确定性持续地伴随着彭超。"我不是一个喜欢规划的人，我倾向在过程中探索。我觉得我属于野草。"

某种程度上，在彭超貌若常人的中年壳子里，还是蓬勃着极客的灵魂。他为儿子庆祝生日的方式是，父子俩一起坐了一圈北京的所有地铁线路。

他一如既往地认为有些问题无解——平衡工作与生活。"因为有价值的工作一定是艰苦地做出来的。我觉得只要是在做的过程中别把自己整'折'了就不错了。以'享受'模式，喝喝咖啡、吹吹牛，嘴上说两句、大家和和气气地开个派对，工作就做出来了，这不可能。研究是要真刀真枪咣咣咣往前干的。"

2022 年 3 月 13 日，筹划引进数年的电子束曝光机（EBL）在电子学院完成吊装。这是电子学院第一台 125kV EBL；彭超为这件事发了一则朋友圈。

那时北京的春风正狂，野草回到他的乐园，继续野蛮生长。

（采写：来星凡；编辑：王悦、赖钰、王钰琳；2022 年 5 月首载于北大新闻网）

做一名很好的老师

吴泽南

泽南，1987 年 3 月生，北京大学经济学院长聘副教授。2004 年考入清华大学经济管理学院，2008 年获济学学士学位。随后进入美国宾夕法尼亚大学，先后获得经济学硕士学位（M.A.，2010 年）、经济学博士位（Ph.D.，2015 年）。2015 年 9 月入职北京大学经济学院，成为助理教授。2021 年被聘为北京大学经学院长聘副教授。获国家自然科学基金优秀青年项目资助、中国信息经济学乌家培资助计划资助。研究领为应用微观理论，产业组织理论以及保险市场，近年在 *Theoretical Economics, Journal of Economic Theory, RAND nal of Economics, American Economic Journal: Microeconomics, Games and Economic Behavior* 等国际期刊上发表成果。

2015 年 1 月，美国波士顿，一个大雪纷飞的下午，即将博士毕业的吴泽南来到北京大学经济学院招聘的面试现场。

"我当时发着高烧，十分紧张，面试的时候好几次把北大说成其他学校，后来面试老师还就这个'失误'和我开了个小玩笑。我心想肯定没戏了，没想到最终得到了这个宝贵的工作机会。"回忆起进入北大教书的经历，吴泽南印象最深的还是这段"不靠谱"的经历，彼时的吴泽南肯定没有想到，多年后自己会因为讲授经济学原理课程，被北大同学们称作"难神"。

"理性经济人"的"非理性"瞬间

时间回到 2006 年那个交织着燥热与激情的夏天，学生时代的吴泽南与大学同学组建了一个小型创业社团。他们前往黔东南地区一处不通车的小村庄，开展关于苗银苗绣的社会调研，希望以制作文创产品的方式宣传苗族文化。

本着探访苗文化兴趣课堂开展情况的目的，他们来到当地一所乡镇小学。看着那些孩子们好奇的面容，采访过程中吴泽南突然问校长："我能不能给孩子们上一堂课？"

这个在大学课堂上面对几个人做课堂报告都会紧张得讲话磕巴的大男孩，在这所乡镇学校，面对四五十个陌生稚嫩的面孔，竟在没有备课的情况下滔滔不绝地讲了整整 45 分钟。时至今日，吴泽南也没能想明白究竟是怎样一种力量和冲动支使他走上讲台的，但他唯一确定的是："想当老师，我适合干这个，我未来应该会从事教师这个职业。"

对于一名"理性经济人"而言，这看似是"非理性"的头脑一热。但这股巧合般的热度，经过"非理性人"吴泽南的一番深思熟虑，变成了坚定的选择，又连带出一系列落地的路径："我希望除了基本的知识外，能够和学生有一些更加深入的关于人生观、价值观的讨论和交流，所以我更倾向于成为一名高校教师。那接下来的路径就十分清晰了。想当一名大学老师，就得有博士学位。所以我就去宾夕法尼亚大学攻读了博士学位。"

为了当老师而读博士，这个看起来稍显荒诞的想法，被吴泽南笑称为"买椟还珠"，但是他又用那套逻辑完成了自洽："这确实是我想要的东西，我喜欢站在那个讲台上，所以我选择成为一名老师。"

然而，博士学习阶段的艰巨远超出了吴泽南的想象。"你需要从一名被动的知识吸收者转变成一名主动的知识创造者，这个过程其实非常痛苦。"他萌生了换一种生活方式的想法。攻读博士学位期间，吴泽南拿到了一份投行行业的实习。在实习中，他定期地报告和轮岗，各方面的工作都跑了个遍，大体了解了行业的生态。在某次交流会上，一名资深前辈的一句话瞬间击中了他："想要在金融行业干长久，必须有一个特质——对金钱充满渴望。"

"但是我没有，真心没有。"吴泽南摊手坦陈，"这不是一个褒义词，也不是一个贬义词。有什么样特质的人，就应该在什么样的环境里工作。"理性告诉吴泽南应该能够胜任金融领域的工作，但是感性告诉他那不是自己的期望。

2015 年，吴泽南在宾夕法尼亚大学博士毕业

大二那年自己走上黔东南乡村小学讲台那一瞬间的冲动，以及由此迸发出的渴望，再度涌上了他的心头。于是，从宾夕法尼亚大学经济学博士毕业后，吴泽南来到了燕园。

时空交叠中的"经济学原理"

吴泽南来到北大后教授的第一门课是"经济学原理"，这是经济学院大一的专业基础课、全校通选核心课，也是一门两百多名学生的大课。第一节课刚开始，吴泽南很紧张，讲了四五分钟之后，他看到学生的目光充满着包容和回应，悬着的心便慢慢放下。

这或许是个美妙的巧合。吴泽南本科求学时在清华大学经管学院上的第一节课同样是经济学原理。2002 年，著名经济学家钱颖一回国，在北大和清华同时开设经济学原理课程。2004 年，本想读医学的吴泽南，误打误撞通过保送生考试，被经济类专业录取，钱颖一教授成为吴泽南接触到的第一位经济学家。

"那是我第一次近距离接触一位大师，看到他们怎么思考经济学问题和经济学的理论。"这门课让吴泽南重新认识了经济学，"可能跟我最初想的不一样，但它是我想要的。"站在讲台上之后的吴泽南，也让他的学生有了和自己当年一样的感受。经济学院 2019 级硕士研究生谭安然回忆："吴老师的第一节"经原课"就给了我很多启发，感觉跟我之前对经济学的理解很不一样。"

由自己的经历出发，吴泽南深知身上的重担和责任："大一的学生都对燕园四年的生活充满了希望，这门课又那么重要，你是不是不能把他们对北大美好的憧憬给毁了？"学院给予了吴泽南充分的信任，感动之余，也让吴泽南倍感压力。他会担心自己与学生之间的"代沟"，担心自己准备的"包袱"没抛响，担心备课内容太少被硬生生地晾在讲台上，以及课程的难度、教学的风格等，一切都是未知。

与此同时，吴泽南还面临着外部的压力。类似内容的课程在校内其他院系也有开设，疫情以前学生甚至还能去清华旁听相关课程。一名新手老师如何站住脚、吸引学生的兴趣、调动学生的积极性，同样是吴泽南需要寻找答案的问题。

摸索之中，他意识到：既然是北大的课，就需要有一些北大的特色；既然是在中国讲经济学原理，就应该有自己祖国的生动的经济实践案例。他根据自己对经济学原理的理解，提出了三条基本的原理，发挥自己在研究范式和思维方式上的优势，引导学生建构起经济学的基本思维框架。在北大的第一个学期，吴泽南倾注了大量的精力和心思在经济学原理的教学中。

事实上，这不是吴泽南第一次参与经济学原理课程的教学。他在研究生期间担任过这门课程的助教。"在国外学习时，我负责讲习题课。回国任教后发现，辅助一门课程的教学跟主讲一门课有着天然的区别，当助教跟当老师是两回事。"想起在美国第一年当助教的经历，他形容那完全就是一场"灾难"。一开始，他将问题归咎于语言。于是他在暑假参加了一个学校组织的助教培训班，沉下心去纠正口语发音，学习教学技巧。第二年，当他重新站在同一门课程的讲台上时，他才慢慢发现，语言其实并不是最重要的，甚至是最不重要的，重要的是如何把握好主讲人与学生的距离，与学生形成良性、积极的互动。

2013 年，吴泽南获得了宾夕法尼亚大学"Penn Prize for Excellence in Teaching"奖项，全校一年仅有十个名额。这块记录着他的痛苦、奋斗和荣誉的奖牌，至今仍被他放在办公室的书柜上，继续见证着他在燕园讲堂上的成长与进步。来北大后，吴泽南获得了北京高校"优质本科教材课件"立项、北京大学中国工商银行奖教金优秀教师奖、北京大学教学优秀奖、北京大学第十五届青年教师教学比赛二等奖、最佳教案奖。

男神 + 难神 = 南神！

"《桃花源记》里有一句话叫'设酒杀鸡作食'，有鸡有酒，于是有了两种产品。桃花源的生产就是自给自足的经济，是研究贸易及其产生源动力的理想场景和载体。"吴泽南教学中国化、北大化的特点让曾担任课程助教的陈锐钒印象深刻。

"第一节课老师准备了小惊喜，第一个回答问题的同学可以得到小礼物，班上气氛一下子就被调动了起来。"回忆起大一第一节课的场景，谭安然对吴泽南的"小惊喜"念念不忘。

在"内卷化"的压力中，吴泽南和各位助教也在尽自己最大的努力，为学生营造一个安心的学习环境。他的作业不按对错算分数，只看完成度，只要认真完成，即使全错了也给满分。每次期中考试之后，他会自己拿试题吐槽、开玩笑。有一年，他的学生将对试题的调侃做成了一件T恤。"我自己也买了一件"，吴泽南的语气中带着一丝骄傲，"我希望把这门课上得温暖。当然，分数是同学们想要的，但是我希望他们跟我一样，认为这并非四年燕园学习生活里最重要的收获"。

期末考试时，吴泽南会在试卷的前后封面写上寄语，放上可爱的表情包，"这样的设计其实很简单，但我和助教团队希望通过这一小设计给同学们一点正面的激励。考试的时候总有人会先拿到卷子，拿到卷子后难免会提前翻阅。这是无法压抑的人性，怎么办？我希望在试卷的编制和排版中加入一些小细节，让打算提前翻阅的学生会笑着翻回去，这是我能做的。相比苦口婆心的劝说和提醒，在考场中让师生进入一种'敌对'的状态，不如换一个方式处理问题，从他们的角度去思考和设计试卷"。

经济学院流传着一句关于吴泽南的名言——"我有100种方法让你们混不下去。"吴泽南承认自己的考试题目很难，其中他有自己的考量："我的理念是，一门考试占用了你三个小时，它是课程的一部分，那课程就应该学到新的知识。我希望学生在考试过程中也能产生和享受这种用所学知识理解新的经济现象和规律带来的思维上的愉悦感。"吴泽南在经院除了"男神""南神"

的雅称外，也是学生口中的"难神"。他也会拿自己当年经济学原理考试得了低分的经历来现身说法，希望学生能在其中找到经济学的乐趣，找到自己心中的那份热爱，用经济学理论去看待和认识世界。他笑着补充道："但我给分还是可以的。"

吴泽南喜欢把自己比作《月亮与六便士》里那个容易被人忽略的、资质平庸但有着敏锐鉴赏力、愿意帮助主人公的画商。他说："我觉得自己没有什么才华，但是在北大你会遇到很多有天赋的人。你能给他们提供一个好的平台，给他们尽可能地创造条件，让他们心无旁骛地做一些事情。天才往往需要'包容'和'怜爱'。"

然而，在助教陈锐钒眼中，吴老师是"绝对的天赋异禀"。吴泽南的研究方向是应用微观理论，他的多篇研究论文发表在 *Theoretical Economics*、*Journal of Economic Theory*、*RAND Journal of Economics*、*American Economic Journal: Microeconomics* 以及 *Games and Economic Behavior* 等顶级期刊上。2022 年，吴泽南获得了国家自然科学基金优秀青年项目资助。科研以外，他也会将自己的一些研究成果、研究经历以及相关的前沿文献融入教学过程中，激发同学们的研究兴趣，拓宽他们的理论视野。

"他会整体讲经济学的框架和体系，对我兴趣的培养和后来的研究非常有帮助。"后来也担任了经济学原理课程助教的谭安然仍会感谢吴泽南独特的授课方式，"在老师对于学术的严谨与热情的影响下，我们能够更加深入地思索与寻找学术的意义"。

"做很好的老师"

2020 年 6 月 30 日，北京大学经济学院的毕业典礼上，吴泽

吴泽南个人照

南作为教师代表发表了"胸中黄河月，眼底未名水"的讲话。他
将经济学原理一课的课件从第十六周开始从后往前倒序播放，和
学生们一起重回初入燕园的瞬间。"许多参加毕业典礼的嘉宾都
会和同学们分享他们的人生经历，勉励同学们成为一个优秀、正
直的人。他们讲'大家'，讲的比我好太多太多。我想，根据比
较优势理论，或许可以来讲讲我们生活了四年的这个'小家'。"
这是吴泽南最初的想法。PPT 的最后，吴泽南写了六个字——"我
会想你们的！"

　　吴泽南和他的助教们每年都会制作课程书单，书单上记录着每一届助教的姓名。他说："这个书单不是一个人的功劳，这个传统会一直保持下去。我希望这门课能够形成一种传承，和每位助教、同学分享。"

　　一直以来，吴泽南都十分珍视和学生们的感情。王飞宇是经济学院 2015 级的本科生，也是吴泽南来北大教的第一届学生。2020 年初，因疫情在家上网课的王飞宇拨通了吴泽南的电话，有些忐忑地向他申请担任经济学原理一课的助教。电话那头吴泽南欢快地说了几声"太好了太好了"，随即说道："飞宇，你是 15 级里第一个回来找我做助教的，我还以为那一年的课我教得不好。""有一种双向奔赴的感动。"王飞宇形容当时的心情。2022 年，在吴泽南的帮助下，王飞宇申请到了康奈尔大学的应用经济学博士项目。

　　在谭安然的眼里，吴泽南是一个朋友的形象，"不管是学术上还是教学上都让人崇敬，但这种崇敬又不是隔得很远的那种感觉，很亲切、很开放，愿意跟你聊的朋友的形象"。在每年经济学原理的第一节课上，吴泽南会将经过精心排版、制作的助教照片放在 PPT 上，王飞宇说："我自己都想不到的一些花招他都使出来了，感觉虽然被整蛊了，但是我们也很开心，效果也非常好。"吴泽南的试卷中有一道分值为 3 分的题目，要求每名学生写下各自助教的姓名。学生写错自己的姓名则不扣分，甚至他还会将写错了的有创意的名字放在课件上和全班同学分享，自我调侃。

　　2021 年，吴泽南正式从助理教授晋升为长聘副教授，对自己的工作也有了新的认识和思考。"怎么让自己成长，怎么让自己有进步，怎么来保持这种动力，每个人的答案是不一样的。例如，我会思考，是不是应该离开舒适区，把自己的研究兴趣再拓宽一些，转向更多现实问题，学习更多新技术和前沿知识。发一篇文章是不是像以前一样重要？还是说把课讲好更重要？抑或是应该花更多时间陪伴家人？会比以往更强烈地意识到生命其实是有终点的，其价值或许更多源于对自我的认可。"

发给吴泽南的采访提纲里的最后一个问题是："您对未来有什么期待？"他如是写道："希望疫情早日结束，身体健康，世界和平。做更好的研究，做很好的老师。多看球，少熬夜。"

当被问及"如果选择一个标签，您希望是什么"，吴泽南毫不犹豫地说："我希望是老师。"他接着又补充了一句："不是名牌大学的'教授'，就是一名普普通通的老师。"

（采写：程佳俊、刘文欣；2022 年 5 月首载于北大官微）

行走在教育的旷野

教育的旷野

徐 扬

扬，1981 年 10 月生，北京大学信息管理系长聘副教授、博士生导师。2004 年毕业于华中科技大学，获算机学院学士学位；2007 年获北京大学信息技术科学学院硕士学位；2010 年获南特中央理工大学博士学位。10 年进入北京大学任教。目前研究领域为知识管理、工业工程、数字经济等。

20世纪80年代末90年代初，跟随父亲（改革开放后第一批国家公派留学生）"留法"的他是班上唯一一个黑头发黄皮肤的小孩。小朋友们对他充满好奇，他也日日用新奇的目光打量周遭世界。后来，他把异国见闻凝汇成稚嫩的语句，发表在《人民日报》（海外版），以孩子的天真口吻表达了希望祖国富强的赤诚愿望。

二十多年过去，从北京大学硕士毕业的他，作为国家公派留学生再度"留法"。这一次，他不再如孩童般漫无目的地打量这个国度，而是带着逐步明晰的求知欲望赴法求学。亲历祖国二十年间的发展，他对祖国富强的赤诚愿望也变得更加具体。毕业在即，他一心回到祖国和母校的怀抱，深耕科研、教书育人。他把满腔热忱撰写为《打造公派留学生的核心竞争力》一文，再次发表在《人民日报》上，徐徐讲述着他对"留学生"的家国之任的思考。

他是北京大学信息管理系副主任、长聘副教授徐扬。

来去之间，视角互现，徐扬将受教育阶段从中法两国汲取的养分，转化为了自己教书育人的不竭源泉。

燕初成：家国情怀与学术追求的一对翅膀

每一条回望时看似坦阔的学术成长之路，都遍布着细小而锋利的荆棘；每一个看似游刃有余的科研工作者，都曾经历无数次的自我怀疑。

2004 年，徐扬来到燕园，成为北京大学的一名硕士研究生。在校史学习中，以蔡元培老校长为代表的北大人对"赴法勤工俭学"的大力推动引起了他的特别共鸣，一代青年将个人命运和国家前途紧密联系在一起的北大精神传统在徐扬心中打下了深深的烙印。忆及儿时随父亲在法国生活，突破语言关、文化关的经历，徐扬逐步坚定了学习先进科学文化知识、让世界了解今日之中国的信念。

一开始，硕士研究生阶段专业而严格的学术训练令徐扬对"科研"二字心生畏惧，高精尖的研究内容也使他难免感到可望而不可即。但这些情绪没有持续太久，在专业课老师深入浅出的知识传授和导师、师兄在实验室里手把手的带教下，徐扬逐渐为自己能接触到学术的前沿而兴致勃勃，扎实地进步着，他终于入了科研的"门"。

两年后，徐扬的一篇学术论文荣获第 15 届国际计算技术学术会议"最佳论文奖"。以前只存在于新闻里的事情，真切地发生在了自己身上，这种"正反馈"让徐扬开始觉得他能达成一些事情，信心激励着他在学术道路上继续向前。

除了前沿的学术环境给予学习与科研的滋养，徐扬还在更广阔的校园生活的浸润中感受着北大的"特别"。排球课上还能滑雪、打高尔夫？这是北大的开放性与综合性在徐扬心中的缩影——在这两项运动还不甚普及的零几年，北大何仲恺老师就带着排球班的学生去体验了滑雪和高尔夫。这两个"第一次"的经历，由微知彰，令徐扬感受到了教育的开阔。这种"不拘泥"，也成为他日后学习和科研的底色。

徐扬（图左）毕业时与导师王厚峰教授的合影

燕遨游：去更远的地方看一看

留学生活的点点滴滴，如同成长的养料，让徐扬在法国的生活紧实而腴润。他在法兰西的土地汲取养分，枝叶蓁蓁，朝向东方。

2007 年，我国为建设创新型国家的需要开启了"国家建设高水平大学公派研究生项目"。在这个中国公派留学工作的里程碑时刻，刚刚硕士毕业的徐扬也把出国深造，进一步提升学术科研能力，同时让世界更好地了解中国作为自己未来几年的人生目标。

谈及为什么选择法国南特中央理工大学，徐扬回忆起了自己面试选拔时的场景："法国教授团对来自全国不同高校的候选人进行最终面试，推荐语言是英语。但我当时全程使用法语进行介绍和陈述。或许是打小练成的'童子功口语'很'加分'，时任南特中央理工大学副校长的法国工程院院士 Alain Bernard 教授在我只讲完第三张 PPT 的时候向我抛出橄榄枝，问我是否愿意跟着他一起研究智能制造。"于是，一段新的师生缘就这样产生了。

南特是一个环境优美、气候宜人的大西洋海滨城市，卢瓦尔河穿城而过。导师曾跟徐扬开玩笑："在这个单调寂寞的地方你一定能做出很好的科研，因为相比巴黎的'摩登'，你在这里除了学术就是学术。"果真如此，在这座宁和宜居的城市里，徐扬开启了三年沉潜的研究之旅。

除了科研本身，"办事"能力也是法国大学的博士生培养十分重视的一个方面——不同学校的学生需要轮值组织跨城市的全国性学术会议，学生自己操办和安排一切。除了锻炼学生的组织能力，这类会议还旨在营造和维护一个学生层面的专业领域的学术共同体。

"学术科研不光是在实验室里做实验，或者是在办公室写文章，科学研究需要学术共同体，因而参与、组织这样的学术会议，是对科研工作者来说很重要的技能。"

科研之路是艰难的，但在北大培养成的良好研究习惯和扎实的学术基础，让徐扬很快就具备了探索领域前沿的能力（如与导师一起参与"欧盟第七框架计划")。不过,也是在这些经历中,徐扬真正领悟了"国产化"的深刻内涵。有一次,徐扬被中途告知不能再继续参与导师与法国一家公司的合作课题,理由是对方公司担心外国人接触到核心软件。而此前,徐扬已经为之付出了大量的心血。

后来,时任北航校长的怀进鹏教授在一次交流中鼓励留学生们认真学习本领,突破西方技术壁垒。自己的亲身经历和前辈的谆谆教诲,让徐扬对祖国的期望有了更具象也更深刻的理解。献身祖国的需要、与人民同呼吸共命运从来不应当是空话套话,而应当成为每一位留学生实实在在的使命与担当。这些宝贵的经历成为徐扬今后在科研道路上不断奋斗的动力源泉。

学习科研之余,打造中外交流的桥梁是徐扬持之以恒的追求。2009 年,他担任了法国南特中国学生学者联合会(简称"南特学联")的主席,不仅协同使馆教育处解决留学生遇到的各种问题,还积极推动文化交流。在这些工作中,徐扬需要与当地政府部门、民间团体、相关企业接触,接受财务审计、换届法律监督等……这个与校园和实验室完全不同的体验过程,磨炼了徐扬的性格与能力。

2008 年,是北京奥运之年。徐扬接受法国当地主流媒体《南特日报》的采访,积极在海外传播普通中国青年的真实声音;此外,他还在南特大学城组织举办了"北京奥运探索日"的活动,不断推动法国普通民众对北京奥运的了解、理解和支持。徐扬的这些工作得到了时任驻法大使孔泉的认可,也收获了当地民众对中国的好感与认同。

燕归来：亦师亦友，筑巢燕园

为什么回国？这对徐扬而言，并不是一个需要艰难抉择的问题，而是"燕归来"的本能——儿时"留法—归国"的经历是跟随父亲的脚步完成的，再"留法"—再"归国"，便是重走父辈的路。像燕子一样，回家筑巢是来自基因的本能。

作为国家公派留学生，徐扬对自己应当承担的责任有过深切的思考。博士毕业在即的他，曾在《人民日报》（海外版）发表题为《打造公派留学生的核心竞争力》的文章。他写道：

> 作为国家公派留学生，应建立自己的比较优势，并打造支撑这种优势的核心竞争力。为此，国家公派留学生应努力做到三个"名副其实"，即"三个一流"的名副其实、"国家公派"的名副其实和"海外背景"的名副其实。
>
> 三个一流即"选拔一流的学生、派到（海外）一流的大学和学科专业、师从一流的导师"。所谓"一流学生"，与其说是国家对公派留学生的定位，不如说是公派留学生对自己的定位，即以一流的使命感、一流的责任感、一流的学术标准和一流的治学态度要求自己。

基于这样的深彻体悟，徐扬始终将自身的职业规划与国家发展方向和重点紧密结合。2010 年，博士毕业的徐扬回到了祖国和母校，他既希望把自己的学习、生活和科研收获分享给后辈，也希望继续深耕科研、服务国家发展。

为了让信息计算转化成服务社会的直接动力，徐扬从信息科学技术学院到了信息管理系。目前，他正在研究工业化与信息化融合（两化融合）中的大规模个性化定制（Mass Customization），这是当今十分热门的一种新型生产与服务模式，它以大规模生产的成本去实现客户个性化的需求，从而实现生产效率和效益的提升，并具体应用于工业制造、交通运输、教育服务等诸领域，解决规模经济与范围经济的平衡问题。

同时，为了践行习近平总书记提出的"要以智能制造为主攻方向推动产业技术变革和优化升级，推动制造业产业模式和企业形态根本性转变"，徐扬正在与法国同门张益荐教授合作打造规模化增材制造基础设施平台。

燕子归来，除了科研攻坚，徐扬还肩负着教书育人的责任。解锁信息管理系的教师身份后，徐扬面对的最大挑战是新时代的学子们远超想象的广博视野和快速迭代的知识储备。从前，老师对学生似乎有着天然的智识和技术能力优势；如今，他常常发现，对于信息化方面的内容，许多学生对新概念、新技术、新应用的了解速度和程度都毫不逊色于老师。

沿用传统的教授模式，还是更新培养模式？这是徐扬成为老师后常常思考的问题。受留法期间导师的启发，他想，也许自己不一定要比学生知道得多，但是应该在师生关系中做一名好的"引路员"，而非管教者。同时，作为北京大学培育的首批"双带头人"，徐扬也常常在培育学生的过程中思考琢磨，如何将党建与学术、思想引领与科研训练有机融合，做到润物细无声。

学生眼中的徐扬扮演着亦师亦友的角色——他充满活力和朝气，又总是能稳重地帮学生们渡过难关。2014级硕士生沈宇飞是徐扬指导的第一个硕士研究生，他总结徐扬身上的两个重要特质：一是对学生不遗余力的支持；二是对学生发自内心的尊重。"徐老师总是很认真地听我分享那些稀奇古怪的 idea（想法），从来不会否定我的想法，而是和我一起探索落地的可能性。"在沈宇飞学术兴趣发展的早期，徐扬给了他非常宽松的环境，以期培养好奇心、学术品位和雄心壮志。当 gap year 这个词在国内还不太流行的时候，沈宇飞申请延毕一年，准备跨专业申请商科博士学位。本以为徐扬会比较顾虑"带的第一个研究生就延毕"这件事的负面影响，没想到徐扬爽快地同意了，还宽慰他说："不要有压力，按照自己的节奏来，做学术要遵从内心的想法，做自己热爱的事业。""那是我人生低谷阶段最温暖的力量。"如今，沈宇飞顺利地实现了自己跨专业深造的目标，拿到了法国巴黎高等商学院（HEC）的博士学位，并任教于葡萄牙新里斯本大学商业经济学院。

如今正在牛津大学攻读博士学位的刘姝雯，本科时期跟着徐扬尝试做科研，除了具体知识的指导，徐扬还常常分享自己的学术心得："科研首先要搭好一个框架，有了骨骼之后再填上血肉就会轻松很多"，"学术训练最重要的就是要把每一个环节都从头到尾亲自走一遍，只有自己上手才能真正掌握"。

另外，徐扬老师在确定科研选题时，还特别注重引导学生坚持问题导向，直面社会需求，紧跟国家战略，把论文写在祖国大地上。在徐扬的指导下，刘姝雯和王冰璐同学选择了一个关于非首都功能疏解视角下流动人口信息分析的选题，并获得了北京市"挑战杯"二等奖。

当刘姝雯开始自己在牛津的博士生活之后，这些谆谆的叮咛与教诲，就像早已伫立一旁的路灯，在她偶尔会觉得迷茫与晦暗的学术道路上，被一盏一盏点亮。接受教育、努力成长的书册，徐扬已一页页翻完；来到职业抉择的路口，关于未来去往何方，徐扬没有犹豫。

徐扬（右四）和学生答辩合影

　　去年教师节，刘姝雯给徐扬发了一条祝福信息。徐扬回复她："谢谢姝雯，你在牛津开心吗？"刘姝雯握着手机悄悄地掉了眼泪："读博是一个有多甜美就有多痛苦的过程，已经很久没有人问过我在这里快不快乐。"这条来自远洋之外的燕园导师的问候，一下子触动了她心中最柔软的一块，在发生日朋友圈总结时，她将这条回复列为过去的一年里最重要的几个瞬间之一。

　　这份关怀让她在之后很多次想起北大，她为自己在本科时遇见徐扬这样的导师而感到幸运，他好像就是燕园人文关怀的化身，"让我感觉那里像是我的第二个家，有朝一日希望自己也能

'燕归来'"。

燕子飞出去，远渡重洋复归来，在燕园里，为一代代新燕，筑巢、安家。

（采写：周君柔；2022 年 6 月首载于北大新闻网）

辨古建肌理，踏访遍神州

俞莉娜

俞莉娜，1990 年 6 月生，北京大学考古文博学院助理教授、研究员。2008—2015 年就读于北京大学考古文博学院，获历史学学士学位、硕士学位，2018 年毕业于日本早稻田大学，获建筑学博士学位，2018—2019 年任日本学术振兴会特别研究员。2019 年 10 月起回北大工作。主要研究领域为中国古建筑考古、东亚古建筑比较、佛教建筑史、亚洲建筑遗产保护等。

在北大，有一个专业的师生每两年会用整整一学期的时间踏访华夏大地上的古代建筑瑰宝，探寻庙宇、古塔、园林、民居、宫殿背后所隐藏的文化密码，这就是考古文博学院文物建筑方向。

用考古学的研究方法、从遗产保护的视角来考察古建筑，是俞莉娜在北大寻得的志业。在日本用另一种视角探索建筑之美后，她带着更为开阔的胸襟和视野，又回到了自己熟悉的这片天地，在踏访神州古迹的过程中看见先贤的匠心营造，也见证自己与北大文物建筑方向的成长。

"撞"进古建筑的生命世界

进入考古文博学院，和文物建筑专业结缘，对于俞莉娜来说更像是一段在偶然际遇下误打误撞闯入新世界的经历。

中学阶段学习成绩优异的俞莉娜在 2008 年进入北大，但是却并没能在自己最初就读的专业中找到真正的归属感。在高数课上认识的一位考古文博学院的同学，为她打开了一扇初探文物建筑专业的窗子，在大一结束之后，她选择转入文物建筑专业。

与那些"有备而来"，在进入大学前就对考古、文物有深入了解的同学不同，俞莉娜凭着比较朦胧的兴趣进入了这一专业，而后，这一领域、这一学科体系的意义在她的意识里渐渐明晰。

　　文物建筑专业属于一门跨越文理的交叉学科，建筑学、考古学、历史学的相关知识都有涉及，高考招生时只面向理科生。转系之后，作为一名文科生的俞莉娜在学习考古文博学院的基础课程之外，还面临着连续 4 学期"建筑设计"课程的挑战。在这些课程中，一套建筑设计方案图就要投入大量的时间精力，有时是一次接着一次的刷夜，当时的他们形容这一过程为"熬图"。

　　从功利的角度看来，"建筑设计"课程的学分并不算多，修课的同学也大多没有走入建筑设计领域，当时倍感"痛苦"的同学们总是不由得怀疑选修这些课程的意义。

　　但现在的俞莉娜再回想起本科的经历时，不由感慨这些课程为后来学术研究夯下的基础——它赋予了俞莉娜在考察古建筑时的"设计者"视角和对于古代建筑的空间感知，这一视角很快在大三的实习中发挥了作用。

　　文物建筑专业注重基础理论与实习实践的结合，每届学生在本科三年级时会有为期一整学期的"文化遗产踏查与测绘实习"，在全国各处踏查、测绘古建筑。

　　正是在这一学期内，俞莉娜有如开启了一段跨越时空的对话，透过不会说话的物质信息，解码古代匠人营造理念。当真正经由脚手架爬上建筑梁架，摸到建筑构件的时候，此前课堂里学到的知识不再是泛泛之谈；她对古代建筑的认识也不再是宏观的、笼统的。

　　"一座建筑能够存续至今，离不开人与社会的维护，而一座建筑本身也是凝聚人、维系人与人关系的重要纽带。"从建筑遗存本体延伸到建筑与周边人群的互动关系，在时间和空间、物质和文化的意义上，一座座古建筑在俞莉娜的脑海中立体和鲜活了起来。

由好奇到知识，由知识而文化。考察和测绘建筑对于俞莉娜而言，是对每座建筑物生命史的探问，更是在为今人和后人留下建筑保护的宝贵资料。

在这次实习中，俞莉娜所在的团队对山西运城万荣县稷王庙大殿进行了重点测绘和研究，并且获取了非常令人振奋的发现。团队在稷王庙大殿上发现了北宋时期墨书题记，这一年代判断也为形制研究和碳十四测年方法所认定，确认了万荣稷王庙大殿为现存唯一的北宋庑殿顶建筑。也正是这段经历让俞莉娜坚定了自己在古代建筑领域继续探索的决心，选择进一步深造。

漂洋过海，试探新途

前往日本深造的想法，缘起于俞莉娜大四期间旁听的一次中日韩建筑遗产保护的研讨会。这次会上她发现，虽然三国的传统建筑同属木构建筑体系，但是来自不同国家的学者看待古建筑的视野仍然有着很大的区别。

那次会议让她意犹未尽，决定还是要亲自到国外去看一看，于是她开始学习日语，在博士学习阶段公派到日本早稻田大学留学，继续开展古建筑研究。

初到日本的俞莉娜并不是很适应，一方面自己外语沟通能力还有限，另一方面则是因为学科思维方面的差异。北大考古文博学院的文物建筑专业，在学术传统上经常会借鉴考古类型学研究方法，关注古建筑的年代与形制问题；而在日本早稻田大学，建筑史则属于理工学部，关注点主要落在古代建筑的设计问题上。

经过了一段适应期后，俞莉娜意识到，暂时放下自己此前熟悉的中国建筑史视野和研究范式，改变以"他者"的角度去审视

俞莉娜个人照

日本建筑的思维习惯，真正进入日本建筑学话语体系中，才是一名中国留学生来到日本学习建筑史的正确"打开方式"。

早稻田大学建筑史研究室有着成熟的组会制度，这对她来说也是一个充满挑战与收获的新事物。每周的组会上，她需要分享自己近期的研究心得，听取他人的意见；还需要了解其他人的研究内容，并给出自己的看法。这也敦促她去了解身边同学们的研究，而不仅仅沉浸于自己的研究之中。

俞莉娜尝试将考古类型学方法和建筑设计技术分析法结合起来，完成了关于中日寺院藏经建筑的博士学位论文，从藏经建筑出发阐释中日古代建筑技术传播交流与吸收演化的问题。

和文物建筑专业一起成长

北大考古文博学院文物建筑专业设立于 1998 年，在北大考古的学术传统中是一个相对年轻的专业方向。文物建筑专业隔年招生，每级本科生为十人左右。这样"短小精悍"的建制使这一专业的同学在朝夕相处中产生了深厚的感情和强大的凝聚力。

在日常频繁的学术交流之外，文化遗产踏查与测绘实习依旧是增进老师、同学间"革命友谊"的美妙时光。在这一过程中，俞莉娜再度感慨自己收获成长。为期一个学期的实习中，各地之间往返的交通方式、一日三餐的就餐场所、赶路时落脚过夜的地点等细节都需要老师、同学们一一沟通和敲定。

实习的路上并非一帆风顺。出发当天仪器遗失在了校门口，赶路途中面包车在人烟稀少的路上抛了锚……在与大家一起处理这些突发事件的过程中，俞莉娜长了见识，加持了出行技能，也收获了"经得住重重考验"的师生情和同学情。

在这段行万里路的日子里，填满俞莉娜生活的不仅是这些旅途中的小事，更有高光时刻。实习的带队老师、也是后来俞莉娜的硕士研究生导师徐怡涛在发现了万荣县稷王庙北宋墨书题记之后，难以按捺心中的激动之情，挥笔成诗一首。诗中"触手是先贤"一语道出文物建筑专业的魅力与价值，令俞莉娜至今难忘。

2011 年俞莉娜（中间）在万荣稷王庙带领学生测绘实习

　　她认为，自己决定从事这个行业，在很大程度上正是受到了以徐老师为代表的古建筑学人情怀的感染。

　　在北大读书的时间里，俞莉娜逐渐建立起了具有北大考古特色的古建筑学研究框架，也对北大文物建筑专业的学术研究方法与旨趣产生了认同感。同时，原本规模不大的北大文物建筑方向也在不断成长、壮大，组建了自己的教学科研团队。在日本完成博士学位后，俞莉娜获得了重回北大任教的宝贵机会，入职北大文物建筑专业。

虽然仍然身处熟悉的燕园，但是从学生到一名教师的身份转变对她来说也充满着挑战。在工作之前，相对内向、不善言辞的俞莉娜没有过任何教学经历，教课这件事对她而言是一个挑战。

在上第一门课时，俞莉娜准备的讲稿上密密麻麻的全是信息，课前一次次地配合 PPT 练习念稿。在克服了最初的紧张后，她又发现，这种授课方式显得有几分生硬。经过了学校的新教师培训，并旁听了同事的课程后，俞莉娜意识到讲课并不靠记忆，而是更依赖于逻辑组织。任教的两年半以来，俞莉娜注重对自己课程的内容进行逻辑梳理，现在她讲起课来已经多了几分从容。

再度回到文物建筑专业这个集体，俞莉娜已经由昔日的学生变成了引路者。授课之余，她也会和现在的学生闲聊，现身说法解答课业和个人成长方面的困惑，在带队实习的过程中为大家做好安全保障，指导更年轻的古建筑学新生血液如当年的自己一样触摸那些承载着历史文化密码的梁栋砖瓦。

求学、教书，俞莉娜已在北大度过了十年时光。在她的眼中，北大学生的特点大概就是大家各有特点：有的人思维和表达能力俱佳，有的人性格内省而深刻……站在这些人中间的俞莉娜自认为并不天资聪颖，做事时大多时候也不那么有备而来、游刃有余。但好在，她身边从不缺乏各不相同、但同样在探索自己、探索世界的人，鞭策自己不断求索、探寻。

串联起建筑与人、古与今的知识与情怀之脉，挽结于燕园这一片小天地，是她的安身立命之所。

（采访：卜天泓、王悦；文字：卜天泓；2022年6月首载于北大新闻网）

捕捉皇冠的明珠

刘　毅

毅，1983 年 12 月生，北京大学博雅特聘教授、博士生导师。2006 年毕业于北京大学，获数学科学学院士学位，2012 年毕业于美国加州大学伯克利分校，获数学系博士学位，2012 年 9 月至 2015 年 6 月在美加州理工大学从事博士后研究工作。2015 年回到北大，加入北京国际数学研究中心。曾获国家杰出青年学基金、"求是"杰出青年学者奖。目前主要研究领域为三维拓扑和双曲几何等。

六年的时间，一个人会有多大的改变？从 2015 年回归北大，到 2021 年，发生在刘毅身上最"外显"的变化是从一名初出茅庐的学术新星成长为获得终身教职的教授，并在国际数学四大顶级期刊发表了 3 篇论文。2022 年，刘毅迎来新的荣誉：2022 年 7 月，第 29 届国际数学家大会（International Congress of Mathematicians，ICM）在圣彼得堡举行，作为其领域世界级的代表学者，刘毅受邀参加并作 45 分钟的报告，分享他在相关领域取得的重大科研成果与进展——这意味着刘毅的工作获得了国际学术界的认可和关注，未满 40 岁就取得这样的成绩可谓鲜有。

额前耷拉着细碎的刘海，半框眼镜在晃动中显出不一般的厚度，思考时下唇微微嘟起，手指随意地点着下巴，聊到开心处娃娃脸上瞬间盈满笑意，有些腼腆、又很纯净——这是刘毅最自然的状态。对数学的喜爱让他专注、简单，也让一颗数学之星在长途跋涉中逐渐放射出自己的奕奕光彩。

从小学二年级偶然打开数学的奇妙世界，到如今成为一名数学家，刘毅与他喜爱的数学已经结识近三十年。这漫长的路途，始于一本书的启发，成行于几位老师的呵护与引导，持久于家人的信任与支持。当然，最重要的是，坚定于他自己的天赋与专注。

刘毅在授课

数学花园漫游记

通向花园的幽径，有时在未曾料及之时悄然展开。

刘毅与数学的缘分开始得很简单，起源于一本偶然得到的数学科普书籍《数学花园漫游记》。小学二年级时，正在上高中的堂哥送给刘毅这本书。它被刘毅放在书架上，不时地翻阅，直到五年级，他差不多明白了书上的大部分内容——没有培训班、没有指导老师、没有家长的敦促，最开始迈入数学的大门，完全是刘毅自发自觉的行为。

如书名一般，这本书将数学的世界装扮成异彩纷呈的大花园，通过一个个具体的问题和解答，将亲近的现实生活与抽象的数学知识和思维勾连起来。刘毅到现在还记得其中的一个运筹学案例，它是关于如何安排车间的两台机器加工 5 个不同的零件，以达到最快完成任务的目的。作者通过在两根平行线上排列不同的时间组合，简洁准确地解决了这个问题。这种简洁和准确给刘毅带来了震撼，在这本书的引导下，他在很小的年纪得以窥见课堂之外的数学世界，并在一个个生动鲜活的案例中感受到了数学的妙趣横生。

成长道路上的明灯

天赋在闪光之前，总有一些目光如探灯一般，先一步与之相遇，吸引、关怀、同行，让那个闪光渐渐成形，放大而生出自己的光斑色彩。

刘毅在中学时期遇到了两个对自己帮助很大的数学老师——初中的曹建老师和高中的游家骙老师。

身为教学新手的曹建老师有着自己独有的教学方式，并细心地发现了刘毅身上的闪光点。在曹老师的引导下，刘毅意识到自己或许在数学领域有一些独特的天赋，也让他的目光更加为数学所吸引。游家骙老师则引领刘毅更深入地走进数学世界，为他的求学路径提建议、做规划。游家骙老师对刘毅来说，有一些柔软但有力的吸引："游老师身上有一种让人如沐春风的气质和魅力，我认为这种气质魅力的核心在于数学知识和思维带来的影响。我也想成为这样的人。"

　　高一暑假，北大数学科学学院举办"数学之星"夏令营活动，游老师推荐刘毅去参加。这对刘毅来说是一种肯定，也让他研习数学的意愿更加坚定："在夏令营里为我们授课的都是来自北大数院的老师。从他们的讲述中，我感受到了数学在真正的数学家眼中的魅力。"

　　凭借在 2001 年全国高中生数学联赛中的优异表现，刘毅来到了北大数院。在北大，他认识到了更广阔的数学世界，并且很快被其中一个领域——拓扑学吸引了目光。

　　刘毅明确对拓扑学的兴趣，是在北大数院教授范后宏老师微分流形的课堂上。除了书本上的理论知识之外，范老师会将许多要点和细节发散到课本之外，把数学更广阔的面貌展现在学生面前，给予同学们充分的拓展空间，引导大家进行思考。

　　刘毅记得，范老师布置的第一次作业，就是一道黎曼曲面拓扑的题。对于初入大学的同学们来说，题目艰深繁复，一开始没有几个人会做。随着课程的逐步展开，刘毅才领悟了那道题背后范老师希望传达的深意：

　　"其实做研究，很多时候就是这样的一个过程：问题在一开始都是芜杂、含混、晦暗不明的，所有的疑惑都要通过循序渐进的探索才能逐步明朗。这样我们才能加深对问题本身及其背景的理解。"

平等对话的魅力

　　深耕学术之外，拥有更丰满的人格，这是老师们对刘毅更大的启发。

　　2006 年，刘毅前往加州大学伯克利分校数学系进行博士阶段的深造。那年，北大数院的王诗宬和丁帆老师受"轮胎面扭转一次的自同胚能不能扩张到四维球上"这个问题困扰良久，经过同学姚健钢的整理和转述，曾深入研习自旋几何的刘毅也对这个问题产生了极大兴趣。在和姚健钢进行了一整晚的深入探讨后，刘毅将自己对这个问题的见解、解答思路和所选案例分享给了王诗宬和丁帆老师。两位老师在刘毅所提思路的启发下进行演绎推广，最终，一篇就此难题展开的专业论文得以顺利完成。作为作者之一，这是刘毅在攻读博士阶段参与完成的第一篇专业论文。这段插曲，不仅使他深耕数学的信心越发坚定，也使他从中感受到了与专家学者平等交流的可能性和魅力。

"他们是令人景仰的教授，而我只是博士一年级的学生。不管身份如何、成就如何，我们都能如此平等坦诚地交流，这是两位老师教会我的更为重要的东西。"

几位老师的言传身教，对刘毅产生了潜移默化的影响。呵护学生、拓展课堂、启发思考、崇尚平等、注重交流……老师们的闪光点，在刘毅身上都得到了丰富的内化与展现，使他在"数学家"的身份之外，拥有更加丰富的底蕴。

考特曾说过："数学是人类智慧皇冠上最灿烂的明珠。"这颗明珠的捕捉，需要非凡的天赋和专注，并且常常可遇不可求。在与数学打交道的这些年，刘毅深知数学研究不是确定目标、然后浑身使劲的过程，解决问题的钥匙往往在意想不到的地方。所以他的研究没那么功利，常常怀抱着"得之我幸"的心态，在数学的世界里漫游。拓扑学以外，刘毅也很注重跟进其他各个领域的进展，跟各种各样的数学家交流，不少论文致谢中，都能看到刘毅的名字。如果眼下的研究没有进展，他会再回头看看经典的理论书籍，以前没看懂的东西，时隔许久也许就通透了。这样的顿悟或许恰好就能用在未来某一次解决问题的关卡。

归来，继续漫游

在完成博士学业后，因牵挂祖国与家庭，因怀有对北大的深切感情，刘毅重归燕园，现任北京国际数学研究中心教授。从燕园出发，又回到燕园，他身上有着浓厚的北大数学人的气质。

北大数院四年的本科学习，给刘毅打下了深刻的记忆烙印。数院素来有学生自发组织讨论班的传统：几个同学根据自己的兴趣确定一个主题，然后吸引有同样偏好的同学加入进来。大家一起选择材料，在课外择时探讨，书本内容由此变得"更活、更宽广"，志同道合的同学之间也因此变得融洽而亲密。刘毅参加了不少讨论班，结交了一帮志同道合的朋友，而更重要的是，他从中体悟了数学最自然的形态：数学的学习不仅仅指向既有的数学定理和数学事实，讨论的过程本身就是数学的一部分。"有好的想法，就去坦诚地充分交流，这是数学最自然的一种形式，或者是最接近本质的形式。"

或正式或随意，总与师友同辈保持频繁的交流，这是北大数学人的特质之一，是北大数学人共同的底色，也是刘毅回归北大后最好的融合剂。

"北大对我的影响是可意会而不可言传的，我的人生底色都因此而改变。在某一刻，它们会像条件反射一样，'一不小心'就成为我去应对这个世界的方式。"

北大的影响，或许一件小事可以成为注脚——2021年秋季学期，刘毅所教授的几何学 I（试验班）考试完成后需要撰写卷面分析，课程号是填写项之一，刘毅一不留神就将这一串数字写成了本科学号。"距离本科生活已经将近二十年了，但像条件反射一样，就这么写出来了。"

刘毅（左）与北京国际数学研究中心同事肖梁在北大图书馆

从 2015 年回归北大到 2021 年，刘毅已经成长为获得终身教职的教授。2022 年 7 月，刘毅受邀在素有"数学界的奥运会"之称的第 29 届国际数学家大会上作 45 分钟报告，这实在是一项激动人心的成就。但刘毅的激动却无关乎此。让他兴奋的，是大会上自己与数学界的交流，以及数学与世界的交流："每次会议前后都有很多相关的报道、科普，让很多平时遥远、孤立的数学研究内容走进公众和学术共同体的视野。"

　　三十多年来，在天赋的基础之上，刘毅漫游世界，仍对数学钟情始终。在这条通往数学王国的道路上，刘毅正当其年，还有下一个三十年可以期待。

（采写：王悦；2022 年 6 月首载于北大新闻网）

辞去法国终身教职，他加入北大

谢俊逸

俊逸，1986 年 3 月生，现任北京国际数学研究中心讲席教授。2005—2008 年就读于中国科学技术大
数学系，2008—2011 年就读于巴黎高等师范学院及巴黎第七大学，2014 年获巴黎综合理工大学博士学
，2014—2016 年在法国雷恩第一大学、图卢兹数学研究所从事研究工作，2016 年取得法国国家科研中心
NRS）的终身职位，2021 年 11 月加入北京大学。主要研究方向为算数动力系统和相关的代数几何，丢番
几何以及复动力系统。

2022 年春，北京国际数学研究中心教授谢俊逸和袁新意合作的论文 "Geometric Bogomolov conjecture in arbitrary characteristics" 在世界顶级数学期刊 *Inventiones Mathematicae* 发表，引起国内外广泛关注。作为此次研究的合作者之一，谢俊逸是算术动力系统领域极为活跃的青年领军数学家，在算术动力系统领域做出了非常深刻和有影响力的原创性工作。2021 年，谢俊逸辞去法国国家科学研究中心（CNRS）的终身职位，同年秋天加入北京大学北京国际数学研究中心。

夏至后的怀新园里草木葱茏，雕梁飞檐和朱红回廊间不时飘过讨论的声音和爽朗的笑声，这是北京国际数学研究中心所在，也是谢俊逸平时办公的场所。

"网上称您和袁新意老师合作的成果是'2022 年国内高校作为唯一完成单位发表在数学四大刊上的首篇论文'。"

"这个约束条件，是否过多了？"谢俊逸轻轻挠一下头，露出笑意。

法兰西数学的多样化"学统"

谢俊逸于 2005 年进入中国科学技术大学数学系学习，对数学充满好奇的他常常下课就逮着老师问数学问题。当时复动力系统领域的专家沈维孝在中科大讲授实变函数课程，虽然是成名已久的数学家，但沈维孝指导本科生依然非常尽心，与沈老师的相处让谢俊逸对动力系统方面的研究萌生了兴趣。

大三那年，谢俊逸通过法国巴黎高等师范学院的国际招生项目，前往法国留学深造，这在国内尚属较早一批。在法国求学工作了十多年后，谢俊逸对法国数学的"学统"有一番自己的见解："法国数学的底蕴深厚，就数学这个学科本身来说，各个方向都有一些历史的积累。法国的数学家并不完全工作在最热门的方向，这种多样化有时候也很有意义，可以在数学里表达个人的风格。"这种遵循个人兴趣、多样化发展的研究思路，也让谢俊逸始终着眼于探索"主流"之外更广阔的数学风景。

谢俊逸从博士阶段就开始关注算术动力系统领域的问题，即由多项式定义的空间上的规律的演化，这些只需要通过加减乘除就能统一的表达看似简单，但经过反复迭代后会有错综复杂的行为。由简单而繁复，恰如大千世界的繁衍生长，而"平平无奇"的表面下蕴含的复杂结构，暗示着这一方向的深邃内涵。谢俊逸进入这一领域后，发现这正是他感兴趣的，尤其是算术动力系统属于相对新兴的方向，有足够的空间供研究者驰骋个人风格，"我比较喜欢这样的东西，它不是非常成熟，就代表我可以把很多我自己的东西做进去"。2016 年，谢俊逸获得了第四届新世界数学奖博士论文金奖。

目前，算术动力系统的研究仍有巨大潜力，且与其他成熟的方向有紧密的联系，这也意味着它可以从周边吸取充足的养分，相互促进。谢俊逸期待自己能够发掘出其中更具深刻性和原创性的问题，同时，他并不满足于处理具体的问题，也希望发展框架性的基础工作，为算术动力系统领域的研究开辟新的前景。

谢俊逸在法国

怀新园里进攻几何 Bogomolov 猜想

"我没有想具体要什么时间回国，但我一直有回国的打算。"谢俊逸觉得自己内心深处还是更适应国内的文化，也希望自己的孩子能在国内的环境下生活，回国的念头一直在他心里盘旋。

在正式加入北大之前，谢俊逸在北京国际数学研究中心有过半年多的访问经历。访问期间，他与北大的同事交流讨论数学想法，受邀做一些报告，也讲授短期课程，这里的环境让他觉得"挺舒服"。他也不知道怎么为这种氛围下定义，但他觉得这就是一件好事情："这说明这里比较自由，并没有别人会强迫你、把一个思想灌输到你脑袋里。"

北大亲密的学术共同体无疑是吸引谢俊逸最终加入的因素之一。优秀的数学家之间的对话往往能打开全新的思考，此次谢俊逸与袁新意的珠联璧合之作便是如此。

早在法国工作时，谢俊逸就与其他合作者探讨过几何 Bogomolov 猜想的问题。在 2018 年，谢俊逸与 Cantat、高紫阳、Habegger 合作证明了这一猜想在特征值为零的时候成立，之后谢俊逸便一直希望能完全解决这个猜想，时不时地会想一想它；而刚从加州大学伯克利分校回到北大的袁新意同样关注着这一问题。

谢俊逸和袁新意在北京大学怀新园的办公室就在同一个院落，时常互相拜访切磋。不到两周的时间，他们就攻克了这一猜想。如此高效的智慧火花的碰撞，是与两人的默契合作分不开的。谈起合作研究的"秘诀"时，谢俊逸笑着说："两个合作者里至少要有一个人比较有耐心，这可能是合作的一个必要条件，我和

谢俊逸（左二）在北京国际数学研究中心与数学家们探讨

　　袁老师都比较有耐心，可能袁老师更有耐心一些。"

　　耐心、友善，让学术的"互通有无"畅通无阻。此外，风格的互补也为合作创造可能。谢俊逸认为自己是动力系统学家，关注点和想法都是非常"动力系统的"；而袁新意则是数论方面首屈一指的学者，共同的兴趣和互补的知识结构，让二人的巧妙想法组合起来，迅速取得了突破。结果刚出来时，谢俊逸和袁新意都挺开心，因为这项工作的周期在数学界可谓是相当短的。这种"神仙组合"多少有些可遇不可求，但北大"驻扎"着的众多优秀的数学家，让这种可能不再是悬浮的空中楼阁，而是变得触手可及。

2022 年 6 月，谢俊逸的另一篇论文"The existence of Zariski dense orbits for endomorphisms of projective surfaces"在国际顶尖数学期刊 *Journal of American Mathematical Society (JAMS)* 在线发表。文章引入的新拓扑已经被应用在算术动力系统的多个其他问题中。

在数学里，做一个文明世界的"野蛮人"

来到北大后，谢俊逸和学生的接触更多了，北大的学生也带给谢俊逸不少惊喜。"这边学数学的学生真的非常热爱数学，也愿意投入大量时间学习前沿的东西。"学生们讨论时迸发出的兴奋和热情，让谢俊逸非常欣慰，师生相得，也是一种难得的学术乐趣。

谢俊逸在 2022 年秋季学期开设了一门代数几何的专题课，介绍自己的相关工作。因为之前在法国的职位不需要上课，这对他来说是一次新的挑战，当时他对讲课也充满着期待："别人本来对这个东西不了解，但是通过你的讲授，他能觉得这个看上去很难的东西其实很简单，或者对这个东西很感兴趣，我觉得这其实是一件很有意义的事情。"

因为类似课程此前在国内罕有开设，谢俊逸计划尽可能表述出其中有趣的思想，让大家拓宽视野。谢俊逸说："我希望我能把这个课程讲好，至少让我自己满意。"

在谢俊逸看来，现阶段的数学是一个开放的领域，就像一个果园中有许多棵果树，如果只盯着一棵树，低处的果子摘完了，最后所有人只能去摘最顶上的果子，这也是一种"内卷"。谢俊逸表示："或许对有些人来说，就算满世界都是果子，但是那些果子对我都不重要，我就只要这棵树顶上那一个，我觉得这种人也很了不起。但每个人对数学的理解是不一样的，也许发现一棵更大的树，甚至一片更茂盛的果园也很重要，正确的方式也并不只有一种。"另辟蹊径，另开新景，这种活跃开放的思维背后，关涉着谢俊逸从事数学研究的个人信念。

在法国攻读博士学位时，谢俊逸与导师 Charles Favre 的交流非常充分。谢俊逸感触最深的是导师思维的"强壮性"，"我的老师并不是反应非常快的一类数学家，但是他的工作很有原创性，而且他有一套对于数学应该怎么做的信念，有一点'野蛮'的感觉"。从谢俊逸的表述中，我们能感受到"野蛮"对应着一种强大的学术生命力，是打破既有条条框框、"做我自己的东西"的执着和信念。

谢俊逸有时候会觉得，做数学研究，并不是要让自己完全变成数学里的"文明人"："所谓'文明人'，就是遵守规范、适应体系的人。比如说，大家都觉得我们应该通过这种方式来思考数学，但是你有一些跟大家不完全一样，甚至可能很可笑很幼稚的想法，但你就要这样想，要有一些'野蛮人'的想法。如果所有的想法都是公共的、大家都认为正确的，怎么能做出新的东西？"

当然，能创造文明的那些想法自然是非凡的，谢俊逸也并不排斥现有的数学研究体系，但是他希望内心仍能保持"野蛮"的活力，在数学里做一个文明世界的"野蛮人"，也意味着不拘泥、不设限，永远走在突破和重造的探索之路上。

（采写：刘文欣、钟淋；2022 年 7 月首载于北大官微）

化学世界里的小细节与大关怀

张文彬

张文彬，1981 年 11 月生，北京大学化学与分子工程学院教授、博士生导师、特聘研究员。2004 年获得北京大学理学学士学位，2010 年获美国阿克伦大学博士学位。主要研究领域为高分子化学与物理和蛋白质工程。自独立开展工作以来，以"精密结构高分子"为中心，对高分子的设计、合成和自组装做了积极的尝试和深入的研究，致力于通过结合生物大分子和合成大分子的设计理念和独特基元，发展具有精密结构的非传统高分子，实现对其化学结构和物理结构的精准控制，以发展相应的功能材料。至今为止，已在 Science, Proc. Natl. Acad. Sci. USA, J. Am. Chem. Soc., Angew. Chem. Int. Ed., ACS Cent. Sci., Giant, Macromolecules 等国际重要学术期刊上发表论文共 150 篇，其中 118 篇为第一或通讯作者，总他引五千余次。曾获日本化学会杰出讲座奖（2017 年）、国家杰出青年科学基金（2019 年）、Bayer Investigator Award（2021 年）等荣誉和人才计划。

张文彬的办公室位于化学学院的众多实验室之间，乍一走进去，这里的陈设显得有些特别。屋子里不仅有着颇具"化学特色"的各类专业书籍、分子模型、打印出来的论文等，也有一些看起来与化学无关的东西——比如案头挂了大大小小的毛笔，书架上摆着许多关于历史与艺术的书籍。

张文彬对书法、诗歌、历史、艺术等都非常感兴趣。在如此广泛的兴趣中，唯独选择化学作为终生的事业，这既是出自偶然的机缘，也是在实践中深思熟虑的决定。张文彬与化学的故事，更像是缘起于一场美妙的邂逅，却在意料之外处寻得了别样的美丽风光。

邂逅化学：意料之外的风景

高中时的张文彬对医学心怀憧憬，曾立志成为一名医生。2000 年，他获得了化学奥林匹克竞赛全国一等奖，得到了保送北大学化学的机会。他原是抱着转入医学部的念想来到北大开始大学生活的，也曾旁听过北医的课程、咨询过转专业的渠道，但最终还是未能如愿。既来之则安之，张文彬决定"干脆就做好手上的事情"。对"做好手上的事情"的坚持也始终贯穿着他的学术生涯。

大二上学期，张文彬加入了北大化学与分子工程学院裴坚教授的团队，在裴老师的指导下进行有机化学、高分子材料相关的研究。真的"钻"进了化学研究当中，张文彬发现这个学科令他惊喜又着迷——化学研究既需要形象思维，又涉及抽象思维，这里有很多漂亮的分子结构，搭建分子结构就像搭积木一样有趣味又有成就感。与化学科研实践的接触让张文彬感到，这个学科真的"很好玩"。

本科阶段临近尾声，张文彬决定申请出国深造。起初申请并不顺利，他在北京做了一年多的"北漂"。但面对挫折的思考和时间的沉淀反而让张文彬更加明确了自己的心意——对化学的热爱并未因此熄灭，一定要继续从事化学研究！

2006年起，张文彬在美国阿克伦大学高分子科学系开始博士生阶段的学习，师从程正迪教授。程正迪教授主要从事高分子物理方面的研究，张文彬则在分子设计方面不时迸发出特别的灵感，比如常常能很快地将导师在物理上的直觉转化成一个真实的分子。他与导师在研究思路和特点上各有所长，形成了一种良好的结合。在跟随程正迪教授开展研究的过程中，张文彬如鱼得水，不仅帮助导师开创了一个专门做合成的小组，还形成了巨型分子的研究方向。

传统的高分子往往是一个柔软的链式结构，如果将这根链条上的每一个单体变得很大，这样得到的新分子会有什么不同呢？一方面，分子的形状更刚性，变得更加可控；另一方面，分子的复杂性也增加了，允许更加精细的修饰——他在读博期间发展出来的这一研究方向将形状的概念引入高分子的研究之中，用形状和表面官能团来操控分子组装，使其在极小尺寸上呈现出独特的组装行为。

这样首创性的尝试过程中不免遇到许多困难，但张文彬颇为享受研究、探索的过程。他将困难视作机遇，挑战中往往孕育着创新的火花。

在读博期间，导师希望张文彬能做出非常纯净的样品，这对于高分子而言是一个巨大的挑战。为了规避直接用高分子与 C60 反应所得产物难以纯化的问题，张文彬使用了当时刚刚兴起不久的点击化学，高效地合成出百分百单官能化的样品。这是张文彬在博士学习期间第一篇论文的主要内容。突破了这一难点，后续的高分子构建工作就便捷了许多。读博及博士后在站期间，张文彬就这样怀着对研究领域的高度热情与不怕困难的精神，锐意进取、钻精研微，取得了颇为丰硕的成果。

广阔天地：带着好奇一路开拓

2006 年至 2013 年期间，张文彬在美国求学，与此同时，他也时刻关注着国内的发展。这几年里，中国的经济社会经历了巨大的变化，回国对张文彬来说是自然而然的事。2013 年，他回到祖国并加入北大，在这片魂牵梦萦的土地上，真正成为一名中国崛起的参与者。

回到国内后，张文彬一边关注着巨型分子的相关话题，一边探索着更广阔的天地。他致力于将合成高分子与生物大分子的设计理念和功能基元结合起来，优势互补，开发新型的非传统大分子，其切入点就是"拓扑结构"。生物大分子如蛋白质尽管精确，但由于其模板合成机制，大多是线型主链结构。张文彬的工作致力于将线型的蛋白质结构改造为环状、打结甚至链环结构。这一尝试最初完全是出于好奇心，想知道如果结构变化，蛋白质的性质会发生什么样的改变。初步探索之后，张文彬发现这是蛋

张文彬个人照

白质功能改性的有效策略。以绿色荧光蛋白为例，普通的绿色荧光蛋白加热之后会褪去颜色，但将其改造为索烃结构之后，尽管升温依然会使其变性褪色，但一旦回到室温，荧光又可以很好地恢复。

　　沿着这条道路，利用可基因编码的多肽标签-蛋白质化学反应，通过合理的设计及与蛋白质折叠的结合，张文彬及其团队已经合成了多种具有复杂拓扑结构的蛋白质，包括轮烷蛋白质、纽结蛋白质、套索蛋白质、蛋白质索烃等。张文彬希望这些结构能够在蛋白质药物、蛋白质材料、工业酶以及其他的生物制剂方面发挥作用，实现更广泛、高效的应用。

　　除此之外，作为教师的张文彬也一直在探索如何将化学与更广阔的领域相结合，并将其与学生们分享。他正在构思一门有关化学与艺术的课程，讨论"化学中的艺术"与"艺术中的化学"。这与他一直以来对艺术的兴趣有关。他希望能把这门课设计得"有意思"，让学生们在一门课中体验到化学与艺术交叉的双重之美。一方面，对于张文彬而言，分子设计和分子排列就是一种艺术，是一门"分子建筑学"，而化学过程和化学实践，也处处都充满了艺术之美。另一方面，艺术中也涉及了许多化学知识，从原始社会中用天然颜料在岩壁上作画，到陶瓷、金石、玉器、笔墨纸砚，再到今天丰富多彩的艺术形式，其中都蕴含着化学的贡献。

　　好奇与兴趣是张文彬开启新世界大门的钥匙，怀揣着仿佛永远也不会熄灭的新鲜与热情，他始终在开拓、探索，深耕于化学的沃土之上，也一次次收获累累硕果。

春风化雨：于细节处育人

　　学生们对张文彬的评价中常出现这样几个关键词：敢创新、有激情、因材施教。像对待科研一样，他在与学生相处时也能关注到最微小的细节，从每个学生的个性、状态入手，设身处地为

张文彬（前排正中）与他的学生们

学生着想，于细微处育人。

张文彬在步入研究生阶段之前，曾经度过了一段"迷茫"时期。他感到自己并没有想好为什么要读研，也对科研需要的素养、即将面对的生活没有清晰的认识。"北漂"时光让他沉淀下来，厘清思绪，这使他在后来读研的过程中，目标更明确，方向更坚定。

有了这样一段经历，成为教师后，他十分关注同学们在成长中的困惑和需求。他与北大化学与分子工程学院特聘研究员邹鹏老师一起主持"学术道德规范和科技写作"课程，希望能更好地帮助研究生适应新的学习生活阶段。在课上，他们邀请很多不同院系、不同领域的老师来讲述学术道德规范、学术论文写作、师生关系维护等，有时还会请来博士后和高年级的研究生来分享科研经历。张文彬说，他想创建一门尽可能涵盖研究生教育方方面面的"有趣又有用"的课程。无论是形而上地讨论科学哲学和科学精神，还是具体而微地教学生如何写论文与答辩，抑或是深入心灵、密切关注学生的心理健康，每一节课的主题设计、每一位主讲人的选择，都满载着他对学生们的深爱。

在求学过程中的低谷期，张文彬曾偶然看到一篇题为"How to be a Star Engineer"的文章，从中受益良多。他现在也常常将这篇文章推荐给同学们，希望大家能够认识到，重要的不仅仅是先天的资质，还有如何把个人的资质转化为产出，对社会作出贡献。

在一对一指导学生这方面，张文彬也非常用心。曾有一位同学从本科时就在张文彬的团队里参与研究，颇有天分，但个性较强，不喜欢过多的约束。对这样的同学，张文彬因材施教，给予他最大限度的自由，并尽可能提供充分的支持。他惊喜地发现，这位同学的潜力和主动性在足够大的自由空间中，被极大地释放出来：他根据自己的兴趣不仅自学了蛋白质工程知识，还主动钻研起了计算机编程，在计算机辅助的拓扑蛋白质设计方面做出了极富开创性的成绩。

在学生眼里，他会耐心鼓励组员一步步做得更好，会熬夜帮学生逐句改论文，会根据学生的反馈调节课程内容与课程节奏，会大力鼓励学生进行创新与拓展，会与学生谈天说地、无所不聊……对他们来说，张老师既是科研上的导师与榜样，也是生活中亦师亦友的领路人和同行者。

在求学过程中，张文彬深感师长们的信任、鼓励与关怀对自己的帮助之大，所以希望也能把这样一份信心、热情和支持传承下去，让自己的学生更为全面地成长，充分释放自身的潜力。

（采写：来星凡、吴星潼；2022 年 8 月首载于北大新闻网）

医者仁心，探寻心血管研究领域的蓝海

肖晗

晗，1981 年 2 月生，北京大学第三医院血管医学研究所研究员，博士生导师，国家优秀青年科学基金获者。1998—2003 年本科就读于北京大学医学部临床医学专业，2003—2008 年北京大学医学部病理与病生理学专业直博生，2010—2012 年于美国加州大学河滨分校生物医学科学系从事博士后工作。2012 年加北京大学第三医院血管医学研究所，主要从事心脏和血管重构的炎症机制与干预策略研究。以第一或责任者（含共同）身份在包括 European Heart Journal, Circulation 等领域内著名期刊发表论文 37 篇。目前作为课题责人主持国家自然科学基金重点项目、科技部国家重点研发计划子课题等。2017 年获中国药理学会—施雅青年药理学家奖，2020 年获姜必宁奖—杰出青年心脏医师论文奖，2021 年获中源协和生命医学奖创新破奖。

帮助他人、救死扶伤，这大概是每个从医者最初的理想。而对北京大学第三医院血管医学研究所研究员肖晗来说，这也是始终牵引着她的一根线，多年前将她带到了北大，辗转后最终又将她带回到这里。

曾经，她在书本中触碰到生命的脉搏，探索医学的过去与未来，最终选择了基础研究的道路。如今，凭借出色的科研能力，她已然成为心血管领域青年学者中的佼佼者，当初的理想悄然发芽，正在绽放。

一节课，一本书，一个理想

"小学的时候，老师曾经让我们写自己将来的理想。我写的是，我想当科学家。"回忆往事时，肖晗忍不住笑道："而这正是我现在做的事情。"

1998 年，刚刚高中毕业的肖晗对临床医学的想象大多来自电视节目。她最喜欢的一部连续剧叫作《红十字方队》，剧里讲述的是一群年轻军医的故事，住校的肖晗每周回家都要看上几集。救死扶伤的理想就像一枚小小的种子，悄悄埋在了她的心底，冥冥之中将她引向了医学这条道路。

肖晗至今还记得，本科阶段学习呼吸系统疾病时，北京大学第三医院呼吸科贺蓓教授曾在课上说，整本内科书，可能只有今天讲的这一章"肺炎"可以算是能够完全治愈。当时新型冠状病毒肺炎尚未出现，常见的肺炎主要是细菌、支原体感染等造成的，所以使用抗生素就可以医治。

这句话给肖晗带来了极大的震动：那么厚的内科书，书中记载了那么多疾病，现有的治疗方案却都不能从根本上解决问题。疾病的残酷与医学发展的艰难，第一次明明白白地展现在她面前，也令她原本的想法产生了动摇。比起成为一名医生，研究疾病的根本问题、为治疗找到一些新的机制与靶点，似乎更让她神往。

后来，她在偶然间读到一本现代医学史的书，对此有了更加深刻的认知。从书上她了解到，迄今为止人类在医学上取得的变革性发明极少。这些发明其中一个是疫苗，另一个则是抗生素。除此以外，能称得上变革的医学成果屈指可数，可一代又一代的优秀研究者们却从未停下探索的步伐，即使在如此孤独又漫长的旅程中，一颗颗坚定的心也从未被打败。肖晗决定成为他们其中的一员，并且将目光转向了人体最重要的器官之一——心脏。

2003 年，肖晗本科毕业，由临床医学转向病理生理学，成为北京大学心血管研究所所长韩启德院士和张幼怡教授的研究生，从此专注于心血管受体方向的研究。早在 2000 年，肖晗大二时，曾在学校听过韩院士关于高通量基因芯片的一场报告。在各种学科边界日益模糊，跨学科的研究方式正在兴起的时期，韩院士提出了一种前瞻性的研究方式，即与北大数院的老师合作，借助大数据的分析来解释疾病的发生机制。这样新颖的想法给她带来了极大的启发。

数学正是肖晗从小到大最擅长的科目。在肖晗眼中，经由数学培养出的逻辑思维能力，在医学的学习与研究中也是不可或缺的。进入北京大学第三医院血管医学研究所后，她也致力于寻找

肖晗个人照

一种崭新的、学科交叉式的方法来解决医学现有的疑难问题。

2012 年，完成博士后工作归国的肖晗成为研究所的助理研究员。2017 年，在助理研究员晋升副研究员的面试中，肖晗正巧遇上了时任北京大学第三医院呼吸科主任的贺蓓教授。贺教授问起她为何要从临床专业转到基础研究，而她笑着提起了十多年前的那段往事，一时师生感慨万千。

也许这就是北大课堂的魅力所在，这里的老师不仅传授知识，更引导学生思考。他们说过的每一句话，都有可能在学生心中引起共鸣与激荡，从而影响他们未来的轨迹。

从挫折中来，向未知处去

"做科研和读书不一样"，肖晗总结道，"很多科研上的问题是没有答案的"。

这是从已知到未知的转折，亦是每个研究者都必须经历的难关。在研究生学习阶段，肖晗意识到，书本中没有唾手可得的钥匙，文献里也没有通往终点的捷径。她只有亲自蹚过那条河，才能找到期待的答案。

距离毕业还剩下一年时，肖晗的两个课题都宣告失败。她几乎心灰意冷，以至于忍不住怀疑自己是否真的适合做科研。

在张幼怡教授的鼓励下，肖晗最终又重新振作起来，从头开始着手进行她的第三个课题，即药物对心脏纤维化的抑制作用机制。课题组中没有做过这个方向的同侪，一时也找不到可以请教的老师，她便埋头于文献之中，寻找可行的道路。肖晗说："求学路上会遇到很多挫折，只要你能够挺过来，你的内心就会变得更强大。"

2008 年，国际心脏研究会中国分会、中国病理生理学会及心血管专业委员会在温州联合举办了一场优秀青年学者报告会。会上，肖晗围绕着自己那篇还未发布的论文做了一次精彩的报告，最终拿到了第一名。其中一位来自美国的评委对她大加赞赏，并向她抛出了橄榄枝。

后来，这位评委 John Y. J. Shyy 成为肖晗的博士后导师。在美国加州大学河滨分校（UC Riverside）进行博士后工作的那些日子，肖晗的科研之路依旧算不上平坦。换课题、被拒稿……但此时她的心境已然成熟许多，那些曾经的挫折与失败使如今的她拥有了面对困难的勇气。

屡败屡战，从不放弃，这也是肖晗从实验室同侪身上学到的宝贵品质。在课题遇到困难时，他们总是相互支持、相互鼓励，既是彼此可靠的科研伙伴，也是无比亲密的朋友。

"感觉我大展拳脚的时刻到了。"阔别北大两年，肖晗以一名

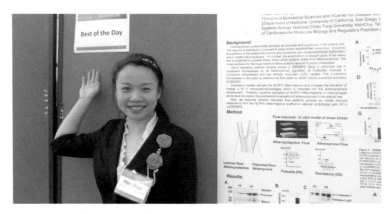

肖晗 2013 年在美国圣迭戈参加国际心脏大会

优秀的青年研究者的身份再度回到了燕园。此时的她仍然怀抱着当初学医时的理想，脚步却比从前更加坚实有力。

理想，在萌芽处绽放

回国之后，肖晗在博士课题的基础上，展开了对药物二甲双胍减轻心脏纤维化机制的进一步研究，并探究了交感应激引发心脏特异性炎症损伤的机制及其干预手段。急性应激状态下，交感过度激活可促发和加重心血管疾病。在研究过程中，肖晗发现，交感应激后，心脏会快速产生并激活心肌炎症小体 /IL-18，应激后尽早阻断 IL-18 活性可抑制心脏炎症及纤维化。因此，炎症小体 /IL-18 有望成为应激相关心血管疾病的新治疗靶点。

这个崭新的发现，照亮了多年前那个渴望着做出有价值成果的心，肖晗因此备受鼓舞。

最终，这篇论文发表在心血管领域顶级期刊《欧洲心脏病学杂志》（*European Heart Journal*）上。2021 年 9 月，该研究被国家心血管病中心评为"十三五"期间的十大基础研究论文之一，且排名榜首。肖晗说："这篇文章完全是在国内做的，所有的作者都是中国人。"

到现在为止，除去在加州大学河滨分校工作的两年，肖晗与医学相伴的时光都是在北京大学医学部及北医三院度过的。回国后，她从助理研究员做起，埋头于实验之中。2019 年，她开始培养自己的第一批研究生。

看着那些年轻的、充满理想与志气的学生，肖晗总是想起过去的自己。因此在入学时，肖晗就会告诉自己的学生，遇到困难不要害怕，及时解决问题才是最重要的。与此同时，她也明白，旁人的建议永远无法代替实践的分量，只有亲身经历过，才能够真正地成长。在这个过程中，肖晗始终陪伴着他们。

困难与挫折并不可怕，但态度一定要时刻保持严谨。在她看来，严谨是做科研最重要的品质之一。每当学生在论文中标错数字或遗漏图片，她总会反复强调，科研不容许任何马虎。

巨大的时间成本、海量的专业知识、极快的更新换代速度、失败与挫折的反复累积，这些都是肖晗曾经历的挑战。尽管她总是开玩笑说，当初的理想十分天真幼稚，但这项事业背后的意义与价值，却是她坚持到现在的最大动力。有时候，她会和不同专业的研究者在一起聊天。当肖晗谈起自己的研究内容时，常常有人说，他记得曾在某个地方听过她的报告，可惜听完只记得报告的内容，却不知道报告人原来就是她。

肖晗笑道："这样最好，重要的是工作。"

（采写：谢欣玥；2022 年 8 月首载于北大新闻网）

城市上空
的归燕

张洪谋

张洪谋，1989 年 5 月生，2021 年 3 月起，任北京大学政府管理学院助理教授、研究员。2012 年毕业于北京大学城市与环境学院，获工学学士（城市规划）、理学学士（数学与应用数学）学位。2014 年获宾夕法尼亚大学城市规划硕士学位。2019 年获麻省理工学院城市科学与规划博士学位。主要研究领域为城市交通治理、城市可持续发展、智慧城市治理，关注城市政策的数学建模、大数据分析、模拟与可视化。曾获北京大学五四奖学金、宾夕法尼亚大学设计学院奖学金、麻省理工学院校长奖学金、麻省理工学院城市研究与规划系优秀教学奖。

从张洪谋北大政府管理学院的办公室向外望去，隔着宽阔的中关村北大街，刚好可以看到城市与环境学院的大楼。

或许是一种美妙的巧合，马路两边的两个学院，分别标记着张洪谋在北大的本科求学时光和如今的任教生涯。而这中间，则是张洪谋每一个清醒、稳健的步伐所铺就的学术之路。

爱"玩"的人

2006年，当时还是高中生的张洪谋第一次来到北大。彼时尚未翻新的东门和图书馆，还有灰白相衬的逸夫二楼，以及古朴的文史楼，成为张洪谋对北大的第一印象。

在高三考虑填报志愿的时候，张洪谋决定选择城市与环境学院学习城市规划专业。"当时我以为这个专业会学习对城市格局的规划和设计，应该是个很有意思的专业。"

入学后，他渐渐发现，最开始接触的大部分课程都是地理课，这虽然和张洪谋所想象的专业内容不太一样，但并未影响他继续感受学科独有的魅力。"我觉得这样也很有意思，算是一些意外的收获和惊喜。"

在主修专业之外，张洪谋还选择学习当时较为冷门的数学双学位。一方面因为在最初选择专业时，他曾犹豫过是否要学数学，修习双学位算是部分实现了当时的梦想；另一方面他对大一的高数课兴味盎然，于是决定"还是应该多学一点数学"。

"学数学的人都是爱玩的人。"在数院的课堂上，一位老师的这句话深深启发了他。直到现在，他都觉得从事学术研究的人，一定都是好奇心强、爱探索的人。

而他自己也是如此。从本科入学开始，张洪谋每一次出于"有趣""有意思"所做出的选择，都在当时为他尚未可知的未来铺垫了通往学术之门的道路。

渡洋而去，越洋而归

未及本科结束，张洪谋就早早确定了日后在学术界工作的志愿。除了他本人强烈的好奇心和求知欲以外，北大浓厚的学术氛围和师长们躬耕学术田亩的身影都让他对这样的事业充满了向往。

硕士阶段，张洪谋在宾夕法尼亚大学继续学习城市规划。在宾大，他总能感受到一种和北大相似的气质。宾夕法尼亚大学坐落于美国的故都费城。悠久的校史、综合性大学的性质，以及和美国独立历史千丝万缕的联系，都让张洪谋感觉到宾大和北大在冥冥之中的某种相似。

之后，张洪谋到麻省理工学院继续攻读博士，在这里他感受到了另一种截然不同的氛围。在这所以工科见长的大学，学生都有着非常鲜明的应用视角和强烈的求解意识。张洪谋的博士方向为城市科学，是计算科学与城市研究的交叉学科。张洪谋在和工科专业的同学交流时经常会被问到："我们可以做出一个机器人，我们可以开发一个算法，那你们这个专业能干什么呢？"

张洪谋也曾对此感到困惑，但导师赵锦华教授的一句话点醒了他，"我们可以提供一种不同的看问题的视角"。

博士研究生学习期间，张洪谋第一次参加北京大学新英格兰校友会的活动时，发现参会的校友竟然有一两百人，其中甚至不乏 20 世纪 70 年代毕业的校友。他乡遇故人的时刻，张洪谋不禁回忆起本科参加"一二·九"师生歌会的画面：他和同学们站在舞台上，唱出歌词最后一句"她是我们永远的家"时，对母校的情感霎时间得到了升华。眼前，来自五湖四海，从事各行各业的校友在遥遥海外相聚，或把盏言欢，或泛舟于查尔斯河上，只因大家同为"北大人"。

和每一位选择读博的人一样，张洪谋也会面临学术上的压力。"读博有一个很大的困扰就是，你所要回答的这个问题只有你自己才知道该怎么去做。导师可以给你一些方向上的建议，但他也不知道答案会是什么。"

"就像是宇航员在太空中的感觉。"张洪谋曾用一个比喻来形容这种状态：比如突然飞船坏了，宇航员也只能自己去修，地面工作人员只能给出一些指挥，但没有办法帮忙解决问题。"其他的人可以给你的帮助很有限，还是要靠自己去努力。"

而且从事学术研究有着极大的不确定性，研究者只能通过了解不确定性来改变自己的预期，却没有办法改变不确定性本身。

得益于比较广泛的兴趣爱好，如绘画、运动和参与乐队，张洪谋得以缓解和平衡研究上的压力。

而爱人的支持，则是帮助他抵挡孤独和压力的后盾。张洪谋和他的爱人相识于在宾大求学的硕士阶段，爱人毕业后回国在深圳工作，张洪谋则继续攻读博士学位，二人开启了一段"异国恋"。2019 年 5 月，张洪谋顺利博士毕业。6 月中旬，他和自己在宾大求学时结识的恋人在宾大校园举行了浪漫的婚礼。那一天碧空如洗、风清日丽，亲朋好友共同见证了这段从校园到婚姻的

张洪谋参加麻省理工学院博士毕业典礼

美好爱情。

2021 年 3 月初，张洪谋如愿回到北大，在政府管理学院任教。此前所有的经历和努力，都在这个职业选择中得到了理想的答案。原来的"异国恋"又成了现在的"异地恋"。对于爱人的支持，张洪谋心怀感恩，是她对家庭的付出与奉献，让自己能够更专注于对事业的追求。

看见城市中的人

和在实验室进行研究的学科不同，城市研究往往需要到城市中去，去了解那里生活的人和发生的事。因此，在本科阶段的很多课程和科研训练中，张洪谋经常要到城市当中的不同地方去踏勘和调研，并且和当地居民进行交谈，了解他们的生活。

大三那年，张洪谋和同学一起以"北京市历史街区旅游开发现状调查与模式研究"为题，申请了校长基金支持的本科生科研项目。借着做项目的机会，张洪谋和同学把北京市二环附近的胡同几乎跑了一遍，在和住户进行访谈的过程中，他深度体会着老北京的人情味儿。后来在"城市设计"课程上，张洪谋选择了一个钟鼓楼附近的场地进行设计，他沿着钟楼高陡的台阶拾级而上，以俯瞰的视角重新看着自己走过的每一条胡同，灰墙灰瓦的房屋、屋顶露台上晾晒的褪色衣服、往来其间的自行车和行人，张洪谋无比真切地感受到，"他们居住的空间折射出的就是他们的生活"。

在"景观设计学"课程中，全班被分成了若干个小组，前往北京的清河沿岸进行周边生态环境治理与社会生活情况的调研。有一次，他所在的小组经过了一天的现场调研之后，返回时天色已晚，小组同学骑着各自的自行车，在昏暗的路灯下、飞扬的尘土中，穿梭于进城的运货车辆间。城乡交错带特有的芜杂、寥乱和生活气息，仿佛让张洪谋看到了北京这座大城市的另一重面貌。而这个画面，也定格为他本科记忆中奇妙的一瞬。

在这个以"城市"为名的专业中，张洪谋关注的不仅仅是建筑的分布、场地的关系、区域的划分，更是居于其中鲜活的人。

现实趋势的变化和学科交叉融合的发展方向让张洪谋选择了如今任教的政府管理学院，站在社会科学和理工科的交叉融合点上，用数学模型来回答社会科学，特别是城市管理学科的问题。这一交叉学科领域也被学者称为"城市科学"，也就是张洪谋在麻省理工获得博士学位的领域。

他曾涉足过的学科，都在此刻达成了圆满的连接，而这一切的出发点，不过是他对知识纯粹的渴望和追寻。

现在，张洪谋主要关注的是交通治理与智慧城市领域。目前，我国仍处于快速城镇化时期，城市中新的现象和事物都在不断涌现，这反映在城市政策上也会有很多与时俱进的变化。我国城市在交通政策方面做出了很多国外所没有的创新，比如北京通过车辆限号、摇号等管理手段来改善城市交通拥堵状况，以及通过政策推广无人驾驶、共享出行等方式来解决城市交通问题，而传统的交通政策理论框架已不足以对这些现象进行阐释。政策设计中的具体细节事关交通资源的社会福利分配问题，这些都是非常值得讨论的科研话题。

"我认为这会是一个很好的提出理论创新的机遇，或许可以总结为在交通政策领域讲好中国故事。"他如是说。

现在任教于建筑与景观设计学院的许立言，是张洪谋的好友，也是他的师兄，他这样评价张洪谋："他有着我们这个学科中罕见的数学抽象建模能力，同时又不满足于一些城市具体问题的解决，而是希望至少在方法论层面，甚至是认识论层面做出一些贡献。"

无论在求学还是在研究中，张洪谋始终关注研究的现实导向和应用导向，希望可以真正作用于社会，改变和优化一些现状。"我想这就是体现社会科学研究价值的一个实践出口。"

在不确定性中与学生并肩

重回燕园，张洪谋从本科时坐在教室里沐浴春风的学生，变成了站在三尺讲台上的师者。

张洪谋参加学术论坛

目前，张洪谋为研究生开设了"城市可持续发展"和"智慧应急管理与城市治理"两门课，为本科生开设了"城市交通与土地利用"一门课。

"城市交通与土地利用"是一门新设课，因此张洪谋在课程内容和作业布置上花费了很多心思，既希望同学们可以在具体的案例中掌握理论工具，又希望案例可以贴近同学们的生活，便于同学们理解和把握。

政府管理学院 2019 级本科生陆遥已经跟随张洪谋进行了一年多的课题研究，他记得老师在课后会通过问卷的方式来收集大家的建议、疑问、印象是否深刻等，并随之不断调整自己的课程设计。"张老师还会在课堂上用一些游戏和奖品来调动氛围，还会给我们补充非常多有趣的例子，给我们带来跨学科、更广阔的知识面。"

张洪谋为该课程设定了两项作业：第一个是分析北大的交通情况，第二个是分析北大的土地利用情况。

正如张洪谋所期待的那样，两次作业的主题在选课同学中得到了积极的反馈。

在第一次作业中，同学们在他提供的技术和模型的基础上自行收集、补全数据，而后抽象出北大的交通网络图，进而估算每条路上的交通流，至于如何评判作业的质量，每一位同学的日常经验就是最好的检验方式。

在第二次作业中，同学们对北大内部的土地利用进行细分，发现了平时经常被忽略的角落，评估出区位最优的宿舍楼。将同学们关心的话题作为作业题目，大大激发了同学们的学习热情。

学习时下最流行的"梗"，使用一些略显古早的表情包，在组会上准备水果和披萨……课堂之外的张洪谋也在努力融入学生中间。陆遥说："张老师是一位很有学识和能力的老师，也是一位富有亲和力的老师。"

从申请硕士和博士到寻找事业方向，张洪谋也经历过很多选择和困难，也曾非常焦虑和迷茫。"我没有办法比较我当时经历的焦虑和现在同学们正在经历的焦虑哪个更深，并且我也不觉得我的人生经验足以让我以人生导师的身份来给同学一些建议。"但张洪谋依旧保持着内省的真诚，"我希望大家能够理解不确定性是生活的一部分，可以以更开放的心态去拥抱不确定性"。

而他，也会和一批又一批新鲜的北大面孔一起，面向我国正在涌动的城市化进程，以确定的思考和行动，应对所有的不确定性，生发更多可能。

（采写：吕思婷；2022 年 9 月首载于北大新闻网）

※　首页图为学者本人提供。

从德国归来，
她在北大
讲授中世纪
历史

李文丹

文丹，1989 年 6 月生，北京大学历史学系助理教授。2011 年于北京大学外国语学院德语系获德语专业学
学位，2014 年于北京大学历史学系获世界史专业硕士学位，2012 年 9 月至 2013 年 9 月前往德国柏林自
大学、洪堡大学交流，2014—2018 年就读于德国柏林自由大学历史与文化学院，获欧洲中世纪史专业博
学位。2018 年 9 月至 2021 年 10 月担任德国伍珀塔尔大学历史学系助理研究员，2021 年 11 月入职北京
学历史学系。主要研究方向有中世纪罗马教会史、中世纪欧洲手稿文献学、神圣罗马帝国史、托钵修会
、中世纪东西交流史。

微微泛黄的中世纪的手稿，阿西西和佛罗伦萨教堂的挂幅，色彩鲜艳的小圆毯和沙发巾……这些来自欧洲不同地方的小装饰，为北大人文学苑 5 号楼的这间办公室带来了悠远的中世纪的回响。它们的主人是历史学系的李文丹老师，从文学到历史，从德国再回北大，她在充满诗歌和音乐的燕园中找到了安顿身心的归宿，也把她的思索和祝福传递给下一代北大人。

漫步在文史交叉的小径

与文学结缘，始于李文丹高中时期。那时，歌德、荷尔德林、卡夫卡的文学作品给她的心灵带来震撼，为了能更进一步了解它们，她报考了北大德语系。

在德语系的日子里，李文丹有了大量时间心无旁骛地沉潜在文学名著中，尽管后来不从事文学研究，但是在人生中很多重要或艰难的时刻，曾沉浸过的文学作品往往能给她很多触动和慰藉。

"我当时不太理解，有一些人要去城堡又总也去不了，在城堡外面徘徊，那是怎样一种状态。但当人生中真的遇到了这种使尽了力气也无法克服的困境，我就会想起卡夫卡的《城堡》。"文学所创造的"异代同音"的相似之感，让李文丹领悟到人生的某些况味，从而把她的思想引到更深邃的地方。"我觉得人在高兴的时候是很单纯的，但是在遇到困难的时候，往往会触发各种各样的思考，文学大部分描写的是隐秘、复杂、深刻的事物。"

广泛的文学阅读，也让李文丹有了一个丰富自足的精神世界李文丹温柔地说："因为文学，我的人生变得开阔，我的思想能够游离于现实世界之外，随意去一个遥远的、可能是很美好的地方，到现在依然是。"

李文丹最初感兴趣的是德国近现代文学，在她既有的朦胧观念中，中世纪是黑暗、落后、愚昧的，但是在德语系谷裕老师的讲解下，一个全新的中世纪向她敞开，她发现中世纪也有动人的故事，温柔、仁慈甚至是悲悯的。但李文丹也觉得，文学作品是无法脱离历史背景去审视的，就如中世纪的文学，脱离了历史背景就显得简单苍白，而把它还原到历史背景中去，它的深刻内涵才显现出来。

都说"文史不分家"，李文丹也喜欢顺藤摸瓜地爬梳一个事情的历史，文学的学习经历，冥冥之中将她引向了历史学。

在李文丹看来，文学和历史研究有相似之处，二者都要在原始文献的基础上深入讨论；此外，人们常说文学是一种虚构的真实，李文丹一方面认同这种说法，同时又对真正的真实产生了一种向往。"我有时候觉得现实比虚构更加丰富多彩，是超越了人的想象的。然后我就会想，为什么不再进一步，也研究一下历史中的真实？"

在谷裕老师的推荐下，李文丹上了历史系彭小瑜老师的课，开始学习有关中世纪的历史。她发现历史充满距离感和神秘感，很多古代文明在现代人眼里呈现出失语的状态，如果没人去研究，就永远没人知道它的真实模样，而这些消失在主流叙事里面的事物并不是不值得被知道的。她希望自己能够亲自把它们从历史的长河中"挖"出来。"用中文来说可能叫钩沉，这个对我来说是非常有意思的事情。"大四的时候，李文丹决定转到历史系读研究生。

"翻过这座山，就能看到更开阔的风景"

保研以后，李文丹一直在补课，最开始是拉丁语，然后有基督教文明史、中世纪史研究等基本的专业课。此外，她还要另学法语、意大利语来辅助研究。好在德语系四年的训练不仅为李文丹打下了扎实的外语功底，还教会了她一套学习外语的方法，这令她终生受益；而且一旦掌握了一门语言，就多了一个深入研究的有力工具，这在她看来是非常"值"的。她说："我觉得语言学习的痛苦是暂时的，经历了痛苦以后，你就能更好地享受探索的快乐。"

然而，比大规模的补课更令人苦恼的是，有长达一两年的时间，她不明白历史学的论文究竟该怎么写。"周围的人告诉我和文学系的差不多，但我后来发现差别是非常大的。"

硕士二年级时，李文丹前往德国柏林自由大学做交换生。在交换学习期间，德国的导师图木泽有一次严肃批评了她的习作，可能也是由于原先的积累，她一下子明白该怎么写一篇历史论文了。"他跟我说历史和文学比较大的一个区别，它不是演绎的，是归纳的。归纳的意思是说，你看见这个史实，然后你从里面提取归纳出结论，而不是向外发散你的感想和分析。"这虽然也是导师的"一家之言"，却一下点醒了李文丹。如同翻过一座山，她看见了更开阔的风景。

在北大学习期间，李文丹受益于许多老师。回想起对她影响

李文丹个人照

最大的两位老师——谷裕老师和彭小瑜老师，李文丹认为，是他们在学术上追求卓越的精神激励了自己，他们的鼓励也给了自己求学的信心。"如果没有老师对我的肯定，我可能一直会怀疑自己，然后就退缩了。当我对自己很不自信的时候，老师们会善于挖掘我的优势和潜能，给了我走出舒适区的勇气。"

李文丹一直觉得自己很幸运，作为一位女性学者，在求学道路上几乎没有遭到以偏见对待，而且她所看到的一些杰出的北大女性教师，给了她榜样的力量：历史系的邓小南老师、外国语学院的段晴老师、中文系的戴锦华老师和秦立彦老师……她们让李文丹看到女性的智慧、力量和勇气，这对她产生了潜移默化的影响，"让我觉得人生有无限可能"。

在北大的求学生涯，为李文丹后来做学术打下了良好的基础，尤其是彭小瑜老师在中世纪思想史和教会史方面的训练，弥补了中国学生在文化差异上的弱项，当她前往德国求学时，又有了更多的自由空间可以探索。

在欧洲，追蹑西方中世纪的踪迹

2013 年的一个雨天，李文丹以硕士生的身份去罗马参加研讨会，她与自己的德国导师约定在罗马的地标性建筑——西班牙大台阶碰面。这时，她即将结束海外交流的时光返回北大，但她已决定未来还要到德国读博深造。导师问李文丹是否愿意研究教会法和教会思想史，这也是李文丹的硕士导师彭小瑜教授的拿手方向，李文丹陷入思考。不知不觉间，二人的雨中踱步延伸到罗马城的西北角，望着不远处肃穆的圣彼得大教堂，李文丹萌发了一个想法，她对导师说："我想研究罗马教宗。"在这个罗马的雨天里，李文丹找到了自己的学术生长点。

李文丹博士阶段研究的是一部教宗传记——《格里高利九世传》，这部史书在语言上相当有难度，同时内容又极其丰富，所以导师鼓励具有扎实语文学素养的她深入钻研。就李文丹自己来说，一本史书能触及当时的政治、社会、文化等方方面面，是一个全景式的社会呈现。这对于读着《史记》《汉书》长大的中国人来说，有一种天然的亲切感，她欣然接受了这个题目。

为了搜集研究资料，李文丹穿梭于欧洲各国大大小小的档案馆。"我研究的最主要的一个材料保存在佛罗伦萨，我去过那里很多次，所以我对佛罗伦萨特别有感情。"李文丹指着办公室墙上的佛罗伦萨挂幅说。这些"走读"城市的经历给了她感受不同文化的机会，构成人生中美好的回忆，也让她在更广阔中的视野中开拓自己的研究。

"德国历史研究的传统是注重考证，注重政治史、制度史和观念史，这其实和中国古代史的治学方向是比较接近的。"在李文丹看来，中国学者研究欧洲古代和中世纪史虽然有地理、文化上的差距，但也有自己的优势。中华文明本身历史悠久，中国学者对于自己的历史文化和社会现实有切身的体悟，因此眼界天然就不是"欧洲中心论"的，"你会很容易注意到东西方文明的一些差异，但这对于西方学者来说，可能是他们的盲点"。

此外，从中国史的研究中，李文丹也学到了一些处理西方史料的技巧。在做博士论文时，她借鉴了中国史学分析正史的细腻方法，注重历史书写、文书档案和思想观念的互证，这使她的研究取得了重要突破。她的博士论文基于对教廷与方济各会关系的全新挖掘，于 2019 年获国际方济各会研究会（Società Internazionale di Studi Francescani）"保罗·萨巴捷"双年奖（Premio "Paul Sabatier"）。

"读博士还是很愉快的，我每次去学校都可高兴了。"谈起自己的博士学习经历，李文丹脸上焕发出一种光彩。那时，她常常跟来自不同国家的同学聚在一起讨论问题，论文中一些重要的观点也是从讨论中获得的灵感。虽然学习节奏很紧凑，导师的要求也很严格，写的稿子经常被推翻，但与志同道合的朋友相互扶持、一起进步，是她回忆里珍贵而快乐的时光。

博士四年顺利毕业后，李文丹在德国伍伯塔尔大学历史学系授课并担任助理研究员，2021 年 11 月，她选择回到北大。

做让人"感到幸福"的学术

虽然在国外求学多年，但中国的问题更能牵动她的心，这也是李文丹最终回到祖国的主要原因。

"我觉得我在德国学成的成果，能让我在中国做有意义的事。"出于这样的想法，李文丹一开始便打算学成后回国任教。从个人层面来说，她也感到语言文化对人的羁绊："我觉得用母语思考、表达，都是很幸福的事，我是受中国文化影响比较深的人，我觉得在汉语文化圈里生活是很舒服的事情。"

在北大教授西方中世纪的历史，是怎样一种体验？李文丹敏锐地指出："世界是一体的，你需要了解世界的其他部分，需要做非常基础的研究去了解为中国人所陌生的事物，比如像罗马教会等。如果你具有从头研究的能力，就不会受制于他人的研究，而是基于自己的问题意识，来探索你想知道的问题。我觉得对中国学者来说，能够独立且深入地研究外国的事物，这件事情本身是有意义的，而且作为一种学科或技能，它是应该被传承下去的。"

李文丹表示，人类的想象力其实是很有限的，但是历史能提供很多启示。"如何拓宽我们对社会的想象力？看历史是一个很好的办法。"在这个意义上，研究一些主流或者不主流的问题，对它们有全面的了解，对中国处理自己的问题也会有启发。当然，这种启发不一定直接作用于中国当下的社会，而应该理解为一种缓慢生长的文化的灵感。

在欧洲的大学，语言规定了研究的领域，因此东方史和欧洲史的合作研究相对受限，让李文丹惊喜的是："在北大完全没有这种界限，北大的跨学科交流非常充分和深入。"她可以与历史系的老师合作，发挥各自语言和研究的特长，一起释读来往于东西方之间的文书，把历史研究的版图弥合扩充，也可以在文研院组织的学术活动中与文学、社会学、政治学的学者交流对话。

再次回到母校，李文丹也有新的感慨，她感到现在的北大学生更自信、更勇于表达自己，这和当年多少有些腼腆的她不太一样，但她也觉得很兴奋，"北大学生对自己的要求非常高，而且提的问题都非常有趣"。

虽然工作逐渐忙碌，但李文丹依然很享受做学术的快乐，她

李文丹个人照

始终记得博士后合作导师尤恒特说过的一句话："要做一个让你真正关心、发自内心感到幸福的题目。"李文丹的理解是，找到让自己由衷着迷的题目，就不需要外界的压力，自然有动力去弄明白它。她如是做了，一直追寻着让她感到幸福的学术，她也希望北大的学生们在求学路上，也能找到让自己安顿身心的学问。

"很多诗歌，很多音乐，有很多批判性的讨论"，这是李文丹在北大的学生时代的缩影而随着阅历和学问的沉淀，她要完成的工作和课题也更加复杂多元。她开玩笑说："现在没有任何摸鱼的时间。"优哉游哉的学生时光一去不回头了，取而代之的是知识面的拓宽，对事物的看法逐渐深入，她也感到越来越接近所要了解的事物的本质，这令她充满期待。

"我们现在虽然是老师，但也需要不断地学习，不知道的事情其实太多了。"

（采访：刘文欣；文字：池如渊、刘文欣；
2022 年 11 月首载于北大新闻网）

我喜欢出发，愿你也喜欢

愿你也喜欢

杨越

杨越，1982 年 5 月生，北京大学博雅特聘教授。2004 年获浙江大学学士学位，2007 年获中国科学院力学研究所硕士学位，2011 年获加州理工学院博士学位，随后于普林斯顿大学与康奈尔大学做博士后研究，013 年加入北京大学工作。现任中国力学学会副秘书长、中国空气动力学会理事，《空气动力学学报》副主编，SCPMA、AMS、ARC、《力学进展》期刊编委。曾获国家杰出青年科学基金、科学探索奖、教育部青年科学奖、求是杰出青年学者奖。主要研究方向为湍流、燃烧、涡动力学。

提起"浪漫"这个词，大家或许鲜少会联想到日复一日的科研工作。然而热爱科研的人自会认为，有自己喜欢和擅长的事情，并为之不懈奋斗，便是无比浪漫的事。

在北京大学工学院，有这样一位教授，从求学时不停"转换阵地"，到十几年来坚定不移地走在流体力学的道路上，再到如今安家北大。他始终保持着不断再出发的视角并在路途中孕育出了一朵浪漫之花。

专注、执着、朴素，科研的浪漫，被杨越紧握手中。

世界上有不绝的风景

从江南到华北，从东半球到西半球，从美国西海岸到东海岸，杨越的求学之路，是一个不停"转换阵地"的过程。浙江大学、中国科学院力学研究所、加州理工大学、普林斯顿大学、康奈尔大学，都是他来北大之前驻足过的地方。在杨越的观念里，比起新奇事物的吸引力，路途的奔波算不得什么，他想趁年轻多看看不一样的世界。

"好奇"不仅体现在求学地点的选择上，在专业研究中，他也尽力追求不一样的视角。"研究湍流有两大类途径，我在硕士阶段用的是一种统计方法，而博士阶段则更偏向于流动结构的研究方法。"求新不只是偏好使然，它也是打开思路的一把钥匙，在杨越看来："同一个问题可以有很多种不同的思路，尝试从更多角度去解决时，对它自然就有了更全面的理解。"

不断出发的旅程，除了好奇心的驱使，还需要迎向未知的勇气。杨越自身的性格如此，而加州理工大学的求学经历也帮助他放大了这种勇气。

"加州理工的校园文化很有特色，非常崇尚创新。而为了实现突破，同学们往往富有一种极致投入的精神。"杨越坦言，他很感谢加州理工大学的这种熏陶，在这期间他"成长很大"。与生俱来的特质和这所学校的独特环境结合在一起，发生了奇妙的化学反应。

研究博士论文课题时，杨越真切地体会到这种反应带来的惊喜。他当时正关注如何在流动中追踪旋涡运动。一开始，他尝试了很多方法都没有实现突破。偶然间，一个想法在他的大脑里产生：或许可以尝试用不同于常规的，即用速度场驱动的方法，用涡量来驱动标量场，这样标量场便可以显示涡量面结构。

"当时只是抱着试一试的心态。"没想到的是，最终的效果非常好，他得以四两拨千斤地解决了这个问题。讲到这儿，杨越的目光变得格外热烈起来，好像又重新回到了那个充满喜悦的时刻。而当被问及当时是如何庆祝时，他不好意思地笑了："就是很高兴嘛，在房间里来回转。"

绚丽的世界层层展现在杨越面前，他观赏探索，博采众长，但不难看出，路程始终贯穿着一条主线，那就是流体力学。虽然学校环境在变，研究方法在变，所处地域在变，但他始终怀揣着对流体力学、对湍流领域的赤忱。"科学是无止境的，我知道自己也许不能完全解决湍流领域的问题。所以对我来说，只要能往上走一些，离完全解决更近一步——哪怕只是一小步，能感觉到

杨越的博士论文获加州理工学院流体力学杰出研究奖

自己在前进，也就够了。"

于是，他的每"一小步"都成为一种重新出发，每往上"走一些"，都将目光带向全然不同的风景。

现实主义是最伟大的浪漫主义

对理想最好的追求，是在路途中紧紧依靠现实与理性的力量。正所谓"现实主义是最伟大的浪漫主义"，杨越行进的过程或许正是这句话的注脚。

"为什么会选择回国？"很多海外留学归来的学者都会被问及这个问题。杨越的回答很简单："回国是一个自然的选择，国内需要加强流体力学、航空航天应用基础研究，我在这里能够最大程度地发挥自己所学。"

回国后，杨越注重结合北大的优势，在基础理论研究领域继续深入，同时根据国家的现实需求，也着力于应用方面的研究。在家国情怀的指引下实现个人价值，追寻这一理想的路途中，杨越正迈出扎实的脚步。

注重结合实际，是杨越一以贯之的风格。最开始选择湍流这个研究方向，就是考虑到自己对这个方向感兴趣。硕士阶段，导师何国威研究员发现杨越的物理直觉和空间想象力比较强，"图画得好看"，就布置了相关的课题任务给他，而杨越凭借着自己在这方面的长处与兴趣，往往完成得非常出色，之后研究的很多题目也都与此相关。

杨越感叹道："一个人要找到自己的特长并把它放大，要尽量发挥自己的长处。"

教学中，杨越也很清楚，首先要去"了解你的学生"，他会充分结合学生实际情况设计不同的教学内容。现在，他同时开授面向北大工学院学生和空军飞行员班学生的课程。在教授"空飞班"学生时，杨越更侧重教给他们数学与力学建模的思维能力。"具体知识可能会忘，计算技巧等真正用到的机会也不多，可是这种思考的能力却是可以受用终身的。"

在带研究生时，杨越更是把这种注重实际的特色发挥得淋漓尽致。他每周会与自己带的学生聊聊天、谈谈心，通过这些日常的交流与观察来发掘不同学生的不同特点，然后再根据这些特点为学生指导合适的方向。在未来道路的选择上，杨越也从不会对学生加以干涉。"大家都很优秀，只要他们选的路是适合他们自己的，我就很满意了。"

杨越曾经的博士生，现为北京大学应用物理与技术研究中心助理教授的赵耀民说："回忆整个博士期间与杨老师的交流，不管科研进展是否顺利，我得到杨老师的反馈总是正向的、鼓励式的。这对于我增强从事学术研究的信心，最终选择大学教师作为职业至关重要。"在引导每位学生成长的过程中，保持鼓励、发掘长处，是杨越推动他们前进的方法。

每个学生都有熠熠闪光之处，让他们能看到自己的闪光点，并在此基础上过上充实自足的人生，是教育最好的样子。似乎是想到了自己这些年带出来的学生，杨越的笑容中透露出了一些小小的自豪。

仰望星空，脚踏实地。当我们还在惊叹于杨越身后那一串长长的脚印时，他已背起行囊，在现实与理性的路线上再次出发了。

朴素地走向非凡

在北大，杨越的日程安排得很"满"：科研、教学、指导学生和处理院系事务，每一块的工作量都很充实。不过，虽然事务繁多，他样样都干得很出色。科研上，他获得国家杰出青年科学基金、求是杰出青年学者奖；教学育人上，他是中国力学学会优秀博士学位论文导师，还获得了北大一年一度的"教学优秀奖"；同时，他还担任北京大学工学院力学与工程科学系主任。

杨越（前排右）在"工学创新实践"课中组织机器人竞技赛

当被问及是如何有条不紊地处理如此繁多的工作，并在各个方面都取得优异成绩的时候，杨越只是摆了摆手："我只是分清了事情的轻重缓急，真正优秀的是北大的学生与同事。"

杨越的答案总是简单直白，与他为人处世散发的朴素气质贴切吻合。聊到教学中有什么巧思妙想时，他说，为了让学生们喜欢听他的课，他曾经想过要在每节课把学生逗笑一次。"但是也不能超过一次。"杨越紧接着补充道，带着科研人那股认真严谨的劲儿。

杨越培养研究生的理念简明但切中要害。一方面，他会给学生很大的自由，时间可以自由分配，路线可以自己选择，但他会特别注意把握关键环节。比如在学生发表论文的质量上，他就会分外严格。

这种严格，是一种要求，更是一种示范。他曾经的博士生熊诗颖回忆道："我的每篇论文，杨越老师都会指导几十次，每次他都会上手修改论文，并提出非常细致的修改意见，大到文章的布局、创新点的提炼，小到作图、标点符号、参考文献的规范等，以此来保证论文在学术内容和语言表达方面的准确性。"

另一方面，身为老师，他清楚地知道自己是指导和帮助的角色，而不是管理的角色。所以，他的学生感受到的总是受益和关爱。赵耀民在他的博士论文的致谢中这样写道："经过粗略统计，博士三年以来我和杨老师互通的邮件大约有上千封之多，而微信沟通更是难以计量。"

谈到科研，杨越则更为谦虚。他从大四开始便有志于学术道路，时至今日，已经投入了无数的时间与精力，可他却说，自己只是做好了本职工作，"只是在做自己认可和感兴趣的事情"。

杨越还记得自己求学时，曾偶然读到我国近代力学事业的奠基人、北大力学学科开创者周培源先生关于湍流理论的论文，读完他深受鼓舞。回国后选择来到北大，部分也正源于此。如今，北大正着眼于"新工科"建设，作为工学院力学系的系主任和教师，杨越也希望自己能够出上一份力，"以力学为基点，为新工科打好基础，提供支撑"。新工科未来可期，杨越准备尽己所能，为其添砖加瓦。

本着这种朴素，杨越一步一步，靠近非凡。

如今，他已安家北大，但在流体力学的道路上，他仍在不断出发。

（采写：王悦、陈楚楚、杨迪；2022 年 11 月
首载于北大新闻网）

※　首页图为学者本人提供。

在软件科学与工程领域奔赴不息

谢涛

谢涛，1975 年 5 月生，北京大学讲席教授。1997 年在复旦大学计算机系获得学士学位，2000 年在北京大学计算机系获硕士学位，2005 年在美国西雅图华盛顿大学计算机系获博士学位。曾任美国伊利诺伊大学香槟分校（UIUC）计算机系正教授。当选欧洲科学院外籍院士、国际计算机学会（ACM）会士、电气电子工程师学会（IEEE）会士、美国科学促进会（AAAS）会士、中国计算机学会（CCF）会士。曾获科学探索奖，国家自然科学基金委海外杰出青年科学基金，美国 NSF Faculty CAREER Award，ACM 软件工程领域（SIGSOFT）三大奖项中的两项（有影响力教育工作者奖、杰出服务奖），IEEE 软件工程领域（TCSE）杰出服务奖等。主要研究领域包括软件工程，系统软件，软件安全，可信人工智能。

2007 年，在国外任教的谢涛发表了一篇论文。十四年后，这篇文章被软件工程顶级国际会议 ASE 评为"最有影响力的论文"。这种看似迟到的惊喜背后，其实是谢涛的坚持从时光那里获得的奖赏。

自 2000 年从北大毕业后，谢涛一直带着一股奔赴不息的闯劲，在计算机软件领域不断前行。一路走来，电气电子工程师学会会士、美国科学促进会会士、国际计算机学会会士、中国计算机学会会士等身份证明着谢涛的努力与收获。

2019 年，谢涛回国，入职北大信息科学技术学院计算机系（现计算机学院），成为北京大学讲席教授。在坚持开展高水平科研工作的同时，他以包容开放的姿态，言传身教地将追求卓越的力量传递给学生，致力于推动学术社区的多元与学界的融通互动。如何做更有意义、更有影响力的事情，为社会、国家、世界做出更大的贡献，谢涛始终以行动回应着这个问题。

球场上的追风少年

谢涛在广西贺州的大平乡度过童年时代。那是一个被掩映在群山之中的小乡镇，碧水佳木，翔鸟游鱼，相对闭塞的地理环境并不曾磨灭蓬勃的生命力。勇气与梦想，蛰伏在这片灵动的土地之上，自由地奋力生长着。

三十多年前广西贺州高级中学的绿茵场上，总有谢涛和哥哥谢源的身影。他们一个踢前锋，一个踢后卫，阳光倾落在他们追风而行的雀跃身影上，激荡起灼灼耀眼的热爱与全力奔赴的勇气，仿佛凝为他们生命的笺注。学校的计算机兴趣小组中也总能见到他们满盈喜悦与专注的脸庞，偶尔还为了某个编程问题而争得面红耳赤。

谢涛和哥哥志趣相同，彼此提携鼓舞。凭着如绿茵场上那股永不服输的拼劲，两位少年向着热爱的方向追逐奔赴，群山外辽阔宽广的世界，在他们面前徐徐铺展开来。

兄弟二人都选择学习计算机专业，但又"硬件""软件"互补，一如年少时球场上的两人。如今，谢源是计算机体系结构、芯片设计领域的权威专家，谢涛则是计算机软件领域的大咖。2022 年 1 月，谢涛当选国际计算机学会会士，更是创造了兄弟二人同时当选三大顶级国际学会会士的佳话。

进入北大学习后，谢涛立刻成为计算机系足球队的一员猛将。他在计算机系足球队的三年时间中，球队先后获得了北大杯亚军、冠军，第三年，谢涛更是作为队长带领球队夺得全校冠军。

绿茵场仿佛是谢涛人生舞台的缩影，生命向着热爱与梦想奔赴的模样，坚定而充满力量。

奔赴不息的超越者

面对学术，谢涛同样是永无止息的超越者与奔赴者。

研究生学习阶段，基于本科的专业背景和兴趣，谢涛进入杨芙清院士领导下的北大软件团队，参与了国家重点攻关计划"青

谢涛（前排左三）研究生学习期间参加的北京大学计算机系足球队合影

鸟工程"，导师为梅宏教授。团队面向软件产业发展和服务国家
战略需求开展科研工作，攻坚关键核心技术。团队所采用的研究
方法和思维在谢涛的科研启蒙期给了他很好的训练和熏陶，为之
后他在软件科学与工程上做出的不菲成绩打下了坚实基础。

1997年到2000年，谢涛在北大攻读硕士研究生的三年期间，正是国内计算机学术界起步走向世界、了解国际学术前沿的重要阶段。北大作为国内软件学科的排头兵，在那时，科研环境已然开放，比如学生拥有很高的独立性去探索、攻关所聚焦的科研难题。"后来到美国读博的时候，也是这样类似的学术环境。"硕士毕业前夕，谢涛成功申请了几所美国的高校，最后他选择去西雅图的华盛顿大学，在 David Notkin 教授的指导下，在软件工程领域做深、做精。

到美国最初的两年，谢涛的科研之路充满了"迷茫"。尽管他在攻读硕士研究生期间已经做出了很不错的成绩，博士导师也在课题上给予了极大的自由与支持，"但我自己内心还是很纠结，有时候也会怀疑读博士、做科研是不是我的一盘'菜'？我有没有能力去做？"

摸着石头过河，他不停地寻找选题，主动从导师那里获取反馈、调适心态。碰钉子、实验效果不好是家常便饭。谢涛坦言，当时看着师兄师姐们都已在麻省理工学院、卡内基梅隆大学、加利福尼亚大学圣迭戈分校、弗吉尼亚大学、不列颠哥伦比亚大学等名校担任教授，自己压力也非常大，"当时不要说想着去做教授了，就连能不能拿到博士学位都会有信心上的动摇。"

一路走来并不容易，身处其中，谢涛感觉充满了"揪心"。终于，在来到美国第三年的时候，谢涛的第一篇论文在顶级国际会议上发表了。

厚积而薄发在他身上表现得格外明显，后续的工作成果开始源源不断地发表出来。博士学习第四年结束时，导师找到谢涛说："我觉得你应该去申请找工作了。"当时西雅图华盛顿大学计算机系博士生的平均毕业年份是 7 年，如果这时去找工作，意味着 5 年毕业，谢涛还对自己有所怀疑，但导师却告诉他："我觉得你可以了。"

事实证明导师没有看错。2005 年，谢涛实现了 5 年博士毕业，并且在美国北卡罗来纳州立大学开始了第一份教职。很多博士生毕业去做老师，通常会有一段所谓的"沉默期"，在一两年里少有研究成果。"其中一个原因是读书期间都有人帮扶着，拉着你走路，突然你要自己独立走了，所以就慢了。"但谢涛在读博期间都是"自己在跑"，在历练中锻炼出了独立科研的能力，一进入工作便继续出色地发展。在 2005 年，谢涛就提出用机器学习提高软件质量的方法，成为最早开展智能化软件工程研究的学者之一。2007 年，时任北卡罗来纳州立大学助理教授的谢涛与学生提出大代码挖掘的新方法 PARSE，最早将大规模的代码搜索、机器学习和数据挖掘做了结合，当时在顶级国际会议 ASE 发表的论文《PARSEWeb：复用在 Web 上开源代码的程序员助手》（"PARSEWeb: A Programmer Assistant for Reusing Open Source Code on the Web"）在 14 年后获评 ASE "最有影响力论文"。

当谢涛获得博士导师准予申请教职时，Notkin 教授曾对他说："其实我看得出来，你最终还是会回到你的祖国。"海外求学与执教的 14 年中，尽管科研事业一切顺利，回到北大的愿望却始终萦绕心头。北大——曾经从此出发远行的地方，越来越清晰地成为谢涛奔赴路途中的下一个目标。三年的硕士生涯以及在海外任教时与北大科研团队的多次合作，北大师生间亲密合作的良好氛围，兼容并包的宽阔视野及多学科交叉的综合优势，都让谢涛确信燕园正是他无比留恋又终将归来的热土。再度成为其中一员，这大概是每一个北大人内心的渴望，更是骄傲。燕归北大，这里有更宽广无垠的天地，任其展翅翱翔。2019 年，谢涛终于寻得合适的契机回到北大，成为北京大学讲席教授。

近年来，在多位学术前辈的带领下，北大软件科学与工程领域在科研成果和产业影响方面进展迅猛，前沿科研已比肩、甚至开始引领世界前沿浪潮。燕子归来，谢涛在其中，成为群星闪耀下的中坚力量。谈及未来研究目标，谢涛风趣地说："做'顶天立地'的科研"，融合打通高水平的国际前沿研究与解决社会国家需求、落地落实的高产业影响力研究，让"做精做深"和落地生根成为科研之山的阴阳两面，相遇在最峭拔耀眼的顶峰。

如今，谢涛继续聚焦于智能化软件工程和可信软件工程这两个研究主题，怎样用数据驱动的智能化解决方案辅助解决软件工程的任务？如何保障基础软件系统及 AI 赋能系统的可信性？谢涛带领着团队推进自主研发高产业影响力的软件工程系统，在执着的攻关求索中给出他们的答案。

包容开放的推门人

球场上，谢涛是分毫不让的后卫，而在学术社区里，他却是愿为每一个人留一分机会的推门人。

"聚焦于学生"是谢涛执教生涯始终笃信遵从的理念："只有这样，才有可能既创造好的科研，又培养好的学生。"谢涛笑说这大概算是祖师爷传授给 Notkin 教授，又传到自己这里的不渝真理。每一代师长秉持着这样的理念悉心哺育学生，又将这一理念交与日后同样将站上讲台的学生，希冀如此代代相承。谢涛也正如昔日恩师无私教导培育自己一样，倾注心血引领学生不断前行。

上过谢涛"科技论文写作"课的同学大概都会记得他在课上推荐的演讲"You and Your Research"——图灵奖获得者理查

德·汉明先生在演讲中将自己对科研工作乃至对人生的种种思考毫无保留地悉数分享与他人，那些闪着锐利思想光芒的真知灼见，为后学拨开迷茫彷徨的浓雾。而谢涛对于学生的教导，也正如汉明先生的演讲。在讲台上，他更愿意授予学生鲜活涌动的思考与智慧，分享自己曾涉身其间的困境与挣扎，以及从其中凝练而出的切身经验。

在谢涛眼中，学生绝不仅仅是既成知识的接受者，更不是任务的执行者或是老师思想的延伸，学生应当是一个完整自足、自主思考的独立生命体。师长给予学生的，绝不是一味的帮扶或是纯粹知识的传授，而是先行者之于后来者的引领示范，是独立丰盈的生命体间的互相启迪与携手共进。

在指导学生论文写作时，谢涛从不会将学生的论文一改了事，而是付出大量心血、在细心剖析与思考总结后，条分缕析地进行指导：论文究竟有什么不足？和一篇优秀论文的差距在哪里？为什么那样写就会比这样写更好？谢涛教与学生的，不是一个完美无瑕的成品，而是将从半成品到成品间的弯绕迂曲悉心展现给学生。这或许需要耗费大量的精力，但他确信，这是极富意义的工作。唯有如此，摆在学生面前的才不会是遥不可及的高峰，而是由自主思考与刻苦勤勉铺就的坚实道路。或许身为师长最骄傲的事，便是看着学生终于能够脱离自己的扶助，独自攀向更高险的山巅。正如谢涛所说："做科研很重要的一点是不给学生设限，而是让学生独立、开放思考。""在工作时打开你的大门"是汉明先生在演讲中给科研工作者的另一个建议。谢涛正是这么做的，半敞的办公室大门，永远真诚欢迎奋进的求知者与熠熠闪光的思想火花。

当然，谢涛敞开的远不仅仅是办公室的大门。将自己的思考

谢涛在中国计算机大会上

与经验无私分享与他人，是谢涛一直以来坚持做的事情。从中学时期的解题技巧，到科研生涯中的心得经验，谢涛都不曾吝惜。2010 年，谢涛受中国计算机学会龙星计划委员会邀请在上海交通大学主讲了一周的软件工程课程，他毫无保留地分享了自己多年来积淀的科研经验，取得了极好的反响，借此契机与国内很多高校进行了良好的交流。在谢涛看来，开放意味着一种双向互动，在自我与他人的融通交流之中促进彼此的共同成长。无私的分享，带来的并不是可能被他人超越的恐惧与危机感，相反，这正是对自己既有知识与经验体系反思审视的良好契机，是督促自己不断奋发向上，向更高更远处探索开拓的不竭动力。

此外，谢涛还密切关注学术社区的发展动向，为社区建设献出自己的一份力。读博期间，谢涛利用自己的课余时间创建了软件工程家族树网页。如今，这个社区网页为软件工程领域人士提供了极大的帮助。因为对软件工程界做出杰出贡献，谢涛获 2021年度 ACM 软件工程领域（SIGSOFT）杰出服务奖（为 SIGSOFT 年度三大奖项之一）、2020 年度 IEEE 软件工程领域（TCSE）杰出服务奖（为 TCSE 年度四大奖项之一）。这两个奖项是国际软件工程界在社区服务方面的最高奖，谢涛是全世界唯一同时获得这两个奖项的学者。

多元化是谢涛强调的另一个重要理念，也是开放理念的一个侧面。

一位加州大学圣迭戈分校的博士生曾经到北卡罗来纳州立大学工程学院调研针对非裔学生的多元化建设，在对学生的访谈中询问到哪些老师曾为他们提供过帮助时，这位博士生非常惊讶地发现，出现最多的竟然是一位亚裔老师的名字——正是当时在北卡罗来纳州立大学任教的谢涛。为此，学院分管多元化建设的副院长还专门给谢涛写了一封感谢信。在谢涛看来，多元也同样意味着一扇敞开的门，意味着每一个生命，不问来处，不问背景，都有迈步进入的权利，在门内精彩纷呈的各色声音中融入自己独特锐利的见解。

而谢涛一直是那个半掩门扉待四方来者的人。在 2018 年国际计算机学会主办的 Tapia 多元化国际旗舰大会中，作为多元化社区屈指可数的亚裔男性之一，谢涛因其长期以来在计算机领域多元化社区建设中的杰出贡献而被委以大会主席的重任。

回国之后，谢涛依旧尝试着去推开更多的门。

2019 年回到北大后，谢涛便开始参与中国计算机领域的多元化建设。他当选为中国计算机学会女计算机工作者委员会唯一的男性执行委员。这个头衔，乍听不免令人讶异困惑。谢涛则处之寻常，当所有的声音都有机会被认真倾听，所有的生命都有权利推开任何一扇门时，性别的差异，作为某种意义上被刻意强调与建构凸显的标签，也便自然隐退消解了。在当前中国计算机领域从业者性别尚不均衡的大背景下，积极破除固有成见，无疑是助力下一代女性计算机人才成长的极佳途径。

如何做更具意义更有影响力的事情，为社会、国家、世界做出更大的贡献，是谢涛时常的反省与思考。掷地有声的自我叩问之中，昭示着广博的关怀与胸襟，笃实的自律与鞭策。一直以来，谢涛始终在践行、回应着这个问题，以追求卓越，奔赴不息的姿态，一如昔日绿茵场上的追风少年。

（采写：杨宇熙、丁洁心；2022 年 12 月首载于北大新闻网）

从『园子』到『隧道』，她终回到这片生机蓬勃的土地

王利平

王利平，1979 年 1 月生，北京大学教育学院长聘副教授。2001 年于北京大学社会学系获学士学位，2004 年于北京大学社会学系获硕士学位。2013 年在芝加哥大学社会学系获博士学位。之后曾任 Haverford College 社会学系访问助理教授、芝加哥大学 Harper–Schmidt Fellow、香港大学社会学系助理教授。2019 年 10 月起任教于北京大学教育学院。主要研究领域为比较历史研究、社会理论、教育社会学。

她喜欢用"蓬勃的生趣"来形容自己的北大学生时光，乐意用"各种走弯路"笑谈自己的学术历程。携着燕园的灵气与生命力，遇见芝加哥清寂的冬天，她孤独而笃定地行走在漫长的隧道之中，秉持着不追求捷径的从容，走出自己的理论与现实关怀之路。

回到北大教育学院任教，王利平将北大教予她"求知的爱"，又传递给园子里的青年学生。

"蓬勃的生趣"

王利平喜欢用"蓬勃的生趣"来概括自己在北大的学生生涯——一个洋溢着无限灵动与可能，又隐约涵纳着些许芜杂滋蔓的描绘。

而"误打误撞"进入社会学，是在这个园子里开始恣意生长的第一步。1997年夏天，一个大雨滂沱的下午，她接到了北大社会学系的本科新生录取通知书。

在进入大学以前，除了对费孝通先生略有知悉，王利平对社会学所知甚少。那时的她偏好文学，可家人建议她学法学、经济学这些实用性更强的学科。最终，几乎素昧平生的社会学成为在兴趣与实用之间平衡的"妥协"。

她大学生活的第一年是在北大昌平校区度过的。静谧悠远的校园，耀眼婆娑的白杨道，还有方方正正的主楼教室，这是她对北大的第一印象。刚上社会学的专业课时，王利平其实并不太适应，社会结构、社会流动等专业概念在刚从高中跳跃进大学阶段的她那里，显得过于抽象。

对文学的热爱则依然炽热，所幸这座园子，也有足够的宽容呵护任何一份"不务正业"的热爱。回忆大一时光，王利平印象最深的课是中文系吴晓东老师的"中国现代文学史"。也在这期间，她陆续阅读了一系列的现代文学作品。昌平园的图书馆不大，但她在那里消磨了很多时光。这份随性疏阔，在此后的大学时光中也得以延续。回到燕园后，王利平会在闲暇时和朋友们相约在小录像厅里，点一些晦涩难懂的艺术电影观看，宽松的学习氛围让她能够细细咀嚼"这些不能马上消化的食物"。

大二回到本部后，随着专业课的增加，一些挑战也接踵而至。专业课上，老师们视野宏阔，对中国现实社会做出丰富的观察，其中浓厚的现实关怀给王利平留下了深刻印象。与此同时，她发现自己是课上那部分对社会学缺乏朴素经验感的学生之一。"我当时很羡慕我的同学们，他们能够很好地进入一个既有很强的现实关怀，又知道如何运用社会学概念去分析的状态，我却怎么都没找到那个路径。"

直到她听了李猛老师讲授的韦伯和马基雅维利，渠敬东老师讲授的马克思，这种状态才发生了巨大转变。先前积累的个人文学体验，在社会学理论的介入下，折射出更深刻的意义光辉。"我觉得读文学可能更多是一种个人的体验，也有一些社会关照，但是相对碎片化一些。而社会理论关心的则是现代社会形成发展中的问题，既有理论眼光，又有历史维度。"这一刻，灵魂深处与社会学的共振和鸣清晰可闻。

王利平个人照

王利平对社会学的兴趣萌生于抽象的理论殿堂，又渐渐扎根进更具体的现实土壤中，她开始跟着老师们做田野调查。

读研准备写论文时，她想做一个深入的田野研究，在导师杨善华老师的支持下，前往河北农村做关于历史口述史的调研，那是她第一次做这种完全沉浸式的社会调查。生在南方的王利平初到北方农村，方言不通，同住的村民们整日劳作自己却插不上手，又被视作客人处处受到特别照顾，王利平坐立难安又尴尬别扭，只觉自己是个多余的局外人。

一个星期后，带着田野的"倾情馈赠"——睡在大通铺炕上被咬的一身包，她几乎落荒而逃回到北京。揣着一腔热血和满腹理论进入田野，却被现实浇了个透心凉，这大约是不少社会学专业的学生躲不过的"劫难"。王利平也不例外。

灰心丧气回到北京，咬咬牙，王利平又踏上了赴河北的火车。不断磨合适应之间，王利平渐渐融入这个从陌生到熟悉的新世界。朝夕相处之间，她开始摸索出一些难以通过课堂传授的东西，比如如何理解他人，如何与他人打交道。当她尝试着将自己的一部分生命深深嵌入这片土地，那其间或隐或现的根脉肌理也在她面前渐次显露。"家庭分工、家庭角色，家庭等级等问题，虽然也可以通过提问知道一些，但是你只有自己去生活了，才能一下子感受到很多问不出来的事情。"

返程前，正好赶上"非典"，王利平暂时无法返回学校。不得已之下，她住在县城里的一个小旅馆里。"别的住客都回家了，我是唯一一个住在他们店里的人，所以后来我就跟他们变成一家人了。"

那段时间她和店主一家人一起生活，帮他们洗菜、带孩子，仿佛又回到了熟悉的田野调查场景。与此同时，她也开始整理录音、写笔记、总结经验。真实的生活经历带给她书本上无法获得的体会。"你去一个和你原来的生活完全不一样的小世界里，渐渐听懂一开始完全不熟悉的方言，你还得学会和他们唠家常，很自然地融入他们的生活，他们关心你，你也要关心他们。"

走出安静理性的象牙塔，喧嚣琐碎的、满盈烟火气的生活热刺刺扑了满面。那些封存于书本之中的冰冷文字，以鲜活真切的

研究生师门合影，右起第三为王利平

　　方式被唤醒，那是课堂之中无法觅得的珍宝。

　　不过，这段难忘的田野经历也同样是日后才渐渐显出价值的
"弯路"之一，收集完田野材料要写论文时，王利平终究割舍不
下三年来读的黑格尔、卢卡奇和本雅明，选择放弃田野研究而继
续从事偏向于理论的研究。杨善华老师依然表示支持。

　　几年后，王利平在芝加哥读博士期间要做一个历史社会学的
研究。"当我需要做田野访谈的时候，我发现好像自己都会，这

种熟稔的感觉我想是跟着杨老师长期熏染出来的。"

在这座草木丰茂的园子里，没有清晰可辨的捷径，唯有随心所向，落下蜿蜒曲折延伸向远方的足迹。而曾经走过的每一步，都可能在未来某刻倏然闪现其意义。

隧道尽头的光

硕士毕业后，王利平申请出国读博，在渠敬东和李猛两位老师的推荐下进入芝加哥大学社会学系就读。

芝加哥的冬天很漫长，在纷扬大雪之中，每个人都孤独而安静地行走着，在茫茫积雪之上落下深浅不一的脚印，这些印迹彼此短暂相交，又延伸向未知终点的远方。

与北大人文熏陶下带来的问题意识不同，在芝大学术氛围的推动下，王利平开始从职业意义上认识和接受社会学的训练。

在芝大的这段求学生涯，王利平将它形容成一条"隧道"。漫长的异国求学生涯，就如芝加哥漫长的冬天，虽然也有可以互相打气的朋友，但王利平心里很清楚，在这一阶段做研究，能够真正帮助自己从隧道中突围出去的也只有自己。

很长的一段时间里，她在这条"隧道"里头不停地摸索，也不知道尽头在哪里。"孤独是肯定的，但我倒是没有害怕。"王利平回想起在芝大时，每次一有阶段性的成果，导师都会给她写一封邮件，最后一句话总是：The light at the end of the tunnel（隧道尽头的光）。

一开始她并没有明白这其中的含义，但后来随着时间推移，再度回过头看自己曾经走过的路时，她才逐渐领会到这背后的问题是：如何承受这种孤独。

"隧道确实有很长一段时间你是看不到尽头的，它足够黑，而且很多时候都是一个人。所以我的导师总是强调，你很快就能看到尽头的光。在做研究的过程中，有些同学经常会问自己适不适合做学术，要不要做学术。我觉得回答这些问题的一个前提是：你能不能够承受这种孤独？"

好在王利平早就有一份安于做自己喜欢的事情的执着。

"芝大给了我社会学的手艺，北大给了我求知的爱。"北大教给她的，是如何将生命以诚挚而灵动的方式，投入学术思考之中，这始终伴随着她习得手艺的过程。

燕园的宽厚博大，滋养着从容的执着。王利平感慨道："我在北大的求学经历用一个词来概括，就是走弯路，没人跟我说捷径是什么，这个习惯也许让我的学术兴趣显得边缘，但却让我安于做自己喜欢做的事情，在芝大漫长的学习岁月中不自觉抵挡了很多诱惑和焦虑。"

或许，"边缘"的学术兴趣与走弯路，从来都不是刻意的离经叛道，而是一种真诚而炽热的追寻——追寻那个真正与灵魂同频共振的契合点。就像是，突然被远处的一株二月兰打动，随心所向辟出一条小径来，而这座万象勃发的园子，乐意容纳这样的旁逸斜出。

来芝大以后，王利平似乎依然在不断地"走弯路"。对于自己的研究方向，她一开始给自己定了很多题目，阅读书单也越来越长，但却怎么也找不到一个合适的入手点。

偶然间，她上了一门课，开始对帝国与民族问题产生了兴趣。不久，王利平获得了一次去耶鲁大学交换的机会，期间结识了濮德培（Peter Perdue）——一位著名的历史学家。在与他的交流中，王利平要做相关主题的博士论文的想法逐渐明晰。

一个历史社会学的题目需要大量的材料去建构坚实的理论基础，在王利平看来，比起立足于当代社会现实的研究，这种历史性的探索离主流的学术方向更远，也更不容易出成果。但它却是最切合她的学术兴趣的，为此，她不怕再次"走弯路"，最终它成了博士论文。

"北大会让你觉得读书正是不断思考生活的过程，它不是一种工具或者一个途径，而应该是一种持久的生活习惯。这种习惯一直伴随着我，伴随着我在芝大的漫长岁月。"

带着这种习惯，在这条漫长的隧道里，她始终遵循自己独有节奏的从容，走了整整九年，终于迎来了幽暗隧道尽头的光。

"礼物"的传递

在北大，王利平度过了人生中重要的七年光阴。社会学系楼的回廊里，有过很多鲜活的情感与记忆，它们温暖、亲切，在她的心底深处留下一抹温柔的印记。她回忆说："老师对于教学的投入，我觉得在其他地方真的很少看见。"老师们将王利平引入学术的殿堂，让她得以在真诚坦然的师生情谊之中窥见治学的美好。

除了教学上的投入，让王利平更为感动的是前辈老师们对于学生人生和生活上的关心。她记得刚到芝加哥读博时，异国他乡的一切都显得格外陌生：一个初出校园的学生要找房子，要买家具，要学会交水电费，最初的困难主要来自生活上的不适应，但在先到芝大的李猛等老师的热心帮助下，她顺利地度过了过渡期。

这种深刻纽结的师生关系，在此后的岁月中长久陪伴着她，凝结为恒久的北大情结，也让她期许着如法国社会学家莫斯的《礼物》中所展现的神圣之物的流动，将师长们交予她的那些富有神圣性的馈赠，以同样的方式传递给自己的学生。

2019 年，王利平从任教几年的香港大学回到北大，入职教育学院。

她很重视与学生的互动，"指导工作其实需要对学生有特别多的了解"。在她看来，和学生互动多了，才能知道学生的性格、能力、优点、短处，这样才知道什么东西适合他们，在未来也能依此为他们指引出最适合的方向。

作为当年的北大学生和今天的北大老师，王利平看见不同时代背景之下园子里两代青年人的差异，但她并不喜欢持有抑今扬昔的怀旧论调，凭借教育学与社会学的视角，她有着独特的洞察与关怀。

"今天的学生在智识上要比我们当年聪明、成熟得多，他们对未来有清楚的规划，会很有意识地知道自己该做什么，并且会去做。他们写的文章、看的书、发表的意见，都要比我们当年更深刻。"她看到现在的年轻人无论是课程安排、学术训练，还是发展规划，都要比过去更具系统性与规范性，都更容易被嵌入精确科学的种种标准中。

但王利平也观察到，现在学生们生于这个快速发展逐渐转向稳定的时代，从小被悉心培养，习惯把每一步都精确计划好。"这样容易在情感、在处世上显得稚嫩。"像是在平坦跑道上娴熟奔跑的健将，沿着明晰确定的路径，每一步都不加迟疑地快速奔赴向期许的终点。但坦途总会消磨承受苦痛挫折的勇气。

面对这一情况，王利平依然相信教育的力量。"我经常向学生们讲卢梭的《爱弥儿》，教育最重要的意义是让我们生活得幸福,而幸福最重要的内涵是学会承受忧患,学会与苦痛共处。"

在教育学院,她协助刘云杉老师一起,集合教育学院、社会学系等院系的师资力量,创办跨学科人才培养项目"教育与文明发展"。

"教育学通常被认为是偏重实践的。但作为北大这样的综合性大学的教育学科,应该去思考一些超越实践的东西。通过这个项目,我们希望打通理论、历史以及对于当代问题的关注这三个角度。"

项目的报名人数展现了北大本科生们对于教育问题的热情与关注。王利平发现,相比起只对那些宏大问题感兴趣的自己那一代人,如今的学生们对于自己置身怎样的教育体制之下,应当追寻怎样的成长都有着更热切的兴趣。

参加这一项目的每一位学生都要写一篇自己的"教育自传",在对自我成长与受教育过程的理性反思与审视中,获得对当今教育现状的切身体认。

面向学生之外,王利平也希望这个项目能够成为联结起不同领域的老师共同探讨北大教育问题的平台。她发现,其实很多老师都非常关心教育问题,也有很多在长期作为教育者的过程中摸索出的经验与心得,但他们缺少一个能够彼此敞开心扉讨论问题的平台。王利平认为教育学应当构筑这样的平台。"我希望,也相信这个项目能够成为一个极好的纽带。"

而落于实践的跨学科项目,又与王利平自己的理论研究彼此关合。她长期关注芝加哥大学教育系发展历史的研究,希望借此尝试回答:今天的教育学在高等教育中扮演着怎样的角色?在综合性研究型大学中又应当承担怎样的角色?

对教育的关怀,终会指向更宏大广阔的洞察与社会关切。求知的爱与思考的惯性，这已然内化为她的力量。

穿过隧道，王利平回到北大这座园子，并将为其注入更多的蓬勃生机。

（采写：杨宇熙、池如渊，2023 年 2 月首载于北京大学新闻网）

编后记

1950 年初秋，"威尔逊号"轮船第十七次驶向太平洋西岸。船上有一百多名中国留学生，他们欣闻新中国的成立，决然踏上归国之路，把学术之根重新深植在祖国南北的热土中。留学、归来，求知、执教，一代代知识分子的往来，伴随促进着知识视野的流动、互融、共生。

行远复返，燕子归来，数十载生生不息。新中国成立以来，中国学术科研发展逐渐步入稳定的轨道；改革开放后，中国更以自信舒展的姿态迈向世界，高等院校以建设世界一流大学为己任，知识学术交流愈加频繁密切，国内学术科研支撑平台生态日益向好。一代青年学子走出国门深造，又选择回到祖国，开启为知识学术献身的新人生。

在北大中青年教师群体中，有许多便是这一代"燕归来"故事的主角。文化与情怀都由人承载，在灯光纷杂的今天，他们或许尚未引起广泛关注，但他们的经历正是一代优秀知识分子成长史的缩影，值得被看见、了解和思考。

2017 年年底，北大党委宣传部开始聚焦于这批学在祖国、留学海外、又归来北大任教的中青年学者，采写成人物故事，刊载于北大校内媒体上。这些真实且丰富的经历、亲切而智慧的感悟分享很快引得校内外师生的关注与好评。我们沿着这条线继续做下去，五年间，先后采访了不同学科院系海外归来的中青年学者，聆听着他们娓娓道来的分享。由此，"燕归来"的群像逐渐丰盈……

青年如何选择学术作为终身的志业？在本书中可以窥见一些答案。

"归燕们"的求知之路是独特而真诚的。从学术的角度看，他们无疑是其中的优异者。他们或是从有趣出发，或是机缘巧合，少年时期撞进陌生的领域，沿着硕博求学的路途，到开始尝试独立承担学术研究，逐步成长为成熟的学者，选择背后是对整个学科的体认。在知识的人迹罕至处破浪向前，在书籍堆与实验室里"板凳甘坐十年冷"却甘之如饴。从一个人的学术道路，可以窥见一个学科甚至整个国家科研的生命史——曾在昏暗中踽踽独行，也曾在不确定性中反复探寻，但最终星火成炬，前路光明。

从彼岸到此岸，选择和感悟如何？这四十五篇访谈作出了恳切的回答。

从海外"飞回"燕园的这批学子，他们大多将这样的选择视作无须多言的"自然"甚至"必然"。对这片土地的深厚感情，被相距几千公里、跨越数年时光的阻隔酝酿得愈发醇厚。北大的学术传统、广阔平台、杰出学者与优秀学生等，无不吸引着游子归来。学术无界，学问有根，多元的学术之旅使得他们在学科的视野上得以开阔互鉴，在共通与特色的平衡上丰富和确立自身，带回异域百川的风景，又时刻与中国的现实紧密相依。持续推进研究、精心设计课程、潜心培养人才、参与对外交流……他们在新时代的科研与育人工作中融汇世界视野、接续传统学脉、书写崭新气象。

在北大为人师者，对学生与世界抱有怎样的期待？几乎每一个故事都不免讲述至此。

学者们总是对世界抱有无比的好奇与热望，如何将自己的研究与现实世界相关联、如何寻找和发现世界的规律与美，把这些不同学科领域的学者求学的故事放在一起，无形中也彰显出不同学科的特色。培育人才、启发新知则是他们作为师者交上的答卷，从求学时受上一代学者影响照拂，到自己成为当下青年学生的引路人，"学"与"教"之间，他们深切感悟着学科的关键，成为学术薪火相传中尤为新鲜蓬勃的那根木柴。

这是一群正在创造的中青年学者，他们的故事是"进行时"，还有很多篇章值得期待。"燕归来"的故事也是"进行时"，燕往、燕归，学问与校园鲜活如许，一代代人继续前行。我们仍在发现更多的"燕归来"。

此次编汇成册，是希望能将目前已有的数十个珍贵故事集中分享给读者，更希望不同故事之间能够交相辉映，呈现一个群体的姿态，启迪更多的思考。编册过程中，根据学者们的新近情况对部分文字图片内容进行了增补编辑，为学者们拍摄了形象照，以期能更好呈现这一群体的风采。故事还在继续，我们也将择机推出续集。

沉潜求知、赓续学术，开放视野、着眼当下，爱国力行、求实创新，无论时代如何变迁，这都是北大学人的本真模样。"燕归来"群体，正闪耀出其中那一抹鲜亮色。

北京大学党委宣传部

2024 年 3 月